Das geheime Wissen der Personalchefs

Hedwig Kellner

Das geheime Wissen der Personalchefs

> wie sie testen
> was sie suchen
> welche Persönlichkeitsmerkmale
  zum Erfolg führen

Eichborn.

© Eichborn GmbH & Co. Verlag KG,
Frankfurt am Main, Juli 1998
Gestaltung: Johannes Steil
Grafiken: Khalil Balbisi
Lektorat: Palma Müller-Scherf
Gesamtproduktion: Fuldaer
Verlagsanstalt GmbH, Fulda
ISBN 3-8218-1517-5

Verlagsverzeichnis schickt gern:
Eichborn Verlag
Kaiserstraße 66
D-60329 Frankfurt am Main
http://www.eichborn.de

Inhaltsverzeichnis

Einführung

Liebe Leserin, lieber Leser,

welche Erfolgsfaktoren heute von Psychologen, Unternehmensberatern und Personalchefs für die Karriere für besonders bedeutsam gehalten werden, erfahren Sie in diesem Buch. Es handelt sich dabei um Faktoren, nach deren Ausprägung in Psycho-Tests oder Assessment-Centers, in Einstellungsinterviews oder während der Probezeit bei den Kandidaten gesucht wird. Zum Beispiel sucht man nach einer »Führungspersönlichkeit« mit ganz bestimmten Merkmalen oder nach »Verkäuferpersönlichkeiten« mit wiederum anderen Merkmalen. Vielleicht will man auch das bestehende Team durch einen Mitarbeiter ergänzen, der über die fachliche Qualifikation hinaus mit seinem Verhalten und seinen Einstellungen zu den anderen paßt.

In vielen Unternehmen werden auch Potentialanalysen durchgeführt, um bei den eigenen Mitarbeitern herauszufinden, wer sich für bestimmte Karrierewege eignet. Das Ergebnis einer solchen Potentialanalyse ist dann ein Karriereplan und in der Regel auch ein Konzept zur individuellen Förderung der betreffenden Person.

Vielleicht stehen Sie gerade vor einer Bewerbung und fürchten die Geheimnisse von Assessments, Psycho-Tests und Persönlichkeits-Analysen. Es ist auch richtig, wenn Sie sich darauf gründlich vorbereiten. Je mehr Sie darüber wissen, desto gelassener können Sie an solche Maßnahmen der »Eignungsdiagnostik« herangehen.

Dieses Buch präsentiert jedoch nicht eine Sammlung von Rezepten, die Ihnen helfen sollen, die »Tricks« der Psychologen Ihrerseits clever »auszutricksen«.

Fragen Sie sich selbst: Was hätten Sie davon, wenn es Ihnen gelänge, einen Psycho-Test, ein Assessment, eine Persönlichkeits-Analyse oder ein geschicktes Interview so zu manipulieren, daß Sie ein »Top-Ergebnis« bekommen und sich schließlich in einer Position wiederfänden, die Ihnen gar nicht liegt, der Sie nicht gewachsen wären?

Das »Knacken« oder »Austricksen« von Methoden der Eignungsfeststellung ist ein Schuß, der nach hinten losgeht. In jedem Unternehmen findet man unglückliche Menschen, die es einmal geschafft haben, sich eine bestimmte Position zu ergattern. Und dann? Die einen fühlen sich unterfordert, die anderen versinken in Überforderung. Die einen schieben ungeliebte Aufgaben und Entscheidungen vor sich her, die anderen verzehren sich nach lustvolleren Tätigkeiten.

Streß, Berufsangst, Burn out, Mobbing, Arbeitssucht, Drogenabhängigkeit, Kaufzwang und viele psychosomatische Erkrankungen haben häufig ihre Ursachen darin, daß jemand auf eine »falsche« berufliche Position geraten ist.

Nutzen Sie bewußt die Chancen von Psycho-Tests, Assessments und anderen Methoden. Sie können dabei sehr viel über sich erfahren. Nicht immer treffen die Ergebnisse exakt zu, aber in der Regel können Sie davon ausgehen, daß es besser ist, einen Test »ehrlich« zu bearbeiten und sich in einem Assessment unverstellt zu präsentieren. Nur dann können Sie mit dem Ergebnis auch etwas anfangen, Ihre Stärken erkennen und gezielter ausbauen, an Ihren Schwächen arbeiten oder sich für eine Position entscheiden, in der Ihre angebliche Schwäche eine Stärke ist.

Denken Sie zum Beispiel an das Merkmal »Kontaktfreude«. Für einen Verkäufer wäre ein Mangel an Kontaktfreude auf jeden Fall eine Schwäche. Für einen hochkarätigen Forscher und Entwickler kann das genau die Stärke sein, die den Weg zur Spitzenleistung öffnet. Nun stellen Sie sich einmal vor, ein Bewerber, dessen Lieblingsbeschäftigung konzentriertes Tüfteln ist, manipuliert seinen Psycho-Test so, daß er die höchste Punktzahl bei Kontaktfreude erreicht. Wie soll der in einem Beruf glücklich werden, wenn man ihn dann entsprechend dem Test auf einen »Kontakt-Posten« setzt?

Die etwa achtzig wichtigsten Erfolgsfaktoren stellt Ihnen dieses Buch vor. Sie erfahren, was man heute darunter versteht und woran Psychologen und Personalberater (zu) erkennen (glauben), ob und wie stark Sie über den jeweiligen Erfolgsfaktor verfügen.

Sie haben die Chance, sich beim Lesen sehr bewußt mit Ihrer Persönlichkeit und Ihrem Verhalten auseinanderzusetzen. Sie können bereits selbst gute Prognosen darüber abgeben, wie das Ergebnis eines Psycho-Tests oder eines anderen Verfahrens vermutlich ausgehen wird. Sie können sich realistischer einschätzen und besser darüber Gedanken machen, ob die bisher von Ihnen angestrebte Position Sie langfristig auch glücklich macht.

Sie können sich im Falle einer Bewerbung oder einer unternehmensinternen Potentialanalyse von Ihrer besten Seite zeigen. Zwar sollten Sie darauf verzichten, Tests und andere Methoden zu manipulieren, aber Sie brauchen Ihr Licht auch nicht unter den Scheffel zu stellen!

Auch wenn Sie sich gerade nicht beruflich neu orientieren, kann dieses Buch Ihnen nützlich sein. Fragen Sie sich doch einmal selbstkritisch, ob Sie tatsächlich über die Qualifikationen verfügen, die Ihre aktuellen Aufgaben verlangen. Brauchen Sie vielleicht doch ein geeignetes Training? Sollten Sie eventuell in Zukunft mehr auf Ihr Verhalten und Ihre Einstellungen achten? Sollten Sie womöglich doch die Konsequenzen aus bisherigen Unzufriedenheiten ziehen und sich eine Position suchen, die Ihren Neigungen und Fähigkeiten stärker entspricht? Oder wäre es einmal an der Zeit, die eigenen Qualitäten herauszustellen? Wissen Ihre Vorgesetzten und Kollegen eigentlich, was sie an Ihnen haben?

Kapitel 1:
Wenn man Sie zum Interview eingeladen hat

1. Wer bin ich, und was will ich?

Ob Sie letztlich im Beruf die Erfolge erreichen, die Sie erreichen möchten, interessiert niemanden so wie Sie selbst. Vielleicht sind Sie von wohlmeinenden Menschen umgeben, die Ihnen Erfolg gönnen und Sie fördern und unterstützen. Vielleicht sind auch Neider oder »Moralisten« um Sie, die Ihnen einzureden versuchen, daß das Anstreben von Karriere und beruflichem Erfolg nicht »anständig« ist.

Lassen Sie sich in Ihrem Wunsch nach Karriere und Erfolg nicht beirren. Es ist Ihr gutes Recht, das Bestmögliche für sich erreichen zu wollen. Vermutlich steht ohnehin die Mehrzahl der Sie umgebenden Menschen der Frage nach Ihrem Erfolg gleichgültig gegenüber. Den meisten Leuten ist es ganz einfach egal, ob aus Ihnen »etwas wird« oder nicht.

Das gilt auch für Unternehmen, für Vorgesetzte oder Personalchefs. Denen kann es ebenso gleich sein, ob Sie ein »Erfolgstyp« oder ein »Verlierer-« oder »Versagertyp« sind. Für die sind Sie lediglich ein brauchbarer oder ein unbrauchbarer Mitarbeiter, eine fähige oder eine unfähige Führungskraft. Es ist den Unternehmen jedoch nicht unwichtig, wo Sie als »Erfolgs-« oder als »Versager-typ« tätig sind. Versagen sollen Sie bitte woanders, möglichst bei der Konkurrenz.

Wenn Unternehmen neue Mitarbeiter oder Führungskräfte einstellen wollen, dann suchen sie gezielt nach Personen, die mit hoher Wahrscheinlichkeit in ihrer neuen Position und bei ihren neuen Aufgaben dauerhaft gute Leistungen und Erfolge bringen. Wer Sie einmal eingestellt hat, will Sie nicht mehr scheitern sehen. Im Gegenteil, man entwickelt Programme zur Potentialanalyse, zur Qualifizierung und zum Empowerment. Wenn Sie einmal einen vielversprechenden Job ergattert haben, dann deckt sich Ihr Interesse am Erfolg mit dem des Unternehmens.

Wenn Sie daraus den Schluß ziehen, daß Sie nur darum zu kämpfen haben, erst einmal »den Fuß in die Tür« zu bekommen, irren Sie sich. Wenn es Ihnen mit Tricks, Schauspielerei und Vortäuschung nicht vorhandener Qualifikationen gelingt, einen lukrativen Job zu erlangen, dann besteht die große Gefahr, daß Sie letztlich trotz eigener Bemühungen und psychologisch wie didaktisch ausgefeilter Programme kläglich scheitern.

Bislang haben viele Unternehmen es sich noch geleistet, Frustrierte und Gescheiterte mitzuziehen. Es galt: »Wer hier keine silbernen Löffel klaut, fliegt auch nicht raus.« Oft war es arbeitsrechtlich auch gar nicht möglich, Versager zu entlassen. Die Zeiten sind heute härter. Es wird nun sehr wohl darauf geachtet, wer »etwas bringt« und wer »nur kostet«. »Durchfüttern« gibt es nicht mehr. Man schaut auch bei der Einstellung viel kritischer darauf, daß der jeweilige Bewerber nicht nur gute Zeugnisse mitbringt, sondern darüber hinaus eine für die zu besetzende Position »vielversprechende Persönlichkeit«. Man hat erkannt, daß es billiger und weniger nervenaufreibend ist, mehr Geld und Zeit in die Personalauswahl zu stecken, als später einen »Verlierer« wieder zu »entsorgen«.

Umgekehrt haben erfolgsorientierte Karrieristen (Das ist kein Schimpfwort!) inzwischen begriffen, daß es besser ist, einen zur eigenen Person unpassenden Job nicht zu bekommen, als hinterher frustriert von Mißerfolgen oder Lustlosigkeit einen neuen suchen zu müssen. Wie sieht das dann im Lebenslauf aus? Soll man sich als »Job-Hopper« betätigen, bis man schließlich per Zufall die Position gefunden hat, in der man seine Stärken zur Geltung bringen kann? Oder soll man im Interesse des Lebenslaufs Jahre seines Berufslebens auf Abstellgleisen herumstehen, bis man es woanders noch einmal mit Aufstieg und Karriere versucht?

Im Grunde wollen Sie das gleiche wie die Unternehmen, bei denen Sie sich bewerben: Diese wollen vor Unterschreiben des Arbeitsvertrags sicher sein, daß nach bestem Wissen und Testen die richtige Person auf den richtigen Posten kommt. Sie wollen gute Leistung zeigen, Erfolge nachweisen und stolz sein. Sie wollen berufliche Erfüllung und das tun, was Ihnen liegt, und ohne schädlichen Streß, aber unter positivem Druck anspruchsvolle Ziele erreichen. Dafür müssen Sie sich allerdings selbst aktiv um Ihre Karriere kümmern. Das nimmt Ihnen niemand ab.

Wie wir wissen, sind Menschen besonders in jenen Bereichen und Aufgaben erfolgreich, die ihnen selbst große Freude machen. Wir können in der Regel das besonders gut, woran wir Spaß haben. Wozu wir keine Lust haben, das bringen wir leidlich erfolgreich hinter uns. Man kann auch von einer »Erfolgsspirale«

sprechen: Wir tun etwas gern und machen es deshalb gut. Das führt zu Erfolgen, die uns erfreuen und uns noch mehr Spaß an der Sache bereiten.

Bevor Sie sich deshalb für eine bestimmte Position oder für bestimmte Aufgaben bewerben, sollten Sie sich zunächst fragen:

> Was will ich eigentlich an beruflichem Erfolg erreichen?
> Was macht mir beruflich am meisten Spaß?
> In welchen Bereichen würde ich auch dann noch begeistert weitermachen, wenn ich mich sehr anstrengen und gar Niederlagen einstecken müßte?
> Was motiviert mich besonders stark?
> Was würde mich auf Dauer demotivieren?

Sie müssen für sich selbst herausfinden, in welcher Branche, mit welcher Tätigkeit, auf welcher Hierarchieebene und in welchem Umfeld Sie sich idealerweise sehen.

Den einen macht es glücklich, wenn er am Bankschalter ständig neue Kunden beraten kann. Der andere vertieft sich am liebsten in die Kontrolle von Krediten, Überweisungen und sonstigem Zahlungsverkehr. Der dritte träumt sich als Chef einer ländlichen Filiale, wo man den Bauern auch nach Feierabend noch beim Bier die Finanzierung der neuen Melkanlage vorrechnen kann. Der vierte strebt nach einer Machtposition im internationalen Geldgeschäft. Der fünfte schaudert schon beim Gedanken an die Zahlenpingeligkeit, die grundsätzlich jeder Banker pflegen muß. Der fünfte möchte überhaupt nur gestalterisch arbeiten und neue BMW-Modelle entwickeln. Der sechste ...

Was dem einen auf die Dauer Spaß macht, kann für den anderen die Hölle auf Erden sein.

Auch Personalchefs und Personalberater wissen, daß neue Mitarbeiter oder Führungskräfte nur dann dauerhaft erfolgreich sein können, wenn sie sich in einer Position wiederfinden, in der der »Lustfaktor« größer ist als der »Frustfaktor«. Sie wissen allerdings auch, daß viele Bewerber keine Ahnung haben, was sie in der ausgeschriebenen Position tatsächlich erwartet. Oder sie lassen sich von bestimmten Dingen blenden.

Beispiel:
In einer Unternehmensberatung fing ein neuer Mitarbeiter als Berater an, der bislang als Kundenbetreuer einer Versicherung tätig war. Man hatte ihn wegen seiner Branchenkenntnisse als Versicherungsfachmann eingestellt. Der frischgebackene Unternehmensberater hatte sich sehr auf seinen neuen Status gefreut. Er durfte ständig hin- und herfliegen, stieg in den feinsten Hotels ab, ver-

kehrte zu Geschäftsessen in gepflegten Restaurants und eilte lustvoll mit Handy am Ohr von einem wichtigen Termin zum nächsten. So hatte er sich das Berater-leben vorgestellt, und so war es ja auch.

Das ging aber nur zwei Jahre gut. Irgendwann sehen alle feinen Hotels gleich aus und machen alle edlen Restaurants die Hosen eng. Irgendwann ist es nur noch schrecklich, im Morgengrauen zum ersten Flieger zu hasten und spät nachts mit klebrigen Achseln nach Hause zu kommen, wo sich die ungelesenen Zeitungen und die unbearbeiteten Kundenunterlagen stapeln. Irgendwann stellt man fest, daß man zu keiner Party und zu keinem Picknick mehr war, daß sich die Dauerkarte im Fitneßcenter nicht mehr lohnt, daß der Partner und die Kinder ein unbekanntes Eigenleben führen ...

Kurz: Der zunächst glückliche Berater litt unter dem Reisejob. Er haßte ihn mit jedem Tag mehr. Seine Vorgesetzten bemerkten den Leistungsabfall und fühlten sich von ihm getäuscht. »Das haben wir Ihnen doch gesagt, daß Sie als Berater reisen müssen!«

Diese beidseitige Enttäuschung hätte man sich sparen können, wenn man im Rahmen der Einstellung einen Psycho-Test gemacht hätte. Dabei hätte sich nämlich herausgestellt, was den Bewerber auf Dauer motiviert oder demotiviert, was ihm liegt und was nicht zu ihm paßt.

Ähnlich ist es mit Vertriebsbeauftragten oder Verkäufern, mit Führungs-kräften oder Fachspezialisten. Wie oft werden Positionen falsch besetzt, weil das einstellende Unternehmen sich auf ein Vorstellungsinterview verlassen hat, und weil der Bewerber sich von bestimmten Aspekten der angestrebten Position hat blenden lassen. Es werden auch deshalb Fehlentscheidungen auf beiden Seiten getroffen, weil ein Schlaumeier sich mit Tricks in eine glänzend wirkende Positi-on katapultiert hat.

Verwechseln Sie Einstellungsprozeduren mit Psycho- und Eignungstests bitte nicht mit Klassenarbeiten oder Examina. Bei letzteren kann man – wenn es funktioniert – ruhig schummeln. Gute Noten sind immer nützlich. Die Verfahren der Bewerberauswahl sollen jedoch keine guten oder schlechten Noten zuord-nen, sie sollen verhindern, daß sich jemand enttäuscht in einer Position wieder-findet, die gar nicht zur Persönlichkeit und/oder zur Qualifikation paßt.

Ganz egal, ob Sie noch am Anfang Ihrer beruflichen Karriere stehen oder ob Sie bereits einige Jahre Erfahrungen gesammelt haben, sollten Sie zuerst für sich selbst definieren, was Sie unter »Erfolg« im Beruf verstehen, was Sie in ei-nigen Jahren erreicht haben wollen und wofür Sie darauf zu verzichten bereit sind.

Im Grunde kann man Ihnen nur empfehlen, solche Unternehmen zu meiden, die sich bei Einstellungen auf Interviews und Zeugnisse verlassen. Je anspruchsvoller eine berufliche Position ist, desto wichtiger werden Psycho-Tests und Assessment-Centers. Vergeuden Sie nicht Ihre kostbare Zeit mit irgendwelchen Jobs oder gar mit Aufgaben, in die Sie sich hineingemogelt haben.

Vielleicht fragen Sie sich jetzt, ob ich Ihnen vom »Knacken« von Eignungstests abrate. Klare Antwort: Jein!

»Knacken« dürfen Sie gern. Mogeln sollten Sie nicht!

Es ist sogar sehr gut, wenn Sie sich vor Ihren Bewerbungsverfahren informieren, was da auf Sie zukommt. Je besser Sie die Zusammenhänge kennen, desto souveräner und angstfreier können Sie auf die Dinge zugehen. Außerdem erwarten die Unternehmen heute von ihren Bewerbern, daß sie vorbereitet und nicht ahnungslos zu Eignungsverfahren erscheinen. Wer zum Beispiel zu einem Assessment-Center kommt und vorher kein Buch darüber gelesen hat, gilt als naiv. Man geht dann davon aus, daß die Person später mit der gleichen Dummheit auch an ihre Aufgaben im Unternehmen herangeht.

Es schadet der Aussagekraft von Psycho-Tests und anderen Instrumenten der Eignungsdiagnose nicht, wenn der Bewerber versteht, wie die Fragen oder Übungen zu interpretieren sind, wie sie zusammenhängen und was aus ihnen zu erkennen ist. Schädlich wird es erst, wenn der Bewerber manipuliert und mogelt, wenn er lügt und täuscht, wenn er sich verstellt und falsche Angaben macht.

Aber die Strafe folgt in der Regel auf dem Fuße. In den meisten Fällen werden solche Täuschungsmanöver doch erkannt. Dazu sind die modernen Psycho-Tests und Assessment-Centers inzwischen einfach zu gut.

So ziehen Sie für Ihren beruflichen Erfolg am meisten Nutzen aus der Sache:

1. Versuchen Sie realistisch, soviel wie möglich über sich selbst zu erfahren. Was sind Sie für ein »Karriere-Typ«? Was begeistert oder langweilt, ermuntert oder frustriert Sie? Was wollen Sie beruflich erreichen? Welche privaten Ziele verfolgen Sie? Wie möchten Sie berufliche und private Lebensziele verbinden?

2. Bewerben Sie sich nicht »irgendwo« für »irgendwelche« Jobs, sondern gezielt dort, wo Sie mit größter Wahrscheinlichkeit das finden werden, was zu Ihnen paßt. Meiden Sie im Zweifel lieber solche Unternehmen, die schlampige Einstellungsverfahren für ausreichend halten, die nur auf Zeugnisnoten und sympathisches Vorstellungsgeplauder achten. Lassen Sie sich nicht auf »Zaubereien« wie Graphologie, Sterndeutungen, Klecksanalysen, Kartenlegen oder Pendel ein! Ganz egal, wie seriös die Unternehmen auch sein mögen, wer mit solchen Ver-

fahren seine Leute auswählt, hat sicher einen zu hohen Prozentsatz an »Nieten in Nadelstreifen«.

3. Informieren Sie sich über Psycho-Tests, Assessment-Centers und andere Verfahren zur Eignungsdiagnostik. Versuchen Sie so gut wie möglich zu verstehen, wonach bei Bewerbern gesucht wird und wie man das Gesuchte diagnostiziert.

4. Gehen Sie positiv an Vorstellungsgespräche und Einstellungsverfahren heran. Geben Sie ehrliche Antworten und machen Sie bei Übungen nach bestem Verständnis mit.

5. Unabhängig davon, ob Sie die ausgeschriebene Position erhalten haben oder nicht, sollten Sie jedes Resultat eines Einstellungsverfahrens nutzen, um ein realistischeres Selbstbild zu entwickeln. Auch wenn Ihnen im Einzelfall das Ergebnis nicht gefällt, sollten Sie auf Rechthaberei und Bekrittelung verzichten. Vermutlich liegt das Ergebnis gar nicht so falsch, wie Sie aus Enttäuschung zunächst annehmen.

Ihr Ziel sollte es nicht sein, der beste »Testüberlister« zu werden, sondern in dem für Sie optimalen Job den größtmöglichen Erfolg zu erreichen.

2. Machen Sie einen guten Eindruck

Den ersten Eindruck haben Sie natürlich mit Ihren Bewerbungsunterlagen und dem beigelegten Foto vermittelt. Diesen vermutlich positiven Eindruck werden Sie in der persönlichen Begegnung des Auswahlverfahrens verfestigen oder zunichte machen. Ihre Referenzen, Zeugnisse und nachweislich vorhandenen Kompetenzen können niemals einen schlechten Eindruck aufwiegen. Dessen sollten Sie sich vom ersten Moment an bewußt sein.

Ihre Gesprächspartner werden nicht nur aus eigener Sicht über Sie und den Eindruck, den Sie vermitteln, nachdenken. Sie fragen sich auch, wie Sie später als Repräsentant des Unternehmens auf Kunden und Geschäftspartner wirken. Auch im Hinblick auf die zu führenden Mitarbeiter sollten Sie im Auswahlverfahren so auftreten, daß man Ihnen bereits von Ihrer Ausstrahlung her Führungskompetenz glaubt.

Der erste Eindruck, den man sich instinktiv von einer Person macht, wird bereits in den ersten sieben bis fünfzehn Sekunden gebildet und bestimmt die gesamte folgende Wahrnehmung und Bewertung. Wenn man Sie zum Beispiel innerhalb der ersten Sekunden als selbstbewußt und sympathisch gesehen hat, dann könnte eine etwas lockere Sitzhaltung später als souveränes Auftreten gedeutet werden. Bei einer zunächst als schüchtern beurteilten Person wirkt die lockere Sitzhaltung womöglich als äußerer Ausdruck von innerer Unsicherheit. Bei einer unsympathischen Person würde man darin vielleicht einen Mangel an Disziplin oder Wertschätzung für andere erkennen.

Auch wenn wir alle im Verlauf unseres Lebens immer wieder erfahren haben, daß der erste Eindruck oft täuscht, so lassen wir uns trotzdem bei jedem neuen Kontakt wieder davon leiten. So ergeht es im Auswahlverfahren auch Ihren Gesprächspartnern. Ob es sich dabei um den Personalchef, den zukünftigen Vorgesetzten oder um externe Personalberater handelt, ist egal. Sie alle lassen sich vom ersten Eindruck, den Sie vermitteln, beeinflussen. Daß Ihre Gesprächspartner im Auswahlverfahren sich selbst in der Regel für besonders gute »Menschenkenner« halten – und das vielleicht auch tatsächlich sind –, macht die Sache für Sie nicht leichter. Im Gegenteil, gerade überzeugte »Menschenkenner« sind am wenigsten bereit, ihre einmal gebildeten (Vor-)Urteile über andere zu revidieren.

Beim ersten Eindruck geht es um folgende Komponenten:

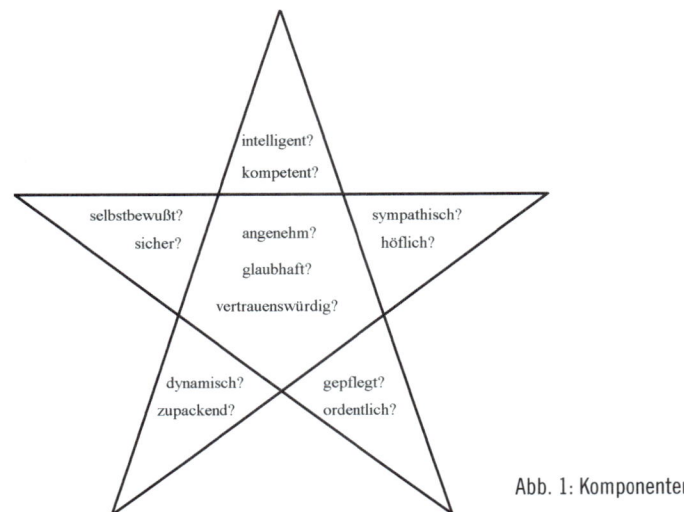

Abb. 1: Komponenten des ersten Eindrucks

Der erste Eindruck wird aus dem gebildet, was man von einer bisher fremden Person wahrnimmt.

Erster Eindruck	
Händedruck	Mimik
Etikette-Regeln	
Kleidung	Wortwahl
Schmuck	Haltung
Augenkontakt	Stimme
Geruch	Haare/Frisur
Gestik	Accessoires

Wissen Sie eigentlich, wie Sie auf andere Menschen »auf den ersten Blick« wirken? Ist Ihnen bewußt, wie sich Ihr Händedruck anfühlt? Welche innere Einstellung könnte ein anderer hinter Ihrer äußeren Haltung und hinter Ihrem Gesichtsausdruck vermuten? Wie hört sich Ihre Stimme an?

Abb. 2: Wahrnehmung des ersten Eindrucks

3. Soziale Wahrnehmung – Fehl- und Vorurteile

Mit Ihrem Auftreten, Ihrer äußeren Erscheinung und Ihrer persönlichen Ausstrahlung können Sie leider nicht allein dafür sorgen, daß Sie auch wirklich den bestmöglichen ersten Eindruck vermitteln. Man kann nie wissen, wie am Ende die eigene Person auf andere Menschen wirkt. Es kann sein, daß Ihre Gesprächspartner im Vorstellungsinterview sich bereits Vorurteile gebildet haben, bevor Sie ihnen persönlich begegnet sind. Wenn Sie zum Beispiel Ausländer sind oder waren, kann es sein, daß Sie auf einen Menschen treffen, der mit Ihrer Herkunft Eigenschaften verbindet, die einen Erfolg in der ausgeschriebenen Position fraglich machen könnten. Es kann aber auch sein, daß Sie auf einen eifrigen »Gutmenschen« treffen, der an Ihnen seine Ausländerfreundlichkeit demonstrieren will. Ähnlich kann es Sie als Frau positiv oder negativ treffen.

Sie sollten bei Ihren Gesprächspartnern und bei den Beobachtern des Assessment-Centers mit folgenden typischen Verzerrungen der Wahrnehmung Ihrer Person rechnen:

Persönliche Theorien, Vorurteile und Normen

Jeder hat bestimmte Vorstellungen. Zum Beispiel: »Chefs müssen hart sein können.« »Jeder ist käuflich.« »Katholiken lügen.« »Kleine Männer haben Komplexe.« »Verkäufer müssen attraktiv aussehen.« »Man darf bei einem Vortrag nicht seine Hände in die Taschen stecken.« »Frauen sollten sich nicht zu stark schminken.« »Ältere Menschen lernen nicht gerne Neues.« »Braune Anzüge sind geschmacklos.«

Verstößt ein Bewerber gegen die inneren Normen des Beobachters oder hält er sich daran, so hat das Auswirkungen auf Antipathie oder Sympathie und auf die positive oder negative Wahrnehmung weiterer Merkmale oder Verhaltensweisen. Wenn bestimmte Eigenschaften eines Bewerbers gegen das Idealbild des Beobachters verstoßen oder dieses bestätigen, wird ebenfalls die weitere Wahrnehmung positiv oder negativ beeinflußt. So wird ein älterer Bewerber als wenig lernfähig und ein kleiner Mann als wenig selbstbewußt wahrgenommen. Wer während des Vortrags in die Hosentasche greift, gilt als schlechter Rhetoriker, und wer sich in braunem Anzug zeigt, hat schon verloren.

Erfahrungen und Übertragungen

Wir alle neigen dazu, einmal gemachte Erfahrungen immer wieder auf neue Situationen oder andere Menschen zu übertragen. Wer schon mal bei mageren Personen verbissenen Zynismus erlebt hat, reagiert womöglich zurückhaltend und mißtrauisch bei jedem nächsten Kontakt mit sehr schlanken Personen. Wer schlechte Erfahrungen mit arroganten »Wessis« gemacht hat, schaut sich eine Bewerbung aus Wuppertal unter größerem Vorbehalt an als eine aus Wismar. Übertragungen können bis hin zu Banalitäten wie bestimmte Vornamen gehen. Was kann man schon von einem Menschen erwarten, der Otto heißt oder gar Elvira?! Solche Leute kennt man aus der Verwandtschaft. Die stellt man nicht als Mitarbeiter ein. Wer sich unter einem Sascha einen gebräunten Beach Boy vorstellt, kann sich nur schwer überwinden, Herrn Sascha Obermeier den Managerposten zuzugestehen.

Wenn Sie Pech haben, erinnern Sie mit Ihrem Aussehen oder Ihrem Verhalten an eine Person, mit der Ihr Gesprächspartner schlechte Erfahrungen gemacht hat. Die Gefahr ist groß, daß er Ihnen dann auch gleich alle anderen Merkmale dieser Person unterstellt. Umgekehrt können Sie natürlich auch Glück haben, wenn Sie zum Beispiel zufällig am gleichen Tag geboren wurden wie die große Liebe des Personalchefs.

Selektive Beobachtung

Es ist unmöglich, eine andere Person vollständig zu erfassen. Am deutlichsten nehmen wir das wahr, was uns am stärksten interessiert, speziell ärgert oder sehr erfreut. Wer zum Beispiel auf Sauberkeit hält, den kann ein einziges Haar auf der Schulter des Bewerbers vollkommen ablenken. Wer einen tiefen Haß auf Benutzer von Handys hegt, wird das Nette an einem Handytelefonierer nicht wahrnehmen können. Wer selbst jeden Morgen seine lichten Stellen auf dem Kopf zu tarnen versucht, kann von den raffiniert gelegten Strähnen eines Bewerbers wie hypnotisiert sein. Kein Wunder, daß man dann auf andere Dinge nicht mehr so genau achtet.

Logische Fehler

Wir neigen dazu, bestimmte Eigenschaften anderer Menschen miteinander zu verbinden. Typische Beispiele für diese »logischen« Verbindungen sind: Wer kritisch und intelligent ist, ist auch ehrgeizig. Wer sich gut konzentrieren kann, arbeitet auch gründlich. Wer höflich ist und gute Manieren hat, kann auch gut mit Kunden umgehen. Wer langsam spricht, denkt auch langsam. Wer viel lacht und ein optimistisches Weltbild hat, wird erfolgreich sein. Wer sich geschmackvoll anzieht, hat auch gepflegte Umgangsformen.

Niemals würden wir logische Verbindungen wie die folgenden herstellen: Wer dick ist, ist auch ehrgeizig. Wer schlampig ist, verfügt über gute Menschenkenntnis. Wer intelligent ist, hat einen miesen Charakter. Dann glauben wir schon lieber: Wer sich rücksichtsvoll verhält, ist auch ehrlich.

Viele dieser logischen Verbindungen beruhen auf herkömmlichen Vorurteilen, die von vielen gedankenlos übernommen werden. Die Gefahr oder auch Chance für Sie ist, daß man an Ihnen ein bestimmtes Merkmal wahrnimmt und davon auf etwas anderes bei Ihnen schließt, das gar nicht vorhanden sein muß.

Eigene Tendenzen

Unter eigenen Tendenzen versteht man die persönliche Neigung beispielsweise zu sehr hartem Aburteilen anderer oder zu milder Nachsicht. Die Erfahrung zeigt, daß ältere Personalchefs, Beobachter im Assessment-Center oder auch Personalberater meistens viel milder urteilen als knallharte Jungdynamiker, die frisch von der Uni und noch ohne eigene Berufserfahrung gnadenlos jede Schwäche eines Bewerbers penibel dokumentieren.

Es gibt außerdem Beobachter mit sehr extremen Einschätzungen. Sie kreuzen auf ihren Beobachterformularen entweder sehr gut oder sehr mangelhaft an. Es gibt aber auch Beobachter, die sich nicht gern festlegen. Sie nehmen alles eher mäßig gut oder mäßig mangelhaft, also am liebsten im Mittelfeld wahr. Entsprechend sehen am Ende eines Assessment-Centers ihre Beobachterprotokolle aus. Für sie war jeder Bewerber irgendwie gut und irgendwie schlecht. Weder gab es Totalversager noch Spitzenleister.

Halo-Effekt

Wenn der Mond ein milchiges Umfeld hat, spricht man vom Halo. In der sozialen Wahrnehmung ist damit das Phänomen gemeint, daß eine bestimmte Eigenschaft eines Menschen alle anderen Merkmale überstrahlen kann.

Wenn man zum Beispiel weiß, daß jemand ein Prädikatsexamen an einer amerikanischen Elite-Uni gemacht hat, dann kann das auf die Gesprächspartner im Auswahlverfahren von derartiger Wirkung sein, daß sie gar nicht mehr sehen, ob die betreffende Person sich für den ausgeschriebenen Job überhaupt eignet.

In manchen Branchen gelten bestimmte Arbeitgeber als so prestigeträchtig, daß deren Name im Lebenslauf schon fast als Karrieregarantie zu betrachten ist. In der DV-Branche war das lange Zeit IBM. Einmal dort gearbeitet, würde auch bei größter Dummheit ein zukünftiges Scheitern unmöglich machen. In der Hotel-Branche war es vor einigen Jahren noch der Job im Vierjahreszeiten. Vor allem in mittelständischen Unternehmen kann der Doktortitel Wunder bewirken. Der Glanz des Titels überstrahlt dann offensichtliche Kompetenzschwächen. In diesem Fall kann man zu Recht sagen: Die Beurteiler lassen sich blenden.

Perpetuierung

Unter Perpetuierung versteht man die Neigung, bei einem einmal gefaßten Urteil zu bleiben und nur noch das wahrzunehmen, was dazu paßt. Das kennt man aus der Schule. Hat ein Lehrer einen Schüler erst mal als intelligent eingeschätzt, so wird er dessen Fehler in Zukunft entweder nicht wahrnehmen oder für kleine Nachlässigkeiten halten. Die gleichen Fehler bei einem anderen Schüler sind für denselben Lehrer jedoch »Beweise« für einen Intelligenzmangel. In psychologischen Experimenten wurde mehrfach nachgewiesen, daß dieses Phänomen auch auf Führungskräfte zutrifft. Haben sie einmal einen Mitarbeiter in eine bestimmte Schublade gesteckt, dann sehen sie bei diesem in der Folge verstärkt nur jene Dinge, die den eigenen Vorstellungen von dem Mitarbeiter entsprechen.

Auch deshalb ist es für Sie sehr wichtig, daß der erste Eindruck, den Sie vermitteln, in der Wahrnehmung Ihrer Gesprächspartner sofort die richtigen Weichen stellt.

Projektion

Unter Projektion versteht man die Neigung, anderen Personen die eigenen Fehler oder auch andere Merkmale zu unterstellen. Zum Beispiel sind neugierige Menschen überzeugt, daß Postboten vor dem Verteilen erst einmal die Postkarten lesen.

Wir gehen davon aus, daß unsere eigenen Gefühle, Neigungen, Schwächen oder Stärken »normal« sind und glauben deshalb, daß andere diese teilen. Das verzerrt natürlich die Wahrnehmung. Man sieht beim anderen das, was man von sich selber weiß.

Pygmalion-Effekt

Darunter versteht man die Neigung, andere Menschen nach dem Bild formen zu wollen, das man sich von ihnen gemacht hat. Wenn zum Beispiel Eltern glauben, ein musikalisches Wunderkind in die Welt gesetzt zu haben, dann erkennen sie schon am ersten Schrei die Grundlage einer Komposition. Diese vermeintliche Musikalität wird konsequent gefördert, und das Kind entwickelt sich in diesem Bereich tatsächlich besser, als wenn er unbeachtet geblieben wäre. Aber bis zum Wunderkind wird es das Kleine wohl nicht schaffen, vielleicht tut's ja später auch eine Eins im Musikunterricht.

Dieses Phänomen existiert auch in Unternehmen. Geht man bei einer jungen Nachwuchskraft grundsätzlich von den Anlagen zur Führungsqualität aus, wird man diese Person nicht nur entsprechend wahrnehmen, sondern auch gezielt in dieser Richtung fördern. Umgekehrt besteht die Gefahr, daß ein als Versager klassifizierter Mitarbeiter unbewußt immer jene Aufgaben zugewiesen bekommt, die tatsächlich nicht zu schaffen sind.

Auch im Auswahlverfahren kann der Pygmalion-Effekt eine Rolle spielen. Wenn man Sie zum Beispiel als sehr fähig einschätzt, haben Sie gute Chancen, selbst bei schwierigen Aufgaben im Assessment-Center oder bei Fragen, die Sie nicht beantworten können, kleine Hilfen vom Personalchef oder vom Personalberater zu bekommen. Diesen Personen ist es meist nicht bewußt, daß sie durch ihre Art der Befragung oder Erklärung sehr wohl manipulieren. Den einen Bewerber schieben sie förmlich in die »Erfolgsecke«, den anderen in die »Mißerfolgsecke«. Entsprechend nehmen sie dann auch nur das wahr, was ihre einmal vom jeweiligen Bewerber gefaßte Meinung bestätigt. Und siehe da: Der Bewerber zeigt genau das, was der Beurteiler an ihm feststellen wollte.

Zufalls-Effekt

Die Wahrnehmung von anderen Menschen hängt auch sehr vom Zufall ab. Wer schlechte Laune hat, sieht seine Mitmenschen anders als jemand, dem gerade die ganze Welt schön und sonnig erscheint.

Sie können nicht wissen, welche Freuden oder Sorgen, Befriedigungen oder Ärgerlichkeiten die Wahrnehmung Ihrer Gesprächspartner an dem Tag beeinflussen, an dem Sie sich zum Interview oder Assessment-Center einfinden.

Manche Profis behaupten, daß Bewerber, die vormittags zwischen zehn und zwölf Uhr unter die Lupe genommen werden, positiver auf ihre Beobachter wirken als andere. Ganz schlecht sei es, nach fünfzehn Uhr an der Reihe zu sein. Ob das so stimmt, ist schwer zu sagen. Häufig hat man als Bewerber gar keinen Einfluß darauf, zu welchem Zeitpunkt man eingeladen wird.

Vielleicht fragen Sie sich jetzt, was Sie tun können, um einer verzerrten Wahrnehmung Ihrer Person entgegenzuwirken. Leider können Sie fast nichts tun. Versuchen Sie, einen kompetenten, optimistischen und sympathischen Eindruck zu vermitteln. Nehmen Sie bewußt Ihre Gesprächspartner positiv wahr. Gehen Sie bei ihnen von Wohlwollen und Intelligenz aus. Der Rest ergibt sich dann aus der »Chemie«.

Einen Hinweis sollen Sie an dieser Stelle dennoch bekommen: Wenn von einem Unternehmen externe Personalberater zur Durchführung von Auswahlverfahren hinzugezogen werden, so kann man in vielen Fällen davon ausgehen, daß das Assessment-Center oder die Vorstellungsinterviews bloß teuer bezahlte Farcen sind. Die Personalberater haben aus den Unterlagen und Referenzen längst entschieden, wen sie befürworten und wen nicht. Das werden sie ihrem Auftraggeber aber nicht auf die Nase binden. Sie werden das Assessment-Center oder die Interviews nutzen, um vor dem Personalchef den von ihnen favorisierten Bewerber im Vergleich zu den anderen ins rechte Licht zu setzen. Es ist für Personalberater keine besonders anspruchsvolle Kunst, die Wahrnehmung ihrer Kunden zu steuern. Lassen Sie sich deshalb niemals nach gescheiterten Bewerbungen zu Zweifeln an Ihrer Person hinreißen.

4. Die Fragen Ihrer Gesprächspartner

Das Interview mit dem Bewerber beruht im wesentlichen auf fünf Fragearten. Achten Sie darauf, daß man Ihre Antwort nicht nur inhaltlich bewertet, sondern ebenso formal oder in der »Stimmung«.

Die fünf Fragearten sind:

1. Faktenfrage
Es werden ganz einfach Fakten erfragt. Beispiele: »Welche Kündigungsfrist haben Sie?« »Wo haben Sie studiert?«

Solche Fragen sollten Sie kurz und prägnant beantworten. Schließen Sie den Mund dann sofort wieder. Beispiele: »Sechs Wochen zum Quartal.« »In Göttingen.«

Werden Sie auf keinen Fall weitschweifig: »Ich wollte eigentlich in Münster studieren, aber meine Mutter hat damals in Göttingen noch Professor Dr. Hirsebier gekannt. Sie meinte, die letzten Jahre, die der noch an der Uni dort ist, sollte ich nutzen. Außerdem ist Göttingen auch nicht so weit weg, und man kann die Bibliothek von Wolfenbüttel ...«

Auch das wäre falsch: »Die offizielle Kündigungsfrist ist sechs Wochen zum Quartal, aber ich glaube schon, daß mein Chef mit sich reden läßt. Es nutzt ihm ja nichts, wenn ich jetzt noch mit dem neuen Projekt anfange ...«

Man würde Sie sofort als Schwätzer einordnen, der nicht auf den Punkt kommt.

2. Erzählfrage

Die Erzählfrage soll Sie zum Reden animieren. Beispiele: »Wie haben Sie denn so Ihre Jahre in München erlebt?« »Was sind Ihre Idealvorstellungen von einem gelungenen Urlaub?«

Völlig falsch wären Antworten wie folgende: »Ach, es war sehr schön.« »Das hängt ja auch davon ab, wo man hinfährt.«

Erzählfragen dürfen Sie nicht einsilbig abfertigen. Sagen Sie, was Ihnen dazu einfällt. Man will hören, ob Sie in mehreren zusammenhängenden Sätzen frei und einigermaßen interessant sprechen können oder mit einsilbigen Antworten einen leicht dämlichen Eindruck machen. Man will wissen, ob es später beispielsweise für Kunden leicht oder schwer ist, mit Ihnen ins Gespräch zu kommen. Man will wissen, ob Sie sich spontan zu einem Thema gewandt ausdrücken können. Nur Pathologen dürfen Erzählfragen mit »Hmpf« beantworten. Alle anderen müssen drei bis fünf Sätze hervorbringen können.

3. Bewertungsfragen

Mit Bewertungsfragen stellt man fest, ob der Bewerber eine eigene Meinung hat und diese auch äußert, ohne sich zuvor zu vergewissern, welche Meinung seine Gesprächspartner vertreten. Beispiele: »Würden Sie in dieser Zeit der Wirtschaftsflaute den Kauf eines japanischen Autos gutheißen?« »Es sollen ja jetzt auch Produktwerbungen an Schulen erlaubt sein. Wie stehen Sie dazu?«

Achten Sie darauf, daß Sie klar Ihre Meinung zum Thema sagen und nicht vorsichtig herumeiern wie ein Feigling. Auf der anderen Seite muß sich Ihre Meinung deutlich wie eine Meinung anhören und nicht wie die Verkündung eines reichsgerichtlichen Urteils. Sektierer und Rechthaber will niemand einstellen. Wenn Sie zum Beispiel gegen Werbung an Schulen sind, dann formulieren Sie nicht:»Das darf nicht sein. Die Kinder werden ohnehin viel zu sehr ...« Sagen Sie lieber:»Ich persönlich bin absolut dagegen. Meiner Meinung nach werden die Kinder ohnehin ...«

Die zweite Formulierung gibt Ihnen auch die Chance, entschieden Ihren Standpunkt zu formulieren. Sie läßt jedoch nicht befürchten, daß Sie ein kriegerischer Werbungsgegner sind, der keine andere Meinung akzeptiert.

4. Einschätzfragen

Mit der Einschätzfrage will man herausfinden, ob Sie sich zum Beispiel Gedanken über Trends und mögliche Entwicklungen machen und wie Sie reflektieren. Solche Fragen können sein:»Wie wird sich Ihrer Meinung nach der Euro auf die wirtschaftliche Entwicklung auswirken?«»Welche Strategie im Hinblick auf den asiatischen Markt würden Sie für erfolgreich halten?«

Auch diese Fragen dürfen nicht einsilbig beantwortet werden. Sagen Sie, wie Sie die Dinge einschätzen und wie Sie zu Ihrer Beurteilung gekommen sind. Formulieren Sie jedoch nicht wie der allwissende Prophet auf dem Berg.

5. Handlungsfrage

Damit will man erkennen, ob Sie schlagfertig sind und Probleme konzeptionell schnell in den Griff bekommen. Man fragt, wie Sie in einer bestimmten Situation handeln würden. Beispiele:»Wie würden Sie vorgehen, wenn Sie ein Tankstellennetz in Polen aufbauen sollten?«»Wie würden Sie die Zusammenarbeit zwischen Innen- und Außendienst fördern?«

An Ihrer Antwort kann man erkennen, ob Sie das Problem rasch analysieren und dann grob lösen können. Man will wissen, ob Ihnen spontan etwas einfällt oder ob Sie zu lange brauchen, bis Ihr Denkapparat die Sache von allen Seiten durchleuchtet hat.

An Ihrer Antwort erkennt man auch, ob Sie eher dazu neigen, Probleme allein zu lösen, oder die Zusammenarbeit mit anderen sofort miteinplanen. Spätestens an einer Handlungsfrage scheitern vorgetäuschte Teamorientierung und Kooperationsbereitschaft.

Sie sollten auch mit inhaltlich überraschenden Fragen rechnen. So könnte man Sie als Frau mehr oder weniger direkt nach einer bestehenden oder geplanten Schwangerschaft fragen. Wenn Sie darauf empört oder beleidigt reagieren, weil eine solche Frage nicht zulässig ist, wird man Ihnen recht geben, sich bei Ihnen entschuldigen, noch ein wenig plaudern und das Interview zügig beenden. Man weiß dann, daß Sie zu den Querulanten gehören, die beständig darauf bedacht sind, daß ihnen kein Unrecht geschieht. Man wird auch davon ausgehen, daß Sie stets aufpassen, sich keine »unzumutbaren« Arbeiten aufhalsen zu lassen, und daß Sie Ihren Beruf als kontinuierlichen Kampf gegen mögliche Ausbeuterei durch den Arbeitgeber betrachten. Vielleicht unterstellt man Ihnen auch, daß Sie statt forsch und selbstbewußt an Ihrer Karriere zu bauen, Ihr berufliches Umfeld dafür benutzen, Diskriminierung von Frauen aufzuspüren und mit den Jahren bei der Aufdeckung von Ungerechtigkeiten immer spitzfindiger und damit lästiger werden.

Eine solche »Problem-Zeitbombe« stellt man lieber nicht ein.

Ähnlich verhält es sich, wenn Sie (ehemaliger) Ausländer sind oder Farbiger. Da könnte ebenfalls eine Frage kommen, die hart an der Grenze der Provokation liegt. Man will erkennen, ob Sie dazu neigen, den Arbeitsplatz zum Schlachtfeld Ihrer Kämpfe gegen das rassistische Deutschland zu machen. Den Ärger wünscht man auch lieber der Konkurrenz. So hat es sich ein Hamburger Personalchef zur Gewohnheit gemacht, bei moslemischen Bewerbern stets in blauäugiger Freundlichkeit zu fragen: »Sie haben doch diesen schönen Tempel an der Alster, nicht wahr?« Wehe dem Bewerber, der darauf empfindlich reagiert! Einen solchen Mißgriff darf man ignorieren oder auch korrigieren. Man darf augenzwinkernd mit »Katholen-« oder »Evangelentempel« zurückschlagen, aber man darf auf keinen Fall Symptome islamischen Verfolgungswahns (»Der Westen ist immer gegen uns!«) zeigen.

In einem solchen Fall würde man Ihnen nie verraten, warum man Sie nicht einstellt. Aber daß Sie nicht genommen werden, das ist klar.

Vielleicht stellt man Ihnen auch eine Frage, bei der man davon ausgehen kann, daß Sie die Antwort nicht wissen. Dabei handelt es sich nicht um eine Fachfrage oder um eine offensichtliche »Spielfrage«. Zum Beispiel will man von Ihnen einen Kommentar zu einem der Politiker oder zu den Machtverhältnissen im Kreml hören. Wenn Sie darauf eine gute Antwort wissen, nimmt man das hin und gibt Ihnen später eine andere Nuß zu knacken. Die Inhalte interessieren dabei gar nicht. Es geht darum zu sehen, wie Sie auf Fragen reagieren, die Sie nicht beantworten können. Fällt Ihnen der Kiefer runter? Sagen Sie dreimal äh? Zeigen Sie Anzeichen von Panik? Analysieren Sie mißtrauisch, warum man Ihnen genau diese Frage stellt?

Bedenken Sie bitte, daß es bei den Fragen nicht immer nur darum geht, be-

28

stimmte Inhalte zu erfahren. Man will ebenso wissen, ob Sie als Persönlichkeit verträglich und selbstbewußt sind und sich harmonisch eingliedern lassen.

In den folgenden Listen finden Sie Fragekataloge zu den einzelnen Erfolgsmerkmalen. Vielleicht sind Sie enttäuscht, daß nicht auch die »richtigen« Antworten mitgegeben werden. Die gibt es leider nicht. Personalchefs oder Personalberater haben zwar Listen mit diesen oder ähnlichen Fragen, sie haben jedoch keine Listen mit »richtigen« Antworten. Anders als bei einem Auswahlverfahren für Lehrlinge oder für weniger qualifizierte Positionen, kommt es bei Spitzenfachleuten und bei Führungskräften immer sehr auf den Einzelfall und auf die speziell angestrebte Funktion an.

Am besten bereiten Sie sich vor, indem Sie überlegen, welcher der Erfolgsfaktoren für die ausgeschriebene Position vermutlich wichtig ist. Bearbeiten Sie dazu die hier aufgeführten Fragen. Lernen Sie aber nichts auswendig! Die einzelnen Unternehmensberatungen haben jeweils eigene Fragekataloge, auf die sie schwören. Personalchefs haben sich Kataloge entweder offiziell gekauft oder bei günstiger Gelegenheit auf den Kopierer gelegt oder sogar selbst aus der Fachliteratur oder nach eigenen Erfahrungen zusammengestellt. Letztlich sind die Fragen alle gleich. Wichtig ist, daß Sie sich nicht zu stur auf bestimmte Formulierungen einstellen. Hören Sie immer genau hin! Wenn Sie schon damit anfangen, Fragen erst gar nicht richtig zu verstehen, sind Sie auf der Stelle »weg vom Fenster«.

5. Verlaufsplan eines Bewerberinterviews

Die meisten Personalchefs oder Personalberater haben sich irgendwann ein Formular zurechtgeschnitten, welches die typischen Phasen eines Bewerberinterviews enthält. Man will schließlich nichts vergessen. Auf der anderen Seite will man gleich zu Beginn sich Notizen machen. Bedenken Sie bitte, daß die Notizen sich sowohl auf Ihre Antworten beziehen als auch auf Ihr Verhalten. Wenn Sie zum Beispiel nach den ersten »Warming up«-Sätzen immer noch mit zusammengepreßten Knien auf der vorderen Stuhlkante sitzen oder jede Antwort mit einem nervösen Hüsteln beginnen, dann wird das notiert.

Die wichtigsten Phasen eines Bewerberinterviews sind:

1. Warming up

Hier sollten Sie Ihre verständliche Angespanntheit sichtbar verlieren. Auf keinen Fall dürfen Sie zu locker oder gar lässig werden.

2. Darstellung des weiteren Vorgehens

Man sagt Ihnen, wie der Verlauf des Gesprächs geplant ist, welche Themen angesprochen werden und wieviel Zeit in etwa zur Verfügung steht.

3. Einführung in die Zielposition und in das Unternehmen

In maximal fünf Minuten erzählt man Ihnen ein paar Dinge zum Unternehmen und zur ausgeschriebenen Position.

Stellen Sie dazu unbedingt Fragen! Machen Sie deutlich, daß es Sie brennend interessiert und Sie auch schon sehr gut informiert sind.

4. Darstellung des beruflichen Werdegangs

Jetzt sollen Sie reden. Verlieren Sie sich nicht in Details seit der Grundschule. Stellen Sie durchaus auch Auslandsaufenthalte, Praktika, Publikationen etc., und was diese für Ihre Entwicklung bedeutet haben, heraus.

Üben Sie diesen Teil Ihrer Selbstdarstellung!

Ihr beruflicher Werdegang darf nicht die trockene Auflistung von Schulen, Unis und bisherigen Arbeitgebern sein. Er sollte sich verlockend und spannend anhören. Dieser Teil des Interviews ist Ihre Chance, sich selbst gut zu »verkaufen«.

Jetzt entscheiden die meisten Personalchefs oder Personalberater, ob man grundsätzlich mehr von Ihnen hören oder das Gespräch lieber schnell beenden möchte. Davon hängt ab, ob Sie im weiteren Verlauf überhaupt noch einige der in den folgenden Listen aufgeführten Fragen gestellt bekommen.

5. Interview

Nun folgen die Fragen zu den unten aufgeführten Erfolgskriterien. Darauf haben Sie sich hoffentlich anhand dieses Buches vorbereitet. Außerdem sind Sie natürlich schlagfertig, souverän und wortgewandt. Sie dürfen nachfragen, wenn Sie etwas nicht verstanden haben. Das darf jedoch nicht zu oft passieren. Viele Menschen nervt es, wenn sie auf eine Frage stets eine Gegenfrage erhalten oder wenn sie sich wiederholen müssen.

Niemals dürfen Sie sich spitz erkundigen, warum man Ihnen eine bestimmte Frage stellt. Machen Sie aus dem Interview kein Verhör zu den Motiven Ihres Gesprächspartners!

6. Besprechen der Kernaufgaben und Ziele

Wenn man sich weiterhin für Sie interessiert, wird man nun detailliert über die angestrebte Position reden. Die Kernaufgaben, die Ziele, das zu führende Team, die bestehenden Kundenkontakte ... kommen zur Sprache. Man will Ihnen nun ein möglichst klares Bild von der Position vermitteln. Jetzt müssen Sie unbedingt Fragen stellen und sich um eine gemeinsame Diskussion bemühen. Sie dürfen nicht mehr nur passiv Informationen aufnehmen. Denken Sie sich in die Situation hinein, daß man Ihnen die Position bereits gegeben hat. Besprechen Sie konkrete Einzelheiten dazu.

Interessiert man sich inzwischen jedoch nicht mehr für Sie, wird man nach dem Interview sich freundlich für das Gespräch bedanken und Ihnen versprechen, daß Sie bald die Entscheidung hören werden. Das war es dann.

7. Ist- und Soll-Profil abgleichen

Glaubt man nach Durchsprache der Kernaufgaben und Ziele immer noch daran, daß Sie zu den geeigneten Bewerbern gehören, dann kommen jetzt Ihre Lücken an Wissen, Erfahrungen etc. zur Sprache. Man vergleicht gemeinsam mit Ihnen die Anforderungen des Jobs mit dem, was Sie zu bieten haben. Reagieren Sie darauf weder empfindlich noch zu lässig. Lassen Sie sich darauf ein, mit Ihrem Gesprächspartner konkret zu erörtern, wie Sie möglichst zügig die Lücken schließen können.

Bewerber:		
Phase	Sachaussage	Verhalten
1. Warming-up		

Abb. 3: Beobachtungsprotokoll des Interviews

31

8. Vertragsverhandlung

Jetzt geht es um das Gehalt, den Dienstwagen, den Einstiegstermin ... Nach dem, was besprochen wird, kann der Vertrag erstellt werden. Den werden Sie mit hoher Wahrscheinlichkeit auch bekommen, wenn man bis zu dieser Phase mit Ihnen gesprochen hat.

Herzlichen Glückwunsch. Sie haben es geschafft.

Kapitel 2:
Erfolgsfaktoren und ihre Diagnose

1. Ziele, Aufgaben, Anforderungen

Führungskräfte und hochkarätige Spezialisten werden viel gezielter als andere Mitarbeiter danach ausgewählt, ob sie dem Unternehmen größtmöglichen Zuwachs an Wert und Gewinn einbringen. Vor Ausschreibung der zu besetzenden Position wird analysiert, welche Ziele und Aufgaben damit verbunden und zu erledigen sind. Die Anforderungen an den neuen Stelleninhaber knüpfen daran an.

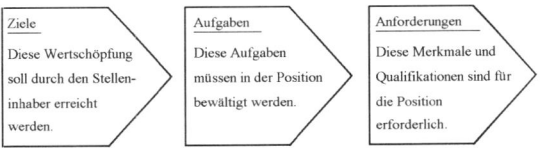

Abb. 4: Anforderungen auf der Basis von Zielen und Aufgaben

Ist der geeignetste Bewerber im Auswahlverfahren festgestellt und schließlich engagiert, folgen die Zielvereinbarungen. Bereits während der Probezeit wird beobachtet, ob der neue Mitarbeiter oder die neue Führungskraft die vereinbarten Ziele erreichen wird. Notfalls finden Korrekturgespräche statt. Es kann auch zu einer Trennung im Verlauf der Probezeit kommen.

Kein Unternehmen legt Wert auf das höchst kostspielige Verfahren, einen Neuen schon in der Probezeit wieder zu verlieren und durch eine andere Person ersetzen zu müssen. Die Zeiten, in denen man eine einmal eingestellte Führungskraft oder einen Mitarbeiter trotz früh erkannter Schwächen behielt, sind vorbei. Heute stehen Unternehmen aufgrund des Wettbewerbes und der wirtschaftlichen Zwänge zu sehr unter Druck. Man kann es sich nicht mehr erlauben, Ziele zu verfehlen.

Demnach ist es erforderlich, im Auswahlverfahren unter allen Bewerbern jene Person herauszufinden, die vermutlich am besten geeignet ist, die angestrebten Ziele zu erreichen. Dazu führt man in der Regel eine gründliche Analyse der zu besetzenden Position durch, meist unter folgenden Aspekten:

Analyse der Position
Position:
Funktion im Bereich / Unternehmen:
Quantitative und qualitative Ziele, die der Stelleninhaber erreichen muß: 1. 2. 3. 4. 5. 6.
Aufgabenfelder der Position: 1. 2. 3. 4. 5. 6.

Verantwortungen:	Absehbare Veränderungen:

Abb. 5: Analyse der zu besetzenden Position

Aus den ermittelten Anforderungen ergibt sich eine sogenannte »Kompetenz-Pyramide«. Es wird festgelegt, welche Persönlichkeitsmerkmale der Bewerber für die Position mitbringen muß, welches Verhalten erwartet wird und welche Kompetenzen nachzuweisen sind. Die Merkmale der Persönlichkeit, des Verhaltens und die Kompetenzen sind dann die im Auswahlverfahren zu diagnostizierenden Erfolgsfaktoren.

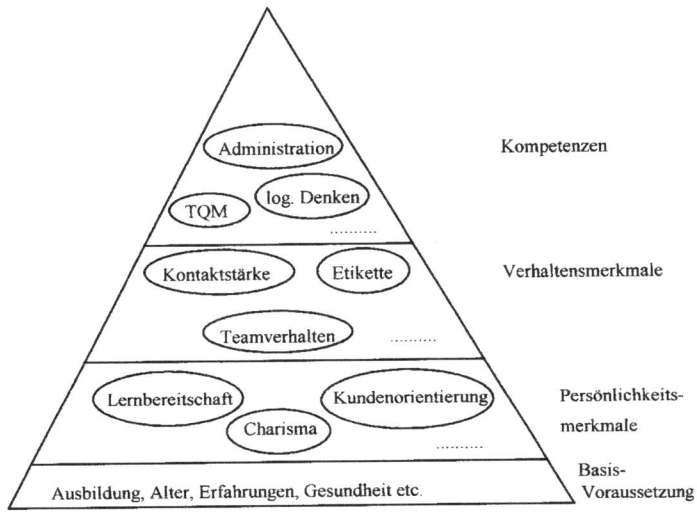

Abb. 6: Merkmale und Kompetenzen

Gegebenenfalls wird priorisiert, welcher der obigen Erfolgsfaktoren ein »Muß-Faktor«, ein »Soll-Faktor« oder ein »Nice-to-have-Faktor« ist. In der Regel geht man davon aus, daß fehlende Kompetenzen leichter nachträglich zu erwerben sind als Verhaltensmerkmale. Fehlen notwendige Persönlichkeitsmerkmale, so besteht kaum die Chance, daß sich bei einem Erwachsenen daran noch etwas ändern wird.

2. Ideal-Profile und Erfolgsfaktoren

Wurde in einem Unternehmen geklärt, welche Anforderungen für eine auszuschreibende Position zu erfüllen sind, kann im nächsten Schritt das Ideal-Profil erstellt werden. Dieses Profil enthält jene Erfolgsfaktoren, die für die betreffende Position besonders wichtig sind.

Ein Profil kann als Reihe von Gegensatzpaaren dargestellt werden:

Ideal-Profil : Kaufmännischer Leiter

Zurückhaltung	○○○○●○○	Kontaktstärke
Detailorientierung	○○○○○○●	Generalist
Integrationsstreben	○○○○●○○	Dominanz
Kooperation	○○○●○○○	Autonomie

Abb. 7: Ideal-Profil mit Merkmalextremen

Es können auch bestimmte Erfolgsfaktoren gelistet und im Auswahlverfahren untersucht werden, wie stark sie jeweils bei den einzelnen Bewerbern ausgeprägt sind.

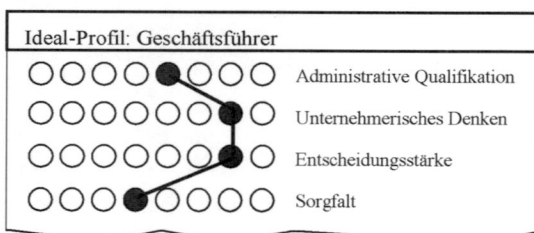

Ideal-Profil: Geschäftsführer

○○○○●○○○	Administrative Qualifikation
○○○○○○●○	Unternehmerisches Denken
○○○○○○●○	Entscheidungsstärke
○○○●○○○○	Sorgfalt

Abb. 8:
Ideal-Profil mit
Merkmalsteigerungen

Ideal-Profil: Kundenberater

Sozialkompetenz

○○○○○○○●	Überzeugungskraft
○○○○○○●○	Einfühlungsvermögen
○○○○○○●○	Kontaktstärke

Rhetorische Kompetenz

○○○○○○●○	Gesprächsführung
○○○○○○○●	Verhandlungsgeschick
○○○○○●○○	Small talk

Abb. 9:
Gegliedertes Ideal-Profil

36

Es muß nicht sein, daß die größtmögliche Ausprägung immer die »beste« ist. Im Ideal-Profil wird meist festgelegt, wie stark der Bewerber bei welchem der Erfolgsfaktoren sein sollte. Zuviel kann dann ebenso schlecht sein wie zu wenig.

Personalberater bieten Unternehmen verstärkt an, für diese Profile zu erstellen und dafür auch das Verfahren der Bewerberauswahl zu konzipieren. Wichtig ist, daß die Beobachter im Assessment-Center oder die Interviewer wissen, woran sie beim einzelnen Bewerber die Ausprägung eines der Merkmale erkennen können. Lesen Sie dazu in den folgenden Ausführungen, worauf man bei den einzelnen Merkmalen achtet, was man unter Erfolgsfaktoren versteht und woran man sie zu erkennen glaubt.

Nur selten wird man bereit sein, Ihnen als Bewerber das Ideal-Profil vorab zu präsentieren. Meist wird ein wenig Geheimniskrämerei darum betrieben. Sie sollten dennoch bitten, daß man Ihnen nach dem Assessment-Center, dem Psycho-Test oder dem Interview das Ergebnis zu Ihrer Person zeigt. Einen Anspruch darauf haben Sie leider nicht. Denn man hat kein Interesse daran, mit einem abgelehnten Bewerber in zähe Rechthaberei zu geraten. Man will auch nicht darum streiten, ob die Einschätzung der Beobachter und Beurteiler korrekt ist oder nicht. Wenn Sie jedoch einen friedlichen Eindruck machen, kann es gut sein, daß man Ihnen die Ergebnisse zu Ihrer Person mitteilt.

Denken Sie nicht darüber nach, ob die Ergebnisse »stimmen«, sondern darüber, ob Sie bei anderen den Eindruck vermitteln, den Sie vermitteln wollen. Versuchen Sie aus jedem für Sie gescheiterten Auswahlverfahren etwas zu lernen. Suchen Sie nicht nach dem Unternehmen, wo man Sie »richtig« sieht, sondern überlegen Sie, wie Sie sich in Zukunft verhalten wollen, damit der »richtige« Eindruck entsteht.

3. Psycho-Tests zur Eignungsdiagnostik

Psycho-Tests haben auf viele Menschen eine geradezu magische Wirkung. Auch Personalchefs vermuten viel zu viel Wissenschaft dahinter. Sie glauben, daß ein von Personalberatern teuer erstandener Test die Bewerber komplett durchleuchtet und berufliche wie persönliche Stärken und Schwächen deutlich macht. Beruft man sich dann noch darauf, daß echte Psychologen für die Personalberatung den Test entwickelt haben und dieser »DV-technisch« ausgewertet wird, ist der Glaube an die Gültigkeit der Testergebnisse kaum zu erschüttern.

Bewerber haben oft viel zu viel Angst vor dem Test. Sie kennen ihre Schwächen, die sie am liebsten verbergen möchten. In ihrem bewußt gesteuerten Verhalten und Reden gelingt ihnen das auch ganz erfolgreich. Die Sorge der Bewerber ist, daß beim Psycho-Test ihnen ihr eigenes Unterbewußtsein einen Streich spielt. Sie haben Angst, daß die Psychologen mit superschlauen Fragen, die harmlos wirken, das Unterbewußtsein aufs Glatteis führen. Sie fürchten, daß man ihre Antworten in unberechenbarer Art interpretiert und gegen sie verwendet.

So sitzt dann ein Bewerber verzweifelt vor dem Test und grübelt, ob es gut oder schlecht für ihn ausgeht, wenn er eine ehrliche Antwort gibt auf Fragen wie: »Welches ist Ihre Lieblingsfarbe?« Soll er Blau ankreuzen, oder gilt das bei Psychologen als Ausdruck für Herzenskälte? Soll er Rot ankreuzen, oder drückt er damit kindliche Freude an grellen Farben aus?

Die Bewerber überschätzen in der Regel die Fähigkeiten von Psychologen und »DV-technischen« Auswertungen. Sie fühlen sich bis in die peinlichsten Tiefen ihrer Persönlichkeit durchschaut. Außerdem fragt sich ein Bewerber, was mit seinem Testergebnis schließlich passiert. Wer darf sich daran weiden? Und wohin verschwinden die Unterlagen?

Bei Psycho-Tests sind im Grunde drei Varianten zu unterscheiden:

1. Unseriöse Tests

Diese werden von Sekten, Hobby-Psychologen oder hochdotierten Analytikern entwickelt und auf eine nur ihnen selbst verständliche Weise interpretiert. Da kann es schon passieren, daß der ahnungslose Proband offen zugibt, gern in säuerliche Äpfel zu beißen, und daraufhin erklärt bekommt, daß er als Kind sexuell mißbraucht worden sei und nun danach strebt, sich für den Rest des Lebens gegen Vorgesetzte und Führungskräfte aggressiv zur Wehr zu setzen und sich selbst dabei das Leben sauer macht. Streitet der Proband das ab, wird dem Analytiker nur noch offensichtlicher, wie tief der Verdrängungsprozeß bereits sitzt.

2. Spiel-Tests

Diese finden wir in Illustrierten und füllen sie lustvoll aus. Man kreuzt an, daß man die Nachbarn mit Namen kennt, viele Freunde hat und Mitglied eines Vereins ist. Am Ende stellt sich heraus, daß man ein geselliges Wesen hat. Stimmt, den Eindruck hatte man selbst auch schon immer.

38

3. Seriöse Tests

Diese werden nach bestem Wissen und Gewissen so entwickelt, indem man sich zuvor überlegt, was der Test eigentlich ans Licht bringen soll. Dann überlegt der Autor des Tests, mit welchen Fragen und Antworten die gewünschten Merkmale vermutlich am besten erkannt werden können.

Wenn zum Beispiel ein Test für Angstpatienten entwickelt werden soll, will man vielleicht wissen, in welchen Zusammenhängen Angst auftritt, ob der Patient sich zurückzieht oder an andere Menschen klammert, ob er zwanghaft an mögliche Katastrophen denkt oder gar nichts mehr denken kann ... Dazu werden Fragen entwickelt, deren Gesamtergebnis dem Psychologen oder behandelnden Arzt mitteilt, wie die innere Situation des Patienten ist oder welche Gegebenheiten Angstzustände auslösen.

Will man beispielsweise in einem Unternehmen durch einen Test herausfinden, ob ein Bewerber sich als Verkäufer eignet, dann überlegt man vorher, wie der Ideal-Verkäufer sein soll. Er soll kontaktstark sein, hart im Verhandeln, überzeugend im Auftreten, optimistisch auch bei Niederlagen, gerne in Wettbewerbssituationen ... Dazu werden Fragen oder Aussagen formuliert, die beantwortet oder angekreuzt werden müssen. Das Testergebnis kann – sofern wahrheitsgemäß ausgefüllt wurde – darüber Auskunft geben, ob der Probant grundsätzlich geeignet ist oder nicht, ob er vermutlich Stammkunden pflegen oder eher Neukontakte aufreißen kann ... Es kann sich auch herausstellen, daß der Bewerber eigentlich keine besondere Freude daran hat, mit anderen Menschen umzugehen, er sich aus völlig anderen Motiven (Provision? Aufstieg? Firmenwagen? freie Zeiteinteilung?) zum Außendienst hingezogen fühlt.

Niemals aber stochert ein seriöser Psycho-Test für Bewerber in intimsten Seelenwinkeln herum. Machen Sie sich keine Sorgen, ein solcher Test kann nicht aufdecken, ob Sie diebisch sind, zu häufig onanieren oder einen unbewältigten Konflikt aus Ihrer Embryonalzeit mit sich herumschleppen.

Unseriöse Tester können das selbstverständlich auch nicht herausfinden, aber sie interpretieren ihre eigenen Phantasien in die Ergebnisse hinein.

Erkundigen Sie sich vor jedem Ausfüllen, wo und von wem der Test entwickelt wurde und was mit den ausgefüllten Bögen passiert. Wenn eine bekannte Unternehmensberatung dahintersteht, ist er vermutlich in Ordnung. Bei anderen Unternehmensberatungen sollten Sie im Zweifel vorher prüfen, ob eine Sekte dahinter steht. Die benutzen solche Tests später gern zur Mitgliederwerbung. Viele Wochen nach Ihrem Auswahlverfahren lernen Sie dann jemanden kennen, der viel Verständnis für Sie aufbringt und Ihnen auf wunderbare Weise zu Reichtum und Erfolg verhelfen kann. Sie müssen bloß bestimmte Bücher lesen, bestimmte Seminare besuchen ... Und irgendwann schnappt die Falle zu. Deshalb sollten Sie, wenn man sich weigert, Ihnen die Herkunft des Tests zu nennen, lieber auf den Job verzichten, als irgendwas auszufüllen.

Sie sollten die Psycho-Tests dennoch auf keinen Fall überbewerten. Sie leisten nicht viel mehr, als durch Fragen oder anzukreuzende Aussagen einigermaßen zu orten, ob jemand beispielsweise eher risikofreudig ist oder eher vorsichtig, ob jemand eher zu Dominanzstreben neigt oder zu harmonischer Eingliederung ...

Es ist somit kein großes Kunststück, den einzelnen Fragen oder Aussagen zu entnehmen, in welche Richtung sie zielen. Dennoch sollten Sie sich unbedingt vor Ihrem Bewerbungsverfahren durch Fachliteratur in die Thematik einlesen. Auch Personalchefs und Personalberater kennen »Testknacker«-Bücher. Man geht heute davon aus, daß jeder Bewerber sie gelesen hat.

Dumm ist, wer noch nicht einmal weiß, daß es diese Bücher gibt. Wer glaubt, unvorbereitet an einem anspruchsvollen Auswahlverfahren teilnehmen zu können, überschätzt sich selbst. Auch damit machen Sie keinen guten Eindruck.

Für die Relevanz eines Tests ist es nicht erheblich, wenn der Probant beim Ausfüllen des Formulars die Zielrichtung der Fragen und Aussagen erkennt. Solange alles korrekt beantwortet oder angekreuzt wird, ist das Ergebnis gültig. Es handelt sich schließlich nicht um einen Lügendetektor oder eine ähnliche Trickfalle.

Wenn Sie bewußt das Ergebnis durch falsche Antworten oder Kreuzchen manipulieren, kann das für Sie oder/und das Unternehmen schädlich sein. Kleine Schönfärbereien sind in Ordnung. Verzichten Sie jedoch auf völlig falsche Selbstdarstellungen. Am Ende landen Sie in einem Job, der Ihnen nicht liegt, keinen Spaß macht, Sie überfordert oder langweilt. Es soll auch schon Bewerber gegeben haben, die aus purer Ahnungslosigkeit in die falsche Richtung manipuliert haben.

Sie sind auf der sicheren Seite, wenn Sie möglichst genau wissen, wie solche Tests »funktionieren«. Machen Sie sich rechtzeitig schlau!

Lassen Sie sich auch nicht von der »DV-technischen« Auswertung beeindrucken. Es ist doch nun wirklich egal, ob unterbezahlte Bürohilfen die Kreuzchen zählen oder der PC. Mehr steckt hinter der »DV-technischen« Auswertung nicht. Es hört sich halt gut an und wird deshalb von Personalberatern den Personalchefs gegenüber als »Werbegag« genutzt. Obwohl heute in fast jedem Haushalt ein PC steht, lassen sich noch immer viele Leute von »DV-Technik« einschüchtern. Es gibt keine »künstliche Intelligenz«, die aus einem Psycho-Test etwas herauslesen kann, das nicht auch durch Abzählen von Kreuzchen festzustellen wäre.

Meines Erachtens sollten Sie nicht bei graphologischen Gutachten, Handleserei, Astrologie oder anderen obskuren Deutungen mitmachen. Solche Dinge gehören auf die Kirmes, aber nicht in die Bewerberauswahl.

4. Assessment-Center zur Eignungsdiagnostik

Der Begriff »Assessment-Center« versetzt noch immer viele Bewerber in Angst und Schrecken. Dahinter verbirgt sich jedoch nichts anderes als ein ein- oder mehrtägiges Auswahlverfahren für Führungs- und Spitzenpositionen. Wenn man Sie zu einem AC eingeladen hat, sollten Sie sich freuen und nicht panisch werden. Das AC gibt nicht nur dem Unternehmen, sondern auch Ihnen die beste Möglichkeit, einer Fehlbesetzung auszuweichen.

Man unterscheidet Einzel-ACs und Gruppen-ACs. Ein Einzel-AC wird einem Bewerber allein gewidmet. Dabei stellt man Ihnen Fragen im Interview, gibt Ihnen Aufgaben oder einen fiktiven Postkorb zur Bearbeitung. Vielleicht läßt man Sie auch mit einem der Interviewer ein Rollenspiel durchführen, oder Sie müssen eine Präsentation vor zwei bis drei Personen halten.

Einzel-ACs werden vor allem zur Standortbestimmung von (Nachwuchs-) Führungskräften, die bereits im Unternehmen tätig sind, durchgeführt. Von Personalberatern läßt man ein Stärken-Schwächen-Profil und aufbauend darauf ein Qualifizierungsprogramm entwickeln. Die meisten Betroffenen fürchten eine solche Veranstaltung erst mal. Danach sind sie förmlich »heiß« auf eine Wiederholung. Es lohnt sich nämlich wirklich und macht auch Spaß. Außerdem kostet es das Unternehmen viel Geld und ist somit nur für Mitarbeiter und Führungskräfte sinnvoll, in die man noch investiert. Das macht ACs auch zum Statussymbol.

Wenn Führungs- und Spitzenpositionen zu besetzen sind, werden mit den Bewerbern der engeren Auswahl Gruppen-ACs durchgeführt. Vier bis zehn Aspiranten kommen dabei zusammen. Mindestens ebenso viele Beobachter stehen mit Papier und Stift parat und protokollieren während der gesamten Veranstaltung, was sie an den Bewerbern wahrnehmen.

Vor dem AC werden die Beobachter Trainings unterzogen. Worauf man die Beobachter aufmerksam macht und was diese beachten sollen, erfahren Sie in den folgenden Ausführungen zu den einzelnen Erfolgsfaktoren. Da steht beschrieben, woran die Beobachter zum Beispiel Kooperationsbereitschaft oder Durchsetzungsfähigkeit etc. erkennen sollen.

Ein AC setzt sich aus Interviews, Rollenspielen, Gruppenarbeiten und Einzelübungen zusammen. Aus dem Gesamtbild will man die Eignung des jeweiligen Bewerbers für die ausgeschriebene Position ablesen. Zu Recht geht man davon aus, daß sich jeder in einem einfachen Vorstellungsgespräch vergleichsweise leicht verstellen kann. Im Streß und in der Übungsvielfalt eines ACs geht das kaum noch.

Bedenken Sie bitte, daß nicht nur die Übungen und Interviews wichtig sind. Man beobachtet auch Ihren Umgang mit Konkurrenten in den Pausen und bei Tisch! Vor allem im Umgang mit Mitbewerbern können die Beobachter Sozialverhalten, persönliche Akzeptanz und Souveränität in Streßsituationen erkennen.

Nehmen Sie auf keinen Fall vor dem AC Medikamente zum Beruhigen oder Aufputschen. Man sieht immer wieder Bewerber, die fast hysterisch gutgelaunt sind oder von träumerischer Ruhe. Medikamente können Sie vielleicht in eine angenehme Stimmung versetzen, ob Sie aber wach genug sind, Ihr Verhalten und Ihre Wirkung zu kontrollieren, ist fraglich. Ebenso fraglich ist, ob Sie unter Drogen noch ausreichend gut beurteilen können, in welchem Rollenspiel etwa Durchsetzung verlangt wird und in welchem es eher um die harmonische Angleichung von Interessen geht. Das müssen Sie nämlich aus dem Zusammenhang heraus selbst erkennen. Sagen wird man Ihnen das nicht. Sorgen Sie mit ausreichend Schlaf, einem guten Frühstück und ein paar Schokoriegeln zwischendurch dafür, daß Sie Ihre Sinne beieinander behalten.

Auch in ein AC sollten Sie sich nicht unvorbereitet begeben. Im folgenden lesen Sie, welche Erfolgsmerkmale wichtig sein können und woran Beobachter und Interviewer sie festmachen. Sie sollten sich zusätzlich durch Fachlektüre mit typischen Rollenspielen und anderen Übungen von ACs vertraut machen. Es geht nicht darum, sich durch »Austricksen« eine Position zu verschaffen, die man als »ehrlicher« Bewerber nicht bekommen könnte. Auch wenn Sie dreißig Fachbücher über ACs lesen, werden die Beobachter in der Ausführung noch Ihre Stärken und Schwächen erkennen. Auf der anderen Seite geht man mittlerweile davon aus, daß jeder Bewerber weiß, was sich im AC abspielt. Darauf ist man eingerichtet. Wer dann völlig ahnungslos kommt, befindet sich im Vergleich zu den Mitbewerbern natürlich im Nachteil.

Die Situation auf dem Arbeitsmarkt läßt es heute zu, daß Unternehmen für ihre Spitzenpositionen kaum noch eigene Nachwuchskräfte heranziehen. Die besten Leute kann man sich inzwischen aussuchen. Von diesen erwartet man, daß sie ihre Karriere selbst meistern, wissen, wie man sich bewirbt, wie man die eigenen Stärken herausstellt und Schwächen ausgleicht. Gehen Sie deshalb nicht unvorbereitet ins Interview, ins Assessment-Center oder zum Psycho-Test.

Liste 1:
Sozialkompetenz

1. Überzeugungskraft

In einem obrigkeitsorientierten Unternehmen braucht der Vorgesetzte keine Überzeugungskraft. Befehle und Anweisungen werden von oben nach unten durchgereicht. Von unten nach oben wird Gehorsam geleistet. Diese Struktur findet man heute noch in Behörden und in Familienunternehmen, die vom Gründer oder dem direkten Nachkommen geleitet werden. Auch in behördenähnlich geführten Unternehmen mit hierarchischem Aufbau wird im Auswahlverfahren für Führungskräfte in der Regel weniger nach Überzeugungskraft gesucht. Es schadet zwar nichts, wenn der Bewerber sie mitbringt, aber oft weiß man in derartigen Firmen noch nicht mal genau, was eigentlich unter Überzeugungskraft zu verstehen ist. Man prüft lediglich, ob der Bewerber die gleichen Überzeugungen vertritt, wie man selbst.

Führungskräfte in modern geführten Unternehmen und Verkäufer brauchen Überzeugungskraft. Nach ihr wird immer dort verlangt, wo man Einfluß auf das Denken und Handeln anderer nehmen können muß und keine Druckmittel in der Hand hat oder diese möglichst nicht anwenden will.

Überzeugungskraft ist mehr als rhetorisches Geschick und die Beherrschung von Manipulationstechniken! Man sagt, daß eine Person über Überzeugungskraft verfügt, wenn sie:

> sich gut in das Denken und die Motivation anderer hineinversetzen kann

> eigene Überzeugungen hat und diese glaubhaft vertreten kann

> anderen Menschen gemeinsame Ziele und gemeinsamen Nutzen vermitteln kann

> über durchdachte Gesprächsstrategien verfügt und auch bei Widerständen und Ablehnungen ein positives Gesprächsklima halten kann

> sehr gut die Einwände anderer abfedern und auffangen kann, ohne Fronten aufzubauen oder sich in Rechthaberei zu flüchten

44

> blitzschnell die Verhandlungsstrategie der Argumentation der anderen Person anpassen kann.

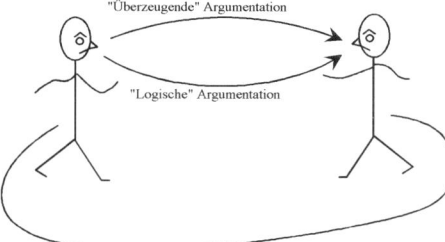

Abb. 10: Überzeugendes Argumentieren

Überzeugungskraft ist die Fähigkeit, gezielt Einfluß auf andere nehmen zu können ohne Druck, Tricks oder Überredungskünste. Diese Fähigkeit läßt sich im Psycho-Test so gut wie gar nicht diagnostizieren. Man wird dafür neben einem Interview auch im Assessment-Center Rollenspiele durchführen und sich den Bewerber in einer Präsentation anschauen.

Im Interview sollten Sie mit Fragen wie den folgenden rechnen:
> Was bedeutet Überzeugungskraft für einen Vorgesetzten?
> In welchen Führungssituationen würden Sie Ihre Überzeugungskraft besonders einsetzen? Wie?
> Was tun Sie, wenn Sie feststellen, daß einer Ihrer Mitarbeiter sich selbst und seine Leistungen ganz anders einschätzt als Sie?
> Wie überzeugen Sie Ihre Kunden?
> Welche Argumente für unsere Produkte oder Leistungen sind Ihrer Meinung nach besonders überzeugend? Warum?
> Wenn Sie unsere Kunden zu überzeugen haben, mit welchen Einwänden können Sie rechnen? Wie wollen Sie damit umgehen?
> Wie würden Sie vorgehen, wenn Sie in Ihrem Bereich Neuerungen einzuführen hätten, die bei den Mitarbeitern auf Widerstand stoßen? Beschreiben Sie denkbare Beispiele.
> Wie gehen Sie mit Schwierigkeiten mit dem Betriebsrat um?
> Wie verhindern Sie mögliche Schwierigkeiten mit dem Betriebsrat?
> Wie würden Sie vorgehen, wenn Sie andere Führungskollegen von einer Ihrer Ideen überzeugen wollten? Schildern Sie ein denkbares Beispiel.

> Wie gelingt es Ihnen, in Ihrem privaten Umfeld andere Menschen zu überzeugen? Schildern Sie Beispiele.
> Schildern Sie Beispiele erfolgreicher Überzeugung aus Ihrem bisherigen Aufgabengebiet.
> Wie bereiten Sie sich auf eine schwierige Verhandlung vor?

Im Assessment-Center wird man Sie ein Rollenspiel mit Zweier-Gespräch durchführen lassen. Dabei kann es sich um ein Mitarbeitergespräch – zum Beispiel: Zielvereinbarung – oder um ein Verkaufsgespräch handeln. Die Beobachter konzentrieren sich dann auf folgende Dinge:
> fragt nach, ob die eigene Argumentation verstanden wurde
> erkennt auch an feinen Signalen der Körpersprache, ob der Gesprächspartner überzeugt ist oder nicht
> erkennt die Unterschiede zwischen echten Einwänden, rhetorischen Spiegelgefechten und Vorwänden und kann darauf richtig reagieren
> geht mit Einwänden und Widerständen positiv um, kann sie elegant abfedern und für die eigene Argumentation nutzen
> bleibt auch bei harten Widerständen ausdauernd
> argumentiert offensiv und gleichzeitig sozial akzeptabel
> verzichtet auf billige Tricks der Manipulation, des Drucks oder Appells
> versteht die Einwände des Gesprächspartners richtig und kann sich in die Denkweise des anderen hineinversetzen, um daraus weitere überzeugende Argumente zu generieren
> läßt in der Gesprächsführung eine zielorientierte Strategie erkennen
> ist rhetorisch gewandt und verfügt über ein breites Argumentationsspektrum
> kann dem Gesprächspartner dessen Nutzen verdeutlichen
> zeigt eine selbstbewußte und überzeugende Körpersprache
> spricht lebhaft, engagiert und interessant
> zeigt Emotionen und kann Emotionen wahrnehmen und darauf positiv reagieren
> findet sachliche wie menschliche Anerkennung beim Gesprächspartner und sorgt für eine angenehme Gesprächsatmosphäre auch in harten Auseinandersetzungen
> kann anschaulich und in Beispielen aus der Sicht des anderen argumentieren
> kann den Gesprächspartner überzeugen und begeistern

> gibt dem Gesprächspartner Argumente mit, die diesen bei Dritten überzeugungsfähig machen
> hakt nach bei Zweifeln und fordert auf, weitere Einwände zu äußern
> redet nicht am Gesprächspartner vorbei mit Argumenten, die er selbst überzeugend findet, dem anderen jedoch wenig bedeuten.

Wenn man Sie während eines Gruppenrollenspiels beobachtet, wird man auf folgende Merkmale Ihres Verhaltens achten:
> bringt sich aktiv ein und findet Gehör
> macht den eigenen Standpunkt deutlich und schildert plastisch dessen Vorteile
> erkennt Signale von Widerständen und Zweifeln bei den anderen und kann im Sinne der eigenen Ziele darauf eingehen
> findet Zustimmung bei den anderen
> kann blitzschnell auf Änderungen im Gruppenprozeß reagieren
> erkennt Meinungsführer und kann diese für seine Argumente gewinnen
> kann überzeugend auf harte Widersacher eingehen, ohne dabei Fronten zu provozieren.

Läßt man Sie etwas präsentieren, werden Sie vermutlich um die verkäuferische Darstellung eines Produktes oder um eine parteiliche Präsentation eines Vorhabens gebeten. Während Ihrer Ausführungen achtet man dann auf folgendes Verhalten:
> stellt engagiert und bildhaft die Sachzusammenhänge dar
> läßt den eigenen Standpunkt deutlich erkennen
> argumentiert aus der Sicht der Zuhörer
> spricht sachlich fundiert und prägnant
> verzichtet auf langatmige Details und oberlehrerhaftes Auftreten
> regt durch Beispiele, Analogien und dramaturgische Höhepunkte die Phantasie der Zuhörer an und kann das positive Interesse wachhalten
> unterstreicht die inhaltlichen Ausführungen durch optische Signale der Körpersprache
> erkennt Signale von Unverständnis, Zweifeln etc. im Zuhörerkreis und geht spontan darauf ein
> nimmt Kontakt mit einzelnen Zuhörern auf, ohne dabei bedrohlich zu wirken.

Man wird sich überlegen, ob der Bewerber in einer realen Situation auch bei Problemen und starken Widerständen standfest und überzeugend die Ziele des Unternehmens vermitteln und dafür gewinnen kann. Das gilt sowohl intern, wenn die eigenen Mitarbeiter zu überzeugen sind, wie extern bei öffentlichen Auftritten oder Verhandlungen. Es reicht nicht, daß der Bewerber feste Überzeugungen hat und logisch zu argumentieren weiß. Wichtig ist, daß er Menschen mit bisher anderen Überzeugungen auf seine Seite bringen kann.

In diesem Zusammenhang wird man sich auch immer fragen, ob Sie eine sympathische Ausstrahlung haben. Wenn dem nicht so ist, können Sie niemals überzeugen. Da helfen auch die besten Argumente nichts.

Wenn Sie nicht über Überzeugungskraft verfügen, sollten Sie in Ihrem eigenen Interesse auf Führungsaufgaben und eine Position mit Kundenkontakt verzichten. Sie kämen niemals auf die »richtigen Zahlen«. Im Verkauf würden Sie erfolglos sein und in der Führung am Unwillen der Mitarbeiter verzweifeln. Je nach Typ würden Sie entweder die Mitarbeiter unterwürfig anflehen, doch bitte etwas mehr zu leisten, oder als autoritärer Peitschenschwinger Druck zu machen versuchen. In beiden Fällen wäre auf Dauer der Erfolg, daß Sie auf jenen Mitarbeitern sitzenbleiben, die keine Chance haben, woanders etwas Besseres zu finden. Innerhalb des Kollegenkreises der anderen Führungskräfte wären Sie ebenfalls bei jeder Konferenz der Verlierer. Wenn Sie nicht überzeugen können, sollten Sie lieber eine Spezialistenlaufbahn anstreben. Dann kann es natürlich immer noch so sein, daß andere, die fachlich weniger gut sind als Sie, höher aufsteigen.

Sollten Sie den Wunsch haben, Ihre Überzeugungsfähigkeit zu steigern, empfiehlt sich ein seriöses Verkäufertraining (keine Drückerdressur!). In vielen Unternehmen ist dies heute ohnehin für alle Führungskräfte bis hin zum Leiter der Revision obligatorisch.

2. Durchsetzungsvermögen

Wer sich nicht durchsetzen kann, ist weder als Führungskraft noch als Verkäufer, noch als qualifizierter Spezialist zu gebrauchen. Menschen ohne Durchsetzungsvermögen setzt man in untergeordneten und dienenden Positionen ein. Dafür werden in der Regel keine aufwendigen Auswahlverfahren durchgeführt. Solche »Weicheier« mögen für sich vielleicht den Trost finden, keine charakterlosen »Ellenbogentypen« zu sein. Damit können sie sich als Menschen mit »höherer Moral« brüsten. Im beruflichen Umfeld interessiert das allerdings niemanden. Sich nicht durchsetzen zu können, ist nicht edel, sondern inkompetent. Sich durchsetzen zu können und dennoch im richtigen Moment oder beim richtigen Anlaß zum Nachgeben bereit zu sein, das ist die Kunst!

Unter Durchsetzungsfähigkeit versteht man keineswegs brutale Ellenbogenmentalität oder verbissene Rechthaberei oder ähnliche Merkmale sozialer Unangepaßtheit. Als durchsetzungsfähig wird eine Person bezeichnet, die sich durch folgendes auszeichnet:

> hat Ziele und verfolgt diese konsequent
> hat den Mut, sich auch gegen eine Mehrheit oder gegenüber höhergestellten Personen kritisch und kontrovers zu äußern
> weicht notwendigen Konflikten nicht aus und gibt nicht wider besseren Wissens »um des lieben Friedens willen« nach
> äußert die eigene Meinung selbstsicher und versteckt sich dabei nicht hinter Autoritäten (»Amerikanische Wissenschaftler sagen das auch.« »Direktor Meier ist der gleichen Meinung.«)
> bleibt in Verhandlungen den eigenen Zielen treu und ist gleichzeitig offen für die Meinungen anderer
> steht klar zur eigenen Überzeugung, ohne Sturheit oder Rechthaberei
> kann sich in einer Gesprächsrunde Gehör verschaffen und findet bei anderen Respekt
> will andere bewußt beeinflussen und kann das auch erfolgreich
> verfügt über eine klare und unmißverständliche Sprache und über eine selbstbewußte Haltung
> ist fähig, eigene Erwartungen klar auszudrücken, und verzichtet dabei auf Weitschweifigkeiten, entschuldigendes Lächeln, Ausreden und andere »Weichmacher«
> kann taktisch klug argumentieren und setzt die eigenen Ideen auch gegen Widerstand durch.

Im Interview wird man Sie mit Fragen wie den folgenden auf Ihre Durchsetzungsfähigkeit hin prüfen:

> Wann und wie haben Sie bisher eigene Vorstellungen gegen Widerstand durchgesetzt? Schildern Sie Beispiele.
> Wann und warum haben Sie eigene Vorstellungen aufgegeben? Schildern Sie Beispiele.

> Können Sie sich vorstellen, in welchen Fällen Sie entgegen Ihren eigenen Überzeugungen nachgeben würden?
> Wie sehen andere Menschen Sie? Gelten Sie als harter Verhandler oder eher als kooperativ?
> Wie gehen Sie vor, wenn Sie etwas gegen den Willen anderer durchsetzen wollen?
> Ist Durchsetzungsvermögen Ihrer Ansicht nach angeboren oder erworben?
> Wo sehen Sie die Grenzen zwischen Kooperation und Durchsetzungsverhalten?
> Haben Sie sich auch schon einmal trotz größter Anstrengung nicht durchsetzen können? Schildern Sie Beispiele.
> Neigen Sie eher zu Kompromissen und Entgegenkommen auf halbem Weg oder eher zu kämpferischem Durchsetzen auf ganzer Ebene?
> Haben Sie sich mit Ihrer Durchsetzungsfähigkeit auch schon gelegentlich Feinde gemacht? Schildern Sie Beispiele.
> Wie schaffen Sie es, sich auch gegen Widerstand durchzusetzen und dennoch gute Beziehungen zu anderen zu unterhalten?
> Wie könnte man mit wenig Durchsetzungsvermögen dennoch zum Ziel kommen?
> Was bedeutet Durchsetzungsfähigkeit für Führungskräfte?

Um Ihre Durchsetzungsfähigkeit richtig einschätzen zu können, wird man Sie Rollenspiele durchführen lassen. Vielleicht muß ein anderer Bewerber gegen Sie antreten. Vielleicht wird einer der Helfer des Auswahlverfahrens mit Ihnen das Gespräch führen. In der Regel geht es dabei um einen Fall mit zwei möglichen Lösungen. Dabei sollen Sie eine der Lösungen dem anderen Rollenspieler gegenüber durchsetzen. Die Beobachter wollen folgendes Verhalten bei Ihnen erkennen:
> steuert maßgeblich den Gesprächsverlauf
> äußert den eigenen Standpunkt klar und dennoch taktisch geschickt
> bezieht eindeutig Stellung und schaut dabei den Gesprächspartner offen an
> zeigt eine selbstbewußte Haltung, Gestik und Mimik und nimmt ausreichend Raum ein, ohne dabei bedrohlich auf den Gesprächspartner zu wirken
> zeigt sich konfliktbereit und setzt Angriffen ausreichende Härte entgegen
> kann Kritik klar äußern und Kritik selbstbewußt annehmen
> läßt sich weder durch bedrohliche Körpersprache noch durch taktische Tricks vom eigenen Ziel abbringen

- > läßt sich nicht unter Druck setzen und fällt auch nicht auf Schmeichelei herein
- > zeigt Durchhaltevermögen und sucht nicht nach der schnellen Kompromißlösung
- > kann prompt auf Einwände und Argumente reagieren
- > ist bei Monologen des Gesprächspartners bereit, ins Wort zu fallen
- > kann bei Unterbrechungen schnell wieder den roten Faden aufnehmen
- > bleibt ruhig und souverän, zeigt auch nach längerer Verhandlung weder Streß noch Hektik
- > kann den eigenen Standpunkt überzeugend begründen
- > hört gut zu und erkennt Chancen zu einer Einigung
- > verzichtet auf Überredung, Appelle, Angriffe oder andere Druckmittel
- > verfügt über verschiedene Taktiken der Verhandlungsführung
- > kommt auch bei Nebenthemen und Ablenkungen immer wieder auf eigene Ziele zurück
- > kommt schließlich mit dem anderen zu einem Ergebnis, wobei die eigenen Ziele im wesentlichen durchgesetzt werden
- > auch bei einem Kompromiß werden eigene Ziele im wesentlichen erreicht
- > läßt sich nicht mit Versprechen oder billigen Teillösungen abspeisen.

Achten Sie bei dem Rollenspiel darauf, daß Sie zwar Härte, Taktik und robuste Kämpfermentalität zeigen, ohne sich jedoch als streitsüchtig, rechthaberisch, unkooperativ und starrsinnig zu outen! Man muß Ihnen deutlich anmerken, daß Sie klare Ziele haben und diese auch erreichen können.

Das Studium von Verhandlungstaktiken und Signalen selbstbewußter Körpersprache eröffnet Ihnen in diesem Bereich gute Chancen. Damit sollten Sie allerdings nicht erst kurz vor einem Bewerbungsverfahren beginnen.

Vielleicht läßt man Sie auch etwas präsentieren vor einem (imaginären) negativ eingestellten Publikum. Es kann sich zum Beispiel um die Übung handeln, daß Sie vor (imaginären) Mitarbeitern oder auch vor Gewerkschaftsmitgliedern Vorstandsentscheidungen präsentieren sollen, die Widerstand auslösen werden. Man wird dann auf Ihr Auftreten, Ihre Körpersprache, Ihre Argumentation und Ihre Stimmführung achten. Sie müssen dann einen »harten Brocken« glaubhaft bewegen können.

Als Frau sollten Sie bei einer solchen Übung keinesfalls mit Schmuck klimpern, an den Haaren herumnesteln oder unsicher auf hohen Pumps stehen. Achten Sie bitte auch darauf, daß Sie beim Verkünden von harten Fakten und negativen Botschaften nicht fraulich-liebevoll oder gar mädchenhaft-nett lächeln. Sie sollten sich aber auch nicht unbeherrscht in Rage steigern.

Frauen fällt es leider oft noch schwer, den anerzogenen Drang nach Anpassung und Harmonie hinter sich zu lassen, ohne dabei hektisch und laut zu werden.

Kooperativ und teamorientiert statt »hart« sollten Sie sich in einer Gruppendiskussion zeigen. In der Gruppenarbeit wird auf folgendes Verhalten geachtet:

> argumentiert selbstsicher und mit klaren Worten
> exponiert sich mit vielen Redeanteilen
> verschafft sich Gehör und findet Akzeptanz in der Gruppe
> kann auch gegen Widerstand die eigene Meinung klar vertreten
> steuert die Gruppenprozesse aktiv mit, ohne dabei die anderen negativ zu dominieren
> erkennt auch schwache Signale der Zustimmung und greift diese geschickt für sich auf
> bleibt bei der Zielvorgabe und beim Thema und kann auch andere wieder zum Thema zurückführen
> läßt Konflikte zu, beteiligt sich aktiv an den Auseinandersetzungen und läßt sich nicht auf faule Kompromisse ein
> kann die Gruppe zu guten Kompromissen führen, die letztlich einen hohen Erfolgsanteil für den eigenen Standpunkt einbringen
> greift sofort ein, wenn die eigenen Interessen gefährdet sind
> läßt sich auch von lauten und schlagfertigen Diskussionspartnern nicht einschüchtern oder mundtot machen
> kann selbst laut werden, wenn Gefahr besteht, daß im verbalen Durcheinander die eigenen Standpunkte untergehen
> reagiert blitzschnell und sachlich treffend auf Einwände
> wird von den anderen ernst genommen und findet trotz harter Verhandlung Akzeptanz.

Bedenken Sie bitte, daß berufliche Diskussionen und Meinungsfindungsprozesse nichts mit dem zu tun haben, was Sie einmal als Grundregeln beigebracht bekommen haben wie: Man darf andere nicht unterbrechen. Man darf nicht rücksichtslos sein. Man muß vor dem Sprechen genau überdenken, was man sagen will.

Das sind sehr nette Regeln, die Sie beim Geplauder auf der Weihnachtsfeier oder beim Geschäftsessen in gepflegter Runde beachten sollten. Wenn jedoch

Ihre »Beißhemmung« so funktionierte, daß Sie immer nur nett und manierlich sein können, werden Sie in harten Geschäftsverhandlungen nicht bestehen können. Dann kann das Unternehmen Sie auch nicht für Positionen gebrauchen, in denen es auf Durchsetzungsfähigkeit ankommt.

Sie sollten sich von Jobs, die »Power« verlangen, fernhalten, wenn es Ihnen gelegentlich passiert, daß Sie stumm in einer lauten Gesprächsrunde dabeisitzen und über das Verhalten der anderen angewidert denken: »Das tut man nicht!« »Das gehört sich nicht!« Es gibt nun einmal Berufe, in denen man wohlerzogen oder erfolgreich ist, aber nicht beides auf einmal.

3. Kooperationsbereitschaft

Unter Kooperationsbereitschaft versteht man die Bereitschaft zum Austausch von Informationen und Erfahrungen. Mitarbeiter oder Führungskräfte, die nach dem Motto »Wissen ist Macht« verfahren und Informationen geheimniskrämerisch hüten, will niemand haben. Ebenso ungewollt sind Mitarbeiter oder Führungskräfte, die als Eigenbrödler und Autisten ihr Dasein fristen und womöglich unter großem Zeitaufwand Dinge zustande bringen, die an anderer Stelle längst entwickelt sind.

Für einen kooperativen Menschen gelten die Grundregeln:
1. Information, die ich habe, ist Bringschuld.
2. Information, die ich brauche, ist Holschuld.

Zur Kooperationsbereitschaft gehört über den offenen Austausch von Wissen und Erfahrungen hinaus auch die Zusammenarbeit. Man sollte nicht stur den eigenen Willen durchsetzen und aus jeder Meinungsverschiedenheit einen Kampf um Sieg oder Niederlage machen. Kooperative Menschen können mit anderen zusammen eine gemeinsame Lösung finden. Sie lassen sich nicht unterbuttern, versuchen aber auch nicht, andere zu dominieren. Demnach gehören Anpasserei und Unterordnung ebenfalls nicht zur Kooperationsbereitschaft. Ein kooperationsfähiger Mensch erkennt, wo, wann und in welcher Form eine Kooperation sinnvoll und bei welchen Gelegenheiten eine in Einzelarbeit oder im engen Kreis erstellte Lösung oder Entscheidung vorzuziehen ist.

Kooperative Menschen müssen nicht unbedingt sehr gesellig und kontaktfreudig sein. Sie sind auf jeden Fall immer am Austausch mit anderen interessiert. Sie wollen von anderen lernen und ihrerseits etwas weitergeben. Sie streben nach sozial verträglichen Lösungen und von den Mitmenschen akzeptierten Ergebnissen. Sie helfen und fördern andere und nehmen gern ihrerseits die Unterstützung anderer an. Sie orientieren sich an gemeinsamen Zielen und folgen trotzdem nicht blind der Mehrheit.

Ob Sie kooperationsbereit sind oder sich bloß selbst dafür halten, wird vermutlich in einem Psycho-Test erfragt. Den können Sie zwar intelligent manipulieren. Meines Erachtens sollten Sie das nur dann tun, wenn Sie sich für eine Position beworben haben, in der Zusammenarbeit und Austausch mit anderen nicht zentral sind. Ansonsten machen Sie sich nur unglücklich, wenn Sie von Ihrer Art her eher selbstbezogen, verträumt, mißtrauisch, autoritär, unterwürfig oder stark individualistisch orientiert sind und sich dann mit einem Aufgabenfeld betraut sehen, bei dem Sie sich ständig konfliktfrei mit anderen zusammenfinden müssen.

Im Rahmen des Auswahlverfahrens wird man natürlich nicht nur Ihre Kooperationsbereitschaft prüfen. Man wird ebenso fragen, ob die bereits im Unternehmen tätigen Mitarbeiter und Führungskräfte vermutlich gern mit Ihnen zusammenarbeiten werden, ob andere – auch Kunden oder Lieferanten – vermutlich mit Ihnen kooperieren werden oder ob Sie ein Verhalten aufweisen, das über kurz oder lang andere nerven und zu Konflikten führen könnte.

Rechnen Sie im Interview mit folgenden Fragen:
> Welche Aufgaben würden Sie im Team und welche bevorzugt allein erledigen?
> Wie kommen Sie zu Entscheidungen?
> Welches Verhalten von Kollegen, Mitarbeitern oder Kunden würde Ihnen die Zusammenarbeit schwer machen?
> Wie sehen Sie Ihre Kooperationsbereitschaft? Schildern Sie Beispiele aus Ihrer Berufspraxis.
> In welchen Fällen würden Sie notfalls auf Kooperation verzichten und die Konfrontation vorziehen?
> Wie pflegen Sie bislang den Meinungs-, Informations- und Erfahrungsaustausch mit anderen?
> Mit welchen Personen haben Sie bisher gut kooperieren können? Woran lag das?

> Wenn Sie an Ihre zukünftigen Aufgaben denken: Wie wollen Sie die Kooperation fördern? Wofür wird sie voraussichtlich wichtig sein?
> Wie fördern Sie das kooperative Verhalten anderer?
> Welche positiven Erfahrungen haben Sie bereits mit Teamarbeit gemacht? Welche negativen Erfahrungen?
> Welche positiven und negativen Erfahrungen haben Sie in dieser Hinsicht bei Konflikten gemacht?

Im Assessment-Center wird man Ihre Kooperationsbereitschaft gezielt beobachten. Man wird gleichzeitig darauf achten, ob die anderen Bewerber, die mit Ihnen in den Rollenspielen und Gruppenübungen agieren, Sie auch annehmen. Ihre Kooperationsbereitschaft nutzt gar nichts, wenn Sie von den anderen abgelehnt oder glatt übersehen und überhört werden.

In den Rollenspielen und Gruppenübungen wird auf folgendes geachtet:
> bringt anderen sichtbar Anerkennung, Interesse und Wertschätzung entgegen
> nimmt Blickkontakt auf und hört offensichtlich aufmerksam zu
> geht auf die Argumente der anderen ein und führt diese sachlich weiter
> kann kritische Situationen wie Gereiztheit oder Provokation entschärfen
> geht auf Gegenargumente und Einwände anderer geschickt ein, federt diese ab und führt zu einer akzeptablen Einigung
> akzeptiert die Meinungen anderer und sucht aktiv nach einem befriedigenden Kompromiß
> greift die anderen nicht persönlich an und läßt sich auch nicht von deren Provokationen zu Fehlverhalten hinreißen
> verzichtet auf Rechthaberei, Wortklauberei, Belehrungen und andere konfliktfördernde rhetorische Mittel
> vermittelt die eigene Meinung als solche und nicht als scheinbar unumstößliche und allgemeingültige Wahrheit
> fragt nach den Hintergründen bei Meinungsunterschieden und anderen Sichtweisen
> läßt sich von besseren Argumenten überzeugen
> fördert den gleichberechtigten Gedankenaustausch und unterstützt schwächere Gruppenmitglieder bei ihren Versuchen, zu Wort zu kommen
> vermeidet Prestigegebaren und statusorientiertes Verhalten
> greift auch Ideen der Meinungsgegner auf und führt diese weiter

> faßt immer wieder Teilergebnisse zusammen und fördert damit die gemeinsame Grundlage zur weiteren Lösungsentwicklung
> erkennt Widersprüche, logische Fehler und Abweichungen vom Thema
> kann bei Abweichungen und Fehlern die Gruppe konfliktfrei zum Kernthema zurückführen
> hält bei Gegenmeinungen nicht sofort dagegen, sondern ist inhaltlich interessiert und fragt nach
> bietet von sich aus Kompromisse an und nimmt selbst die Kompromißvorschläge anderer positiv auf
> fühlt sich offensichtlich in der Gruppe wohl und wirkt in der Mitarbeit entspannt und optimistisch
> kann kritische Situationen mit Humor entschärfen
> hat einen wesentlichen Anteil am gemeinsamen Ergebnis
> wirkt aktiv an einer entspannten und positiven Gesprächsatmosphäre mit
> wird offensichtlich von den anderen sachlich anerkannt und menschlich geschätzt.

Ist das Rollenspiel oder die Gruppenübung beendet, sollten Sie sich nicht erschöpft zurücksinken lassen. Das sieht sehr nach der Anstrengung einer schauspielerischen Leistung aus. Man könnte Ihnen unterstellen, daß Sie kooperatives Verhalten speziell für das Auswahlverfahren geübt haben, um es nach der Einstellung gleich wieder zu vergessen.

In den Pausen wird man darauf achten, ob Sie von sich aus auf die anderen Bewerber zugehen und diese in Small talk hineinziehen können. Wenn Sie nur dasitzen und auf Ihren Einsatz im nächsten Rollenspiel warten, wirkt das genauso unkooperativ wie Rechthaberei im Gespräch nach einer Übung.

Grundsätzlich fragt man sich, ob Sie nach einer Einstellung das Miteinander fördern oder eher das Konfliktpotential steigern werden.

4. Einfühlungsvermögen

Die Grundvoraussetzung für soziale Kompetenz ist Einfühlungsvermögen. Darunter versteht man die Fähigkeit, andere Menschen in ihrem Denken, Fühlen und Wollen zu verstehen. Wer nicht nachvollziehen kann, wie andere

»ticken«, der kann weder überzeugen noch führen, noch andere Aufgaben wahrnehmen, die ein hohes Maß an Menschenkenntnis verlangen.

Denken Sie beispielsweise an Kriminalbeamte. Wenn die sich nicht in einen Täter hineindenken können, finden sie nie heraus, »wer es war«.

Sogar in vielen Partnerschaftsbeziehungen existiert das Phänomen, daß der eine keine Ahnung davon hat, was im anderen vorgeht. Die Fälle sind nicht selten, daß eine jahrelange Nebenbeziehung besteht und der andere nicht einmal Verdacht schöpft. Es kommt auch immer wieder vor, daß der eine nicht begreift, warum der andere sich scheiden lassen will.

Blindheit gegenüber den inneren Vorgängen anderer Menschen zeugt von mangelnder Menschenkenntnis und von sozialer Inkompetenz. Extreme Machtmenschen verzichten häufig auf Einfühlungsvermögen, weil sie anderen ohnehin ihren Willen aufzwingen. Sehr sachorientierte Technokraten halten seelische Vorgänge oft für Blödsinn. Selbst wenn man ihnen sagt, daß für ihre weitere Karriere mehr Einfühlungsvermögen wichtig wäre, können und wollen sie dafür nichts tun. Sie fürchten, man wolle sie der Esoterik nahebringen oder sie zu therapeutischem Verhalten veranlassen. Zu beidem haben sie keine Lust.

Einfühlungsvermögen wird häufig als typisches Merkmal »guter« Menschen mißverstanden. Dabei ist es moralisch wertfrei. Es handelt sich um nichts weiter als die Fähigkeit, andere Menschen in ihrer Art zu verstehen. Man weiß, wie der andere denkt und fühlt und vermutlich handeln wird. Man kann gleichsam in den anderen hineinschlüpfen und die Welt mit dessen Augen betrachten. Wenn hohes Einfühlungsvermögen sich mit miesem Charakter paart, dann hat man die besten Voraussetzungen für Trickbetrügereien, Heiratsschwindel und die Gründung einer zweifelhaften Sekte. Wenn hohes Einfühlungsvermögen sich mit gutem Charakter paart, dann sind die besten Voraussetzungen für wirksame Sozialarbeit ohne Dominanzstreben und Helfersyndrom gegeben. Und hohes Einfühlungsvermögen gepaart mit starkem Karrierewillen, das führt fast unweigerlich zu höchsten Positionen.

Einfühlungsvermögen ist zunächst eine Begabung. Wer sie nicht hat, kann sie auch schlecht erwerben. Ob diese Begabung grundsätzlich vorhanden ist, läßt sich in einem korrekt bearbeiteten Psycho-Test feststellen. Wenn Sie diesen Test allerdings fälschen, wird man sich jedoch beim Assessment-Center oder spätestens in der beruflichen Praxis über die Diskrepanz zwischen Test und Realität wundern.

Ist die Fähigkeit, sich in andere einzufühlen, gegeben, kann bewußtes Training fast Wunder wirken. Sie entwickeln dann geradezu unglaubliche Antennen für andere und können oft verblüffende Vorhersagen über zukünftiges Verhalten anderer machen.

Wenn Sie in dieser Hinsicht etwas für sich tun wollen, sollten Sie sich mit der Typologie von Menschen befassen. Achten Sie darauf, daß es sich dabei um ein geschlechts-, rassen- und körperneutrales Modell handelt. Besorgen Sie sich Fachbücher zum Thema Psychologie für Manager oder für Verkäufer. Trainieren Sie bewußt im Umgang mit anderen Menschen den Blick für dort beschriebene Phänomene und »Typenmerkmale«. Um nicht dogmatisch zu werden und Schubladendenken zu vermeiden, sollten Sie mit der Zeit immer mal wieder das Typologie-Modell wechseln. Es kommt gar nicht darauf an, welches Modell Sie letztlich anwenden. Wichtig ist, daß Sie sich darin üben, auch schwache Signale anderer wahrzunehmen und richtig zu deuten.

Für eine Spitzenkarriere brauchen Sie selbstverständlich ausreichend Kenntnisse in der Gesprächsführung mit Schwerpunkt Fragetechnik, außerdem Kenntnisse der Körpersprache und Manipulationstechniken. Man kann nämlich nur dann perfekt manipulieren, wenn man andere auch richtig versteht.

Wird für eine gehobene Position jemand mit hohem Einfühlungsvermögen gesucht, stellt man sich darunter folgendes vor:
> hat eine gute Wahrnehmung auch für schwache Signale anderer
> kann Konfliktpotentiale sicher erkennen
> kennt die Wirkung von nonverbalen Signalen und kann die eigenen so steuern, daß beim anderen die gewünschte Botschaft ankommt
> interessiert sich für andere und zeigt sein Interesse
> sucht den Kontakt zu anderen und findet dabei Akzeptanz
> hakt nach, wenn wichtige Gefühle und mögliche Konfliktquellen unausgesprochen bleiben
> hört in Gesprächen genau zu, beobachtet den anderen und argumentiert überzeugend aus dessen Sichtweise
> stellt sich in Sprechweise, Vokabular und Verhalten auf den jeweiligen Gesprächspartner ein.

Im Interview werden Sie vermutlich auf folgende Fragen antworten müssen:
> An welchen Signalen erkennen Sie auch ohne Worte, ob man Ihnen zustimmt oder nicht?
> Woran erkennen Sie, ob andere sich in Ihrer Gegenwart wohl fühlen oder nicht?
> Wie stellen Sie fest, was andere Menschen bewegt, was sie fühlen?

58

> Woran bemerken Sie es, wenn Sie in einer Verhandlung oder einem Verkaufsgespräch die Strategie ändern sollten?
> Glauben Sie, daß andere Menschen sich von Ihnen verstanden fühlen? Woran würden Sie das erkennen?
> Haben Sie sich schon einmal bewußt und erfolgreich vorab auf das Verhalten anderer Personen einstellen können? Berichten Sie von einem Beispiel.
> Worauf achten Sie bei anderen Menschen besonders?
> Welche untrüglichen Signale der Körpersprache zeigen Ihnen, daß andere sich verstellen oder Sie anlügen?
> Was tun Sie, wenn Sie feststellen, daß einer Ihrer Mitarbeiter unzufrieden ist oder sich nicht wohl fühlt? Woran stellen Sie das überhaupt fest?

Man wird Sie auch Rollenspiele durchführen lassen. Es kann sich um ein Problemgespräch (z.B. Alkohol, Fehlzeiten, Kritik) mit einem Mitarbeiter handeln, um ein Überzeugungs- oder Verkaufsgespräch oder gar um ein Streitgespräch. In bestimmten Branchen kann ein Verhör oder ein diskretes Aushorchen erwünscht sein.

Im Rollenspiel achten die Beobachter auf folgendes Verhalten:
> hört aktiv zu und spiegelt dem anderen immer wieder mit eigenen Worten dessen Äußerungen
> geht menschlich und nicht bloß inhaltlich sachlich auf den anderen ein
> würgt den anderen nicht mit Plattitüden oder Killerphrasen ab
> greift auch schwache Signale der Körpersprache und vage Verbalisierungen auf
> findet immer wieder positive Bestätigung beim anderen
> steuert das Gespräch diplomatisch und ohne Dominanz
> vermeidet ungeschickte Formulierungen
> stellt offene Fragen und greift die Anworten angemessen auf
> achtet auf offenen Blickkontakt und zeigt sein Interesse deutlich
> läßt sich auf die Ausführungen des anderen ein und hakt bei Verständnisproblemen oder Zweifeln nach
> spiegelt durch eigenes Verhalten das des anderen
> bringt den anderen dazu, sich zu öffnen
> reagiert sensibel auf Appelle und Kompromißangebote.

Wenn es sich um ein Verkaufsgespräch handelt, kommen folgende Beobachtungen hinzu:

> erkennt sicher den konkreten Bedarf und die Motive des Kunden
> greift die Motive in seiner Argumentation auf und erreicht damit den anderen
> federt die Einwände und Bedenken des Kunden gekonnt ab und überzeugt durch treffsichere Argumente
> reagiert angemessen auf die Körpersprache des Kunden und erreicht ein gegenseitiges Spiegeln
> erhält viele zustimmende Signale und nimmt diese offensichtlich bewußt auf
> erkennt sofort die innere Abschlußbereitschaft und führt sicher zum Ja des Kunden.

Dem Rollenspiel folgt dann ein Nachgespräch. Dabei wird man prüfen, ob Sie wirklich richtig verstanden haben. Man will auch wissen, ob Sie eher instinktiv oder bewußt den Gesprächspartner beobachtet und richtig eingeschätzt haben. Beides sollte zusammenkommen. Wenn Sie im Nachgespräch auf die eigenen Äußerungen oder die des anderen inhaltlich eingehen, haben Sie auf der Stelle verloren. Dann verfügen Sie nicht einmal über das notwendige Einfühlungsvermögen zu begreifen, was man in diesem Rollenspiel von Ihnen erwartete.

5. Integrationsfähigkeit

In jedem Unternehmen, in jeder Abteilung gibt es Einzelgänger, Eigenbrödler und Querköpfe. Es wäre falsch, diese Menschen zu kooperativem Verhalten zwingen zu wollen. Häufig sind sie auch beim besten Willen nicht dazu in der Lage. Dennoch können sie mit ihrem Wissen, ihren Erfahrungen und sonstigen Qualitäten sehr förderlich sein. Es wäre demnach ebenso falsch, sie einfach ihr Eigenleben führen zu lassen. Man braucht Persönlichkeiten mit hoher Integrationsfähigkeit, die es immer wieder schaffen, auch teamscheue Individuen in gemeinsame Prozesse zu integrieren.

Auch bei Konflikten und Meinungsverschiedenheiten sind die Integrationsfähigen in der Lage, die Gegenparteien wieder an einen Tisch zu bringen und zu einer gemeinsamen Lösungsentwicklung zu motivieren.

Typisch für Integrationsfähige ist, daß sie
> immer wieder andere zu Entscheidungen hinzuziehen und an Aufgaben beteiligen
> bei Konflikten ausgleichend und koordinierend wirken
> Einzelgänger in die Gemeinschaft ziehen können
> bei Meinungsverschiedenheiten die Moderatorenrolle erfolgreich übernehmen und als Schlichter Anerkennung finden
> niemals auf eigenen Standpunkten beharren, wenn dadurch brauchbare Kompromisse verhindert werden
> bei Streitfragen anderer erkennen, welche Schritte gegenseitiges Entgegenkommen möglich und sinnvoll machen
> in Konferenzen auch die Zurückhaltenden in Meinungsbildungsprozesse einbeziehen
> das Bestreben zeigen, aktiv an einer friedlichen und erfreulichen Zusammenarbeit aller mitzuwirken.

Integrationsfähige sind häufig in einem Unternehmen die »Friedensengel«, Koordinatoren, Schlichter, Schiedsrichter und Meinungsbildner. Ihnen ist meist ein gutes Betriebsklima zu verdanken. Außerdem sorgen sie in der Regel dafür, daß aus unterschiedlichen Ansätzen und Meinungen endlich eine gemeinsame Strategie wird. Dabei handelt es sich bei ihnen nicht um »Harmonieapostel«. Es sind immer starke Persönlichkeiten mit natürlicher Autorität.

Ob Sie ein integrationsfähiger Mensch sind, wird man im Interview herauszufinden versuchen und bei der Beobachtung von Gruppenaufgaben im Assessment-Center.

Im Interview rechnen Sie mit Fragen wie folgenden:
> Was tun Sie, wenn es in Ihrem Team zu einer ernsten Meinungsverschiedenheit kommt?
> Wie gehen Sie mit Konflikten um? Schildern Sie konkrete Beispiele aus Ihrem bisherigen Arbeitsumfeld.
> Was würden Sie tun, wenn man Sie zum Schiedsrichter oder Schlichter in einem Konflikt macht, der Sie im Grunde gar nichts angeht?
> Wie kann man Ihrer Meinung nach Mobbing im Team verhindern oder abbauen?
> Gibt es typische Mobbing-Opfer? Wodurch zeichnen sich diese aus? Wie ist es mit typischen Mobbing-Tätern?

> Was ist für Sie ein fauler Kompromiß?
> In Konferenzen gibt es Vielredner, Schweigsame und alle Varianten dazwischen. Wie fördern Sie, daß die Meinungen aller offen ausgesprochen werden?
> Sind Sie eher ein Vielredner oder ein Schweigsamer?
> Wenn Sie bemerken, daß sich in einer Konferenz die Teilnehmer mehr und mehr die Köpfe heißreden und zunehmend im Ton vergreifen, was tun Sie?
> Woran würden Sie verdeckte Konflikte in Ihrem Team erkennen? Wie würden Sie sich dann verhalten?
> Sind Sie bei zwischenmenschlichen Konflikten eher für offene Aussprachen oder für die Haltung »least said, soonest mended«? Warum?

In der Gruppenaufgabe identifiziert man Integrationsfähige an folgenden Verhaltensweisen:
> steuert den gemeinsamen Arbeitsprozeß wesentlich mit
> übernimmt vor allem in kritischen Situationen die Moderatorenrolle und findet darin bei den anderen Akzeptanz
> nimmt stille Teilnehmer wahr und bemüht sich aktiv um deren Integration
> greift bei Disziplinlosigkeiten in der Gruppe schlichtend und ordnend ein
> erkennt Gemeinsamkeiten in den Standpunkten der Teilnehmer und arbeitet diese für alle sichtbar heraus
> bringt sich aktiv in die Gruppenarbeit ein, vermeidet dabei jedoch Monologe oder Dominanzverhalten
> zeigt natürliche Autorität
> kann sich mit anderen starken Persönlichkeiten in der Gruppe im Sinne des gemeinsamen Ergebnisses konstruktiv einigen
> greift Ideen anderer auf, ohne diese als eigene auszugeben
> zeigt sich an den Meinungen der anderen interessiert und läßt sich von besseren Ideen überzeugen
> setzt sich aktiv dafür ein, daß ein gemeinsames Ergebnis erstellt wird, das von allen Teilnehmern der Runde akzeptiert werden kann.

Achten Sie bitte in Zukunft bei Meetings, Besprechungen und Konferenzen immer auch auf das Verhalten der anderen und auf den Arbeitsstil. Sie werden eine gewisse Sensibilität dafür entwickeln, wer integrativ wirkt und wer eher Konflikte schürt, wer Anerkennung bei den anderen findet und wer häufig glatt übersehen wird.

Vor allem sehr logisch und fachlich orientierte Menschen lieben es, sich bei

Diskussionen in Rechthaberei zu verbeißen. Sie konzentrieren sich nur darauf, was sachlich richtig ist. Sie beachten gar nicht oder zu wenig, wie eigentlich das Verhalten der anderen ist und wie das eigene Benehmen »ankommt«. Jede Konferenz verläßt immer mindestens ein Schlaumeier, der verbittert feststellt: »Ich weiß am meisten, ich sage das Klügste, und die Schaumschläger und Ellenbogentypen setzen sich durch!«

Wenn Sie zu diesen »Konferenzversagern« gehören, kann es sein, daß auch Sie sich viel zu sehr in Sachthemen verbeißen und den »human factor« unterschätzen. Damit werden Sie in einem professionellen Auswahlverfahren für Führungskräfte niemals als integrationsfähig anerkannt. Merke: »Wer sich immer nur um die Sache kümmert, bleibt auch immer nur ein Sachbearbeiter.«

Wenn in einem Unternehmen unter den jungen Mitarbeitern der Führungsnachwuchs identifiziert werden soll, wird man bewußt oder instinktiv (bei schlecht ausgebildeten Personalchefs) nach Integrationsfähigen suchen.

6. Teamverhalten

Betont man im Auswahlverfahren Ihnen gegenüber, daß im Unternehmen alles wunderbar teamorientiert verläuft, sollten Sie vorsichtig sein. Das kann bedeuten, daß man steten Einsatz auch über Feierabend und Wochenenden hinaus erwartet. Urlaube sollten möglichst mit Kollegen und deren Angehörigen gemeinsam verbracht werden. Man kommt sich dann auch persönlich näher. Wenn Sie alleinstehend sind, keine nebenberuflichen Interessen haben und die Arbeit als Rundumbeschäftigung mit Familienanschluß betrachten, dann mag das gut für Sie sein. Sie haben dann das, was vor einigen Generationen Knechte, Mägde und Hausangestellte hatten: Immer im Dienst und nie allein.

Haben Sie aber eine Familie oder noch andere Interessen, sollten Sie genau nachfragen, was exakt unter »Teamverhalten« verstanden wird. Ist kooperatives und kollegiales Verhalten gemeint oder der Ersatz für ein Eigenleben neben der Arbeit?

Bei traditionellen Unternehmen und bei größeren Firmen brauchen Sie sich darüber weniger Gedanken zu machen. Seien Sie vorsichtig bei Gründerfirmen. Dort versteht sich der Gründer oft als Patriarch und verhält sich wie eine Glucke, die ihre Küken nicht aus den Augen lassen kann. Da meint »Teamverhalten« die gemeinsame Freizeitgestaltung. Seien Sie ebenfalls vorsichtig bei jungen und dynamischen Unternehmensberatungen, Werbeagenturen, Medienfirmen und ähnlichem. »Teamverhalten« ist dort fast immer gleichgesetzt mit der Bereitschaft zu unbegrenzten und unbezahlten Überstunden. Wird darüber hinaus auf das besonders junge Durchschnittsalter der Mitarbeiter verwiesen, haben Sie es garantiert mit einer modernen Schinderfirma zu tun. Darauf sollten Sie sich nur einlassen, wenn Sie von Anfang an wissen, daß es sich um einen Job für maximal zwei bis drei Jahre handelt. Sammeln Sie dort Erfahrungen, verdienen Sie möglichst viel Geld und suchen Sie sich mit spätestens Mitte dreißig einen neuen Aufgabenbereich.

Wird Teamverhalten richtig verstanden, ist es der Kooperationsbereitschaft recht ähnlich. Gemeint ist die Bereitschaft und Fähigkeit zur positiven Zusammenarbeit, zum Gedankenaustausch, zur gemeinsamen Lösungsfindung und gegenseitigen Förderung.

Teamverhalten meint nicht Geselligkeitsstreben, Unterordnung, das Aufgeben eigener Ziele oder Anpasserei. Ein teamorientierter Mensch kann sehr wohl auch große Teile des Arbeitslebens konzentriert bei Einzelarbeit verbringen. Er wird gleichwohl niemals den Kontakt zu den anderen verlieren und auf den gegenseitigen Austausch verzichten. Das egoistische Durchsetzen eigener Ziele auf Kosten der anderen, das unterläßt ein teamorientierter Mensch. Gleichzeitig wird er sehr wohl die eigenen Ziele im Auge behalten und sich nicht zum Opfer von Rücksichtslosen machen lassen.

Teamverhalten meint die Bereitschaft und Fähigkeit zur Arbeit in Gruppen mit und auch ohne offiziellen Leiter. Ein teamfähiger Mitarbeiter kann sich einordnen, bringt durch persönlichen Einsatz die Gruppe weiter und findet bei den anderen Akzeptanz. Er wird weder zum Mobbing-Täter noch zum Mobbing-Opfer.

Ob Sie Teamverhalten in der Form zeigen, wie das einstellende Unternehmen es sich wünscht, wird man erst im Verlauf der Probezeit herausfinden. Auch Sie sollten die ersten Monate nutzen, um sich zu vergewissern, daß Ihre Vorstellung von Teamverhalten sich mit der des Unternehmens deckt.

Im Interview wird man mit folgenden Fragen nach Ihrer Teamorientierung forschen:
> Was sind die Vorteile oder auch die Nachteile von Teamarbeit?
> Woran würden Sie die Teamfähigkeit eines Mitarbeiters messen?
> Haben Sie schon einmal Teamkonflikte erlebt? Berichten Sie von Ihren Erfahrungen.

> Was sollte bei Cliquenbildung im Team die Führungskraft tun?
> Worin liegen Ihrer Meinung nach für manche Mitarbeiter die Probleme in der Teamarbeit?
> Wie stellen Sie sich eine erfolgreiche Teamarbeit vor?
> Was würden Sie tun, wenn Sie sich mit einem anderen Teammitglied in einer wichtigen Sache nicht einigen können?
> Wie sollte man Ihrer Meinung nach das kollegiale Miteinander im Team fördern?
> Was könnte Sie bei der Arbeit im Team stören?
> Kennen Sie die typischen Rollen in einem Team? Wie entstehen sie?
> Wie stehen Sie zur inoffiziellen Hierarchie – oder auch »Hackordnung« – im Team? Wann sollte die Führungskraft eingreifen?
> Welche Entscheidungen sollten nicht im Team gefällt werden?
> Können Sie sich Unternehmen oder auch Unternehmensbereiche vorstellen, in denen Teamarbeit nicht sinnvoll wäre?
> Wie würden Sie Außenseiter integrieren?
> Wie entsteht »Bunkermentalität«? Was würden Sie tun, damit es nicht dazu kommt?
> Was sind Ihrer Meinung nach die wichtigsten Voraussetzungen für eine erfolgreiche Teamarbeit?
> Stellen Sie sich ein Team mit einzelnen sehr leistungsstarken und einzelnen eher schwachen Mitgliedern vor. Wie sollte man daraus entstehenden Problemen entgegenwirken?
> Waren Sie schon einmal Außenseiter in einem Team? Schildern Sie die Situation.
> Woran erkennen Sie Meinungsbildner, Wortführer oder Trendsetter in einem Team? Wie stehen Sie zu solchen Personen?
> Wie würden Sie ein Team zusammensetzen? Wie aus einer Gruppe von Mitarbeitern ein erfolgreiches Team bilden?
> Worin sehen Sie die Schwächen in der Teamarbeit?
> Haben Sie schon einmal erlebt, wie ein Team aus hierarchisch unterschiedlichen Mitgliedern gearbeitet hat? Schildern Sie Ihre Erfahrungen.
> Wie würden Sie die stilleren Mitglieder im Team fördern?
> Was würden Sie tun, wenn es in Ihrem Team zu Konflikten, Mobbing und anderen Problemen käme?
> Was würden Sie tun, wenn sich das Team gegen Sie als Teamleiter wehren würde?

> Wie sollte man Ihrer Meinung nach im Team zu einer gemeinsamen Entscheidung kommen?
> Wie würden Sie verhindern, daß Minderheiten die Arbeit blockieren?
> Wie würden Sie verhindern, daß sich Mehrheiten auf dem kleinsten gemeinsamen Nenner bilden?
> Wie würden Sie teamübergreifende Zusammenarbeit fördern?
> Mit welchem Mitarbeitertyp ist Ihrer Erfahrung nach die gemeinsame Arbeit im Team besonders schwierig?
> Wie sollte man im Team mit Kritik umgehen?
> Wie kann man verhindern, daß starke Leistungsträger in schwachen Teams die Motivation verlieren?

Sie sollten natürlich nicht nur positiv zur Teamarbeit stehen, sondern auch kritisch analysieren, welche Vor- und Nachteile sich bei der Teamarbeit ergeben können. Wenn Sie sich für eine Führungsaufgabe qualifizieren wollen, müssen Sie unbedingt über theoretisches Wissen zur Teamarbeit, Teamsteuerung und Teambildung verfügen. Lesen Sie sich in die Fachliteratur ein. Psychologisches Grundwissen wird heute von Führungskräften erwartet.

Informieren Sie sich auch über Vergütungsmodelle und Prämiensysteme zur Teamarbeit. Sie müssen wissen, wie der Trend zur Zeit ist und wie die unterschiedlichen Modelle aussehen.

7. Konfliktfähigkeit

Konfliktfähigkeit setzt Konfliktbereitschaft voraus. Wer bei Schwierigkeiten sofort abtaucht, ist ebenso unfähig wie ein Harmoniesüchtiger, der um des lieben Friedens willen viel zu schnell nachgibt. Ganz grob kann man bei Konflikten zwei Arten definieren. Die eine orientiert sich am Willen zur Durchsetzung der eigenen Meinung und der eigenen Interessen. Die andere orientiert sich am Willen nach Frieden.

Jeder kennt Menschen, die sich immer durchsetzen wollen. Je nach Macht, Willensstärke oder Intelligenz gehen sie dabei unterschiedlich vor. Sie können aggressiv kämpfen oder sich ihre Gegner durch Drohungen gefügig machen. Sie können sich auf listige Rhetorik, Täuschungsmanöver oder Schmeichelei verlegen. Manche Leute schaffen es auch wunderbar, ihren Willen mit demonstrativer Schwäche durchzusetzen. Sie suggerieren den anderen, daß sie deren Hilfe und Nachgiebigkeit brauchen, weil sie doch selbst so schwach sind. Notfalls werden Dackelblick und Tränen eingesetzt. Am Ende haben sie dann ihren Willen.

Ebenso gibt es Menschen, die fast panische Angst vor Streit, Ärger und »Liebesverlust« haben. Sie sagen zu allem Ja und Amen. Für sie gilt der Spruch: »Der Klügere gibt solange nach, bis er der Dümmere ist.« Tatsächlich sind die Konfliktscheuen häufig die Deppen im Berufs- wie Privatleben.

Als »Taucher« bezeichnet man Leute, die von Konflikten nichts sehen oder hören wollen. Sie tauchen rechtzeitig ab und haben mit den Unannehmlichkeiten nichts zu tun. Eine andere Taktik ist der Rückzug in logisches Argumentieren. Es wird einfach behauptet, da sei kein Konflikt, und das wird dann logisch begründet. Der Gegenpartei wird vorgehalten, sie habe keinen Grund, sich zu ärgern oder etwas zu wollen. Es gibt Führungskräfte, denen man vergeblich zu vermitteln versucht, daß ihre Mitarbeiter unzufrieden und demotiviert sind. Anstatt sich damit zu befassen und an einer Verbesserung der Situation zu arbeiten, argumentieren sie, warum sich die Mitarbeiter eigentlich sogar sehr glücklich fühlen sollten. Damit bleiben die Probleme unerledigt und schwelen weiter.

Eine viel bessere Handhabung von Konflikten ist das Aushandeln von Kompromissen mit der Gegenpartei. Auch das muß man beherrschen. Man darf nicht für sich selbst zu viel erringen und dem Gegner so das Gefühl einer Niederlage geben. Das kann zu späteren Racheaktionen führen. Man darf aber auch nicht zu viel nachgeben. Wird es dem Gegner zu leicht gemacht, könnte der in zukünftigen Fällen noch dreister als zuvor auftreten.

Die beste Art der Konfliktregelung ist natürlich die kooperative Entwicklung einer Lösung gemeinsam mit dem Gegner. Das ist jedoch eine seltene Kunst. Die meisten Menschen halten sich selbst für kooperativ und glauben, daß die Gegenpartei sich quer stellt. Die sieht das umgekehrt genauso.

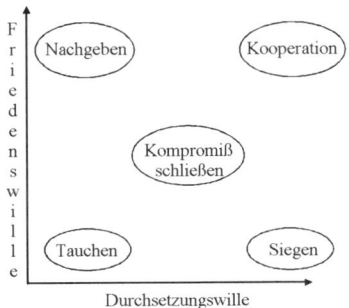

Abb. 11: Konfliktverhalten

Will man bei Bewerbern Konfliktfähigkeit feststellen, wird man einerseits vermutlich in Psycho-Tests die innere Haltung dazu untersuchen. Andererseits will man in Rollenspielen und Gruppenübungen die Fähigkeit, klug mit Konfliktsituationen umzugehen, sehen.

Sie können in dieser Hinsicht viel durch die Lektüre von Fachbüchern zu Konfliktmanagement und Verhandlungstechniken für sich tun.

Wenn Sie Konflikten lieber ausweichen oder aus Angst vor Sympathieverlust zu schnell kuschen, sollten Sie auf Führungspositionen verzichten und möglichst auch nicht Aufgaben anstreben, die ein hohes Konfliktpotential in sich bergen. Arbeiten Sie nicht in der Abteilung für Kundenreklamationen oder in der Schadensregulierung einer Versicherung. Werden Sie nicht Projektleiter und gehen Sie nicht in den PC-Service. Meiden Sie tunlichst alle Bereiche, in denen Ihnen Ihre Aufgaben nicht klar abgegrenzt zugeordnet werden und die Kompetenzen nicht eindeutig definiert sind. Das hört sich zynisch an. Aber es ist nun einmal so, daß die meisten Berufe eine gewisse Konfliktfähigkeit voraussetzen.

Eine Person gilt dann als konfliktfähig, wenn sie

> sich auch bei persönlichen Angriffen nicht aus dem Gleichgewicht bringen läßt.
> im Konflikt die Vermittlung wichtiger nimmt als die Analyse von Schuld oder Unschuld.
> bei Meinungsverschiedenheiten zu überzeugen versucht und nicht Druck ausübt oder zu Tricks Zuflucht greift.
> latente Konflikte erkennt und einer Eskalation mutig vorbeugt.
> in Konfliktsituationen ruhig bleibt, sachlich denken kann und trotzdem auf provozierende Kälte und Oberlehrerverhalten verzichtet.
> Verständnis für emotionale Ausbrüche und Fehlverhalten von Betroffenen und Gegnern zeigt und auf moralisierende Belehrungen verzichtet.
> bereit ist, einem Konfliktgegner entgegenzukommen, ohne die eigenen Interessen dabei zu vergessen.
> nach einem Konflikt auf Siegestriumph, Tratsch oder sonstige Ausweitungen auf Unbeteiligte verzichtet.
> in einem Konflikt ihren eigenen Standpunkt vertritt und ihn nicht wie ein reichsgerichtliches Urteil oder wie eine allgemeingültige Wahrheit verkündet und damit den Gegner unnötig reizt.
> die Möglichkeit in Erwägung zieht, sich auch zu irren oder selbst einen Fehler gemacht oder ungerechtfertigte Ansprüche gestellt zu haben.
> im Konflikt immer ihre strategischen Ziele im Auge behält und sich nicht

vor Ärger zu unbedachten Handlungen, zu kleinlicher Rechthaberei oder zu wütenden Gegenschlägen reizen läßt.

Rechnen Sie zu diesem Thema im Interview mit Fragen wie:
> Welche beruflichen Konfliktsituationen mußten Sie bisher bewältigen? Schildern Sie konkrete Beispiele.
> Was empfinden Sie im Umgang mit schwierigen Menschen als besonders belastend oder auch als persönlich verletzend?
> Wurden Sie schon einmal persönlich angegriffen oder beleidigt? Wie gehen Sie damit um?
> Wie führen Sie Kritikgespräche?
> Wenn Sie einem Ihrer Vorgesetzten ein kritisches Feedback geben müßten, wie würden Sie dabei vorgehen?
> Was nervt Sie im Beruf besonders?
> Haben Sie schon einmal um Ressourcen, Mitarbeiter oder Budgets kämpfen müssen? Wie gehen Sie dabei vor?
> Wie verhalten Sie sich in harten Wettbewerbssituationen? Schildern Sie konkrete Beispiele aus Ihrer Berufserfahrung.
> Woran würden Sie in Ihrem Team eine Mobbing-Situation erkennen? Was würden Sie in dem Fall tun?
> Wie beheben Sie Konflikte im Team?
> Wie beheben Sie Konflikte zwischen Ihrem Team und Außenstellen?
> Was würden Sie tun, wenn ein Lieferant oder sonstiger externer Partner sich nicht an Vereinbarungen hält? Können Sie aus Ihrer bisherigen Praxis ein Beispiel schildern?
> Wie sorgen Sie in Ihrem Umfeld für eine möglichst konfliktfreie Zusammenarbeit?
> Wie hätte man Ihrer Meinung nach die Konflikte um die neue Rechtschreibung verhindern können? Wie hätte man nach dem Fall der Mauer ein reibungsloseres Zusammenwachsen von Ost und West fördern können?
> Wie und warum entstehen bei Projekten zu einem bestimmten Zeitpunkt typische Frustphasen?
> Warum wehren sich die Mitarbeiter fast immer bei der Einführung von Veränderungen oder Neuerungen?
> Wenn Sie für die möglichst konfliktfreie Einführung eines neuen DV-Systems oder einer neuen Bonifizierung verantwortlich wären, wie würden Sie vorgehen?

> Wie handhaben Sie die Zusammenarbeit mit den Personalvertretungen?
> Sind Sie in Ihrem bisherigen Berufsleben schon einmal bewußt einem Konflikt ausgewichen? Wie? Warum?
> Schildern Sie ein konkretes Beispiel aus Ihrer Berufspraxis, bei dem Sie als Verlierer aus einem Konflikt herausgegangen sind.
> Schildern Sie ein Gewinnerbeispiel aus Ihrer bisherigen Berufspraxis.
> Wie bringen Sie berufliche und private Anforderungen unter einen Hut? Schildern Sie Beispiele, als dies besonders schwierig für Sie war.
> Was tun Sie, wenn Sie in Ihrem Team einen Mitarbeiter haben, der konsequent Ihren Erfolg und den des Teams torpediert?

Ob Sie letztlich wirklich konfliktfähig sind, wird erst die Probezeit zeigen. Bei einem eintägigen Assessment-Center haben sich die meisten Bewerber noch unter Kontrolle und können auch bei harten Rollenspielen gutes Konfliktverhalten notfalls vortäuschen. Bei zwei- bis dreitägigen Assessment-Centers werden Schwächen in dieser Hinsicht eigentlich immer erkannt. Denn zur Konfliktfähigkeit gehört stets auch eine gute Portion an Streßstabilität.

Im Rollenspiel wird man Sie vielleicht mit einem fiktiven harten Gegner konfrontieren. Es kann auch sein, daß Sie eine schwierige Verhandlung mit einem unangenehm und hart auftretenden Menschen bestehen müssen. Vielleicht müssen Sie auch eine höchst unangenehme Präsentation vor fiktivem Publikum halten. Beliebt sind ebenso Gruppenübungen mit individuellen Rollenbeschreibungen, die unweigerlich zu Konflikten führen.

Auf folgendes Verhalten werden die Beobachter ihr Augenmerk richten:
> kann die eigene Position gut erklären und überzeugend darstellen
> läßt sich nicht unter Druck setzen oder in die Enge treiben
> hört den anderen aufmerksam zu und erkennt Gegensätze wie auch Übereinstimmungen zur eigenen Position
> verzichtet auf provokatives Verhalten wie Zynismus, moralische Belehrungen, Schuldzuweisungen, Rechthaberei, Wortklauberei, Hohn und Überheblichkeit
> spricht auch kritische Themen offen an
> zeigt keine Ressentiments bei persönlichen Angriffen oder Beleidigungen
> reagiert ruhig, aber nicht kalt auf die Emotionen anderer
> erkennt Chancen zur Kompromißfindung und steuert aktiv auf eine gemeinsame Lösung hin

> erkennt Mißverständnisse und führt deren Klärung herbei
> argumentiert sachlich und greift auch unter Streß nicht unfair an
> erkennt Chancen zur Problemgliederung und nutzt Möglichkeiten, zumindest in Teilbereichen zu einer Einigung zu kommen
> läßt den anderen ausreden und kämpft nicht um einen möglichst hohen Redeanteil
> läßt sich nicht auf einen faulen Kompromiß oder eine Scheinlösung ein
> äußert konkrete und akzeptable Lösungsvorschläge
> stellt die eigenen Erwartungen an den Gesprächspartner klar heraus
> erfragt die Erwartungen des Gegners an die eigene Person und bemüht sich daraufhin um ein gegenseitiges Entgegenkommen
> kann hart verhandeln
> erkennt rhetorische Tricks des Gegners und kann Manipulationsversuche erfolgreich abwehren
> zeigt eine feste und selbstbewußte Körpersprache und verzichtet gleichzeitig auf Signale der Bedrohung des Gegners
> hält selbstbewußten Augenkontakt, ohne dabei den anderen durch Fixieren zu reizen
> spricht Kritik am anderen offen aus, verzichtet jedoch auf verletzende Äußerungen
> ist innerhalb der Gruppe maßgeblich an der Entwicklung einer gemeinsamen Lösung beteiligt
> sorgt auch bei weiterbestehender Uneinigkeit letztlich für ein positives Gesprächsende.

Bedenken Sie bitte, daß Sie nicht daran gemessen werden, ob Sie auf Teufel komm raus Ihre Ziele durchgesetzt haben. Man will wissen, ob Sie in Konfliktsituationen stabil sind und sich durchsetzen können. Gleichzeitig erwartet man, daß Sie zu friedlichen Lösungen beitragen und nicht polarisieren.

Manchmal gefallen sich die Leiter von Assessment-Centers oder die Personalchefs darin, einen Konflikt vom Zaun zu brechen. Man läßt den Bewerber trotz Terminvereinbarung warten, provoziert mit spitzen Bemerkungen oder streitet um die Einschätzung von Beurteilungsergebnissen. Das mag fair sein oder auch nicht. Es ist jedoch immer wieder erstaunlich, wie oft es vorkommt, daß ein Bewerber glanzvoll die Rollenspiele und Gruppenübungen besteht und dann bei einem »realen« Konflikt aus der Haut fährt oder sich zu schnell duckt.

8. Kontaktstärke

Es gibt Berufe, in denen man nicht zwangsläufig kontaktfreudig sein muß. Man denke nur an Revision, Pathologie, Programmierung, Tätigkeiten in Büros, Labors und ähnliches. Für Führungsaufgaben und für alles, was mit unmittelbarem Kundenkontakt zu tun hat, ist Kontaktstärke oft wichtiger als hohes Fachwissen. Man darf keine Scheu davor haben, auf unbekannte Personen zuzugehen, muß soziale Akzeptanz finden können, Beziehungen aufbauen und Verbindungen zu halten verstehen. Man muß vom Wesen her so sein, daß andere gern mit einem zu tun haben.

Manche Menschen halten sich selbst für sehr kontaktfreudig, zeigen aber nicht unbedingt das Verhalten, das hier gemeint ist. Unter »Kontaktstärke« versteht man nicht:
> die Neigung, sich anderen aufzudrängen
> Harmoniesucht und das Bestreben, immer mit allen und jedem gut Freund zu sein
> Kumpanei mit Menschen, zu denen man geschäftliche Beziehungen pflegt
> Neigung zu Vereinsmeierei und Tratschlust.

Wenn man kontaktstarke Personen sucht, dann möchte man folgende Merkmale erfüllt sehen:
> hohes Interesse an zwischenmenschlichen Kontakten und angenehme Umgangsformen; Fähigkeit, auch zurückhaltende Menschen einzubeziehen
> offen und fähig, auch mit zögerlichen Menschen das Gespräch aufrechtzuerhalten
> Fähigkeit, auch mit sehr unterschiedlichen Menschen aus unterschiedlichen Bereichen, sozialen oder hierarchischen Schichten zwanglos kommunizieren zu können
> Bereitschaft, sich für die Belange anderer zu interessieren und aufmerksam zuzuhören
> Verständnis für die Wichtigkeit beruflicher Kontakte (Netzwerke, Seilschaften etc.)
> Gedächtnis für Namen und wichtige Details »beruflich nützlicher« Kontakte

> sympathische Ausstrahlung und die Fähigkeit, andere Menschen für sich einzunehmen.

Man möchte Personen, die von sich aus auf andere zugehen können und von anderen gern als Gesprächspartner angenommen werden.

In bestimmten Berufen kann es sehr wichtig sein, wenn auch im Privatleben beruflich nützliche Kontakte gepflegt werden. Es kann für einen Leiter einer Sparkasse wichtig sein, im Ort die Schützenbruderschaft zu kennen. Es kann für einen Unternehmensberater wichtig sein, im richtigen Golfclub die richtigen Beziehungen zu pflegen.

Je nachdem, wo Sie sich bewerben, sollten Sie wissen, ob Sie »nur« ein netter und kontaktfreudiger Mensch sein sollen oder ob man erwartet, daß Sie in bestimmten Kreisen bereits eine Menge wichtiger Leute kennen – und von denen auch gekannt werden.

Man wird vermutlich zu diesem Thema keine Rollenspiele oder Psycho-Tests machen. Man wird Sie im Interview befragen:

> Wie bauen Sie im Kundengespräch eine angenehme Atmosphäre auf?
> Wie beginnen Sie mit fremden Personen ein Gespräch?
> Wenn man Sie allein zu einem Kongreß schicken würde, wie würden Sie vorgehen, um möglichst viele und möglichst wichtige Kontakte zu knüpfen?
> Kennen Sie Führungskräfte in anderen Unternehmen? Welche? Wie sind Ihre Beziehungen zu den betreffenden Personen?
> Welche Freizeitinteressen haben Sie?
> Fällt es Ihnen auch manchmal schwer, mit anderen in ein Gespräch zu kommen? Schildern Sie Beispiele.
> Was verstehen Sie unter »Kontaktstärke«?
> Wie wollen Sie für Ihre Karriere auf Dauer wichtige Kontakte knüpfen und Beziehungen pflegen?
> Welche für uns nützlichen Kontakte können Sie mitbringen? Woher haben Sie diese Beziehungen? Wie wollen Sie diese bei uns nutzen?
> Small talk – Was fällt Ihnen zu dem Thema ein?
> Wie sind Ihre Beziehungen zu Ihren Mitarbeitern? Sind sie eher geschäftsmäßig oder gehen Sie bis in den privaten Bereich?

Passen Sie bitte auf, daß Sie sich nicht als distanzloser Schwätzer outen oder als eine Person, die unbedingt überall beliebt sein will.

In einem Auswahlverfahren, das sich über einen Tag oder länger hinzieht, wird man Sie auch in den Pausen und bei Tisch beobachten. Die »Darumherum-Zeiten« sind oft viel wichtiger, als Sie denken. Man wird sehr wohl registrieren, ob Sie Gespräche anknüpfen, ob Sie sich zwanglos verhalten, ob Sie bei den anderen »ankommen«.

9. Menschenkenntnis

In vielen Unternehmen wird heute klar zwischen Management und Führung unterschieden. Manager sollen das Unternehmen leiten. Führungskräfte sind für die Mitarbeiter verantwortlich. Häufig sind Führungskräfte auch Manager und umgekehrt. Dennoch achtet man inzwischen sehr viel mehr darauf, ob eine Person, die Mitarbeiter führen und zu Höchstleistungen motivieren soll, überhaupt mit Menschen umgehen kann. Sogar in Behörden und sehr traditionellen Unternehmen will man davon weg, jeweils den besten Sachbearbeiter zum Vorgesetzten der anderen Sachbearbeiter zu befördern und damit oft zu überfordern.

Wenn Sie sich für eine Führungsfunktion beworben haben, sollten Sie Menschenkenntnis nachweisen können. Sie müssen andere in ihrer individuellen Art verstehen und die Beziehungen zwischen Menschen durchschauen können. Sie müssen in der Lage sein, Mitarbeiter richtig einzuschätzen und richtig zu führen. Sie müssen Konflikte möglichst verhindern oder möglichst schmerzlos bereinigen können.

Es wäre sehr gut, wenn Sie praktische Führungserfahrungen mitbringen. Vielleicht haben Sie bereits Jugendgruppen geleitet? Das macht immer einen guten Eindruck!

Wenn Sie Glück haben, verfügen Sie intuitiv über eine gute Menschenkenntnis. Wenn Sie Pech haben, sind Sie ein »ewiger Sachbearbeiter«. Die meisten von uns befinden sich irgendwo dazwischen. Für eine Führungsfunktion reicht mittlerweile aber reine Intuition nicht mehr aus. Sie sollten sich auch theoretisch mit dem Thema Menschenkenntnis vertraut machen, Fachliteratur zur Psychologie für Führungskräfte oder für Verkäufer lesen. Sie sollten die gängigsten Modelle der Persönlichkeitsstrukturen kennen und in der Praxis anwenden können. Sie sollten zumindest auch die grundlegenden Theorien zur Teamarbeit, Motivation, Konfliktforschung etc. kennen.

Sie sollten sinnvolle Antworten geben können, wenn man Sie beispielsweise fragt, worauf »Chemieprobleme« beruhen und woran man einen »Leader« erkennt.

Wenn Sie Psychologie bisher für eine Laberwissenschaft gehalten haben, dann sollten Sie sich fragen, ob Sie sich überhaupt für Menschen interessieren. Edelsachbearbeiter, die als Vorgesetzte lediglich ihre lebenden Planungseinheiten verwalten wollen, sind nicht mehr gefragt. Auf der anderen Seite sollten Sie Ihren Spaß an der Psychologie auch nicht übertreiben. Niemand will einen Hobby-Therapeuten als Führungskraft einstellen.

Haben Sie bislang nach einem Modell der Persönlichkeitslehre (z.B. DISG oder PSA) gearbeitet, sollten Sie das sagen und auch die Grenzen dieser Modelle kennen. In sehr vielen Unternehmen wird die Personalauswahl nach DISG oder PSA durchgeführt. Es hilft Ihnen dann natürlich sehr, wenn Sie diese Modelle kennen. Sollte Ihr Gesprächspartner daraufhin deutlich Ablehnung zeigen, beeilen Sie sich mit dem Hinweis, daß in jedem dieser Modelle immer die Gefahr von »Schubladendenken« steckt. Das wollen Modellgegner an dieser Stelle hören. Sie wissen dann, daß Sie nach PSA einen »Blauen« und nach DISG einen »G-Typen« vor sich haben. Diese Leute sind fast nie Menschenkenner. Nutzen Sie das!

10. Etikette und Stil

Man könnte auch von guter Erziehung und Geschmack reden. Es geht dabei nicht um die Frage, ob Sie Hummer essen können und die richtige Kleidung tragen. Es geht sehr stark darum, wie Sie auftreten, sich benehmen und vom Äußeren her wirken. Ihre Kleidung muß so sein, daß Ihr potentieller Arbeitgeber Sie getrost zum Kunden schicken kann.

Es sollen an dieser Stelle keine Modetips oder Stilhinweise folgen. Das ist zu sehr davon abhängig, in welcher Branche und für welche Position Sie sich vorstellen. Wenn Sie gar keine Ahnung haben, was »man so trägt«, stellen Sie sich einfach mal morgens vor ein vergleichbares Unternehmen und schauen Sie sich um. Eine solche Unsicherheit darf Ihnen allerdings nur bei Ihrem ersten Vorstellungsgespräch passieren. Danach müßten Sie eigentlich gesehen haben, was üblich ist.

Als Mann sind Sie im Zweifel mit blauem oder grauem Anzug immer besser dran als mit einem braunen. Die werden wirklich nur von frischen Uni-Abgän-

gern und alten Betriebsräten getragen. Als Dame sind Kostüm, Bluse und zuein-
anderpassende Schuhe und Handtasche das Minimum.

Aber auch die beste Kleidung kann Ihnen nichts nutzen, wenn Schuppen
auf den Schultern und stachelige Haut zwischen Socken und Hosenbeinen den
guten Eindruck vernichten. Wenn Sie als Dame ein Tuch tragen, achten Sie bitte
darauf, daß das Schildchen mit Materialhinweis und Waschanleitung nicht auf
Ihrem Rücken prangt. Trennen Sie das Schildchen vorsichtshalber gleich ab. Ein
edles Tuch erkennt man auch so.

Herren stellen bitte rechtzeitig fest, ob Krawattenklammern gerade »in«
oder »out« sind. Für Damen und Herren gleichermaßen gilt, daß Sie niemals mit
neuen Schuhen losgehen, die noch unter der Sohle das Preisschild kleben haben.

Während der Interviews und der Übungen sollten Sie nicht an Haaren oder
Ohrläppchen herumnesteln. Damen tragen bitte keinen klimpernden Schmuck.
Herren sollten außer Ehering am besten gar keinen Schmuck tragen.

Im Ernst: Goldkettchen, Siegelringe und dergleichen sind ab einem bestimmten Niveau nicht passend. Fingern Sie bitte auch nicht mit beeindrucken-
den Autoschlüsseln herum. Sollten Sie Ihren Schlüsselbund durch eine Hasen-
pfote oder einen anderen Glücksbringer ergänzt haben, so zeigen Sie das frühe-
stens nach Ablauf der Probezeit.

Wenn Sie eine edle Ledermappe oder einen teuren Zeitplaner zur Schau
stellen wollen, sollten diese Teile nicht allzu neu wirken. Zu leicht können Sie
sonst wie ein Erstkläßler erscheinen.

Auch zur Etikette sollten Sie sich durch Fachliteratur schlau machen. Es
kann karriereschädigend sein, wenn Sie nicht genau wissen, wie und wann Sie Ihr
Jackett öffnen oder die Hand reichen dürfen, bei Tisch die Butter auf das Brot
wie bei einer Stulle streichen und anschließend mit fettigen Lippen ans Trinkglas
gehen. Vielleicht müssen Sie im Rahmen eines Rollenspiels auch einmal Personen einander vorstellen. Wissen Sie genau, wie das geht?

Wenn Sie sich für eine Position mit Auslandsaufenthalt beworben haben,
müssen Sie zur Vorstellung unbedingt Etikettewissen zum Gastland mitbringen.
Daß Sie sich damit bereits in Eigeninitiative befaßt haben, wird erwartet.

Verlassen Sie sich darauf: Im Zweifel wird immer der Bewerber mit dem
besseren Benehmen und dem besseren Aussehen genommen.

Liste 2:
Führungskompetenz

1. Delegationsbereitschaft

Wenn es im Alltag über eine Person heißt, sie könne »gut delegieren«, dann ist das nicht positiv, sondern abfällig oder vorwurfsvoll gemeint. Damit soll zum Ausdruck gebracht werden, daß die betreffende Person faul ist und Arbeit möglichst auf andere abschiebt.

Bei Führungskräften ist vielfach eher das Gegenteil festzustellen. Sie scheuen davor zurück, Arbeit abzugeben. Manche haben vielleicht Angst, man könne sie für autoritär und ausbeuterisch halten, wenn sie es wagen, von ihren Mitarbeitern Leistung zu verlangen. Das ist das Resultat des in Mode geratenen »weichen« Führens ohne Druck, ausschließlich über gutes Betriebsklima und Motivation.

Andere Führungskräfte haben einen Perfektionsfimmel. Sie können sich gar nicht vorstellen, daß außer ihnen noch jemand in der Lage ist, die Arbeit gut zu erledigen. Ihr Motto scheint zu sein: »Wenn ich es selbst mache, weiß ich, daß es richtig gemacht wird.« Wiederum andere delegieren zwar Routine- und Hilfsaufgaben, behalten das Anspruchsvolle aber eifersüchtig für sich. Dahinter verbirgt sich gelegentlich die Angst, die Mitarbeiter könnten eines Tages »zu gut« werden oder »zu viel wissen«. Die Angst, selbst überflüssig zu werden, hält manchen Chef davon ab, Aufgaben zu delegieren. Aus purer Gewohnheit machen sie viele Dinge selbst, die sie längst abgeben sollten. Vielleicht haben sie diese Gewohnheiten aus ihrer früheren Sachbearbeiterzeit mitgenommen oder aus Zeiten, als sie noch zu wenig Mitarbeiter hatten und aus Personalmangel vieles selbst erledigen mußten. Und dann gibt es noch Führungskräfte, die bestimmte Arbeiten selbst machen, weil sie Spaß daran haben. Ob es sich um das Organisieren des Betriebsausflugs oder um das Gießen der Blumen handelt, um das Sortieren der eingegangenen Prospekte auf Brauchbarkeit oder um Entwürfe für Mailings. Es gibt Aufgaben, die machen einfach Spaß. Damit kann man sich lustvoll beschäftigen und hat dann leider für anderes keine Zeit mehr.

Weil das so ist, wird in einem Einstellungsverfahren nicht nur untersucht, ob der Bewerber delegieren kann. Zunächst ist es erst einmal wichtig, ob er auch innerlich dazu bereit ist.

Theodore Roosevelt soll gesagt haben: »Wer seiner Führungsrolle gerecht werden will, muß genug Vernunft besitzen, um die Aufgaben den richtigen Leuten zu übertragen – und genug Selbstdisziplin, um ihnen nicht ins Handwerk zu pfuschen.«

Das richtige Delegieren basiert auf folgenden Grundlagen:

1. Die Führungskraft muß innerlich bereit sein, sich auch von liebgewordenen Aufgaben zu trennen.

2. Die Führungskraft muß das Vertrauen in die eigenen Mitarbeiter haben, daß sie intelligent, willig und fähig genug sind, übertragene Aufgaben korrekt zu erledigen.

3. Die Führungskraft muß sicher beurteilen können, was zu delegieren oder selbst zu erledigen ist und wem welche Aufgaben übertragen werden können oder auch nicht.

4. Die Führungskraft muß in ihrer Administration die Dinge so dokumentiert haben, daß sie zu jeder Zeit weiß, wer eigentlich woran arbeitet und wann welche Ergebnisse zu erwarten sind.

5. Die Führungskraft muß ihre Mitarbeiter zu Selbständigkeit führen. Mitarbeiter dürfen nicht rückdelegieren oder passiv auf notwendige Hilfen warten.

Ganz grob betrachtet kann man im Hinblick auf das Führungs- und damit auf das Delegationsverhalten vier typische Fehlausrichtungen bzw. auch »schlechte Chef-Typen« ausmachen.

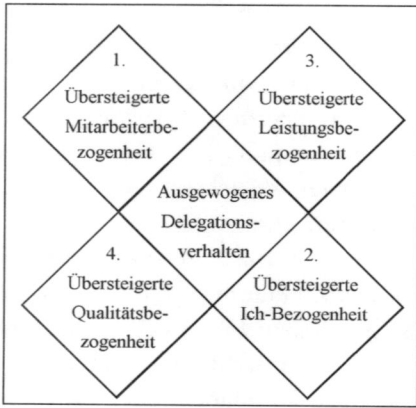

Abb. 12: Typische Fehlausrichtungen von Führungskräften

Die vier »schlechten Chef-Typen« machen jeder für sich bestimmte Fehler im Hinblick auf die Delegation:

1. Übersteigerte Mitarbeiterbezogenheit

Eine Führungskraft, die ganz in liebevoller Fürsorge für die Mitarbeiter ist, macht sich zu viel Gedanken, daß diese »armen Menschen« auch ja nicht überlastet werden. Außerdem hat eine solche Führungskraft das starke Bedürfnis, bei den eigenen Leuten beliebt zu sein.

Das Delegationsverhalten ist von sanfter Vorsicht geprägt. Der Vorgesetzte delegiert nicht wirklich, sondern bittet um die Güte, vielleicht doch dieses oder jenes zu tun, sich dabei jedoch auf keinen Fall unter Streß zu setzen. Leisestes Abwehrverhalten des Mitarbeiters führt sofort zu einem Rückzieher des Chefs. Am Ende bleiben die unangenehmen Aufgaben auf seinem Tisch liegen.

Leistungswillige Mitarbeiter wechseln bald in andere Bereiche. Bei einem derart »lieben« Chef bleiben die Sozialfälle, Faulpelze und Lebenskünstler zurück.

2. Übersteigerte Ich-Bezogenheit

Wer sich zu intensiv mit sich und dem eigenen Prestige befaßt, entwickelt als Führungskraft eine Neigung zu Fürstenverhalten. Pompöses Auftreten, mit teurem Privatnippes ausgestattetes Büro und auf Distanz und in Ehrfurcht gehaltene Mitarbeiter sind die Merkmale solcher Fürsten.

Das Delegationsverhalten ist von Tücke und Unberechenbarkeit gekennzeichnet. In großartiger Geste werden Aufgaben verteilt, an die sich der Chef selbst nach kurzer Zeit schon nicht mehr erinnert. So kommt es zu Doppeldelegationen. Was die Mitarbeiter allerdings beunruhigt, ist die Ungewißheit, ob der Chef jemals kontrolliert, wer was getan hat. Außerdem weiß man von heute bis morgen nicht, mit welchen Ergebnissen der Fürst gnädig zufrieden sein wird oder nicht.

Ein Fürst ist viel zu sehr mit sich selbst und seiner Macht beschäftigt, als daß er sich im Detail darum kümmern kann, was seine Untertanen eigentlich treiben.

3. Übersteigerte Leistungsbezogenheit

Wer in erster Linie auf Leistung hält, wird zum Einpeitscher. Solche Vorgesetzten wissen, daß man aus atmenden Funktionseinheiten unter Druck das meiste herausholt. Ein wenig Zuckerbrot und viel Peitsche wird den notwendigen Erfolg bringen. Niemals darf der Druck nachlassen. Es besteht immer die Gefahr von Schlendrian und Faulheit. Die Firma ist schließlich keine Kurklinik, Lehrjahre sind keine Herrenjahre, das Leben ist nun mal kein Zuckerschlecken, uns ging es früher auch nicht anders, Arbeit hat noch keinem geschadet, die sollen froh sein, daß sie nicht auf der Straße stehen ...!

Das sind die Maximen und Leitsätze des Einpeitschers. Gnadenlos knallt er die Untergebenen mit Arbeit zu und straft fürchterlich, sollte jemand aus der Reihe tanzen und Schwäche zeigen. Jeder wird mit mehr Arbeit betraut, als in einen normalen Arbeitstag hineinpaßt. Niemals dürfen Pausen oder Leerlauf entstehen. Wenn man die Schraube noch ein wenig anzieht, kann man allein dadurch Personal einsparen, indem man zwei Leuten die Arbeit von dreien aufhalst.

4. Übersteigerte Qualitätsbezogenheit

Nichts darf falsch gemacht werden. Fehler sind unverzeihlich. Alles muß perfekt sein. Das sind die Triebfedern des Vorgesetzten mit übersteigertem Qualitätsbewußtsein. Diese Führungskräfte hegen im Grunde ein tiefes Mißtrauen gegen ihre Mitarbeiter. Diese sind zu dumm, zu langsam oder zu faul, das Delegierte ordnungsgemäß zu erledigen.

Bei den Führungskräften mit übersteigerter Qualitätsbezogenheit kann man folgende Varianten unterscheiden:

– Klugscheißer

Sie erklären ihren Mitarbeitern die Aufgaben und wie sie diese zu erledigen haben bis ins Detail. Dabei holen sie weit aus in den Grundlagen der Lehrlingsausbildung und gebrauchen einen Ton wie die Karikatur eines Oberstudienrats. Wenn der Mitarbeiter sich endgültig wie ein Trottel fühlt, darf er an die Arbeit gehen. Was immer er später als Ergebnis vorweist, wird vom Vorgesetzten kritisch beäugt und pingelig korrigiert.

Das sind die Chefs, die jedes Protokoll, jeden Bericht und jedes Anschreiben an den Kunden noch einmal umformulieren.

– Kontrollettis

Sie wissen, daß man immer ein scharfes Auge auf die Mitarbeiter haben muß. »Ist die Katze nicht zu Haus, tanzen die Mäuse auf den Tischen herum.« Das wissen die Kontrollettis und sind deshalb stets zu Hause. Pausenlos sind sie hinter den Mitarbeitern her und kontrollieren, ob auch wirklich alles laut Anweisung erledigt wird. Sie beugen sich von hinten über den Schreibtisch des Sachbearbeiters, befragen den Kunden des Verkäufers, schnüffeln durch die Ablage der Sekretärin und schmecken die Suppe des Aushilfskochs ab.

– Arbeitspferde

Diese Führungskräfte haben die Arbeit selbst so gut im Griff, daß es sie unnötig aufhalten würde, einem anderen zu erklären, wie sie zu erledigen ist. Außerdem macht es sie ganz unruhig, einen Mitarbeiter dabei zu beobachten, wie er sich langsam in eine neue Arbeit hineinfindet. Schnell reißen sie das Delegierte wieder an sich und schwupp: Schon ist es getan!

– Vergolder

Der Vergolder läßt alles – aber auch alles! – über seinen Schreibtisch gehen. Niemand hat das Recht, Protokolle, Angebote, Gutachten oder Briefe einfach zu verschicken. Alles muß erst zum Chef. Der beugt sich über jeden Zettel und optimiert jede einzelne Formulierung.

Manchmal traut der Vergolder seinen eigenen Ergebnissen nicht. Dann legt er sie zunächst beiseite, um sie am nächsten Tag noch einmal zu überarbeiten.

Die Mitarbeiter kennen diese Schrulle des Chefs. Da er ohnehin alles um-, über- und nacharbeitet, leisten sie sich die größten Schlampereien und Vergeßlichkeiten. Was immer man ihnen delegiert, sie haben es nach kürzester Zeit grob hingepfuscht. Das wiederum bestätigt dem Vorgesetzten die Notwendigkeit einer gründlichen Überarbeitung.

Solche Chefs gönnen sich niemals eine Mittagspause und haben nachts um vier Uhr noch Licht im Büro. Dafür können die Mitarbeiter getrost eine ruhige Kugel schieben.

In einem Auswahlverfahren für Bewerber wird nach Neigungen zu diesem Fehlverhalten gefahndet. Je nachdem, ob der Bewerber andere sehr positive Eigenschaften und Qualifikationen mitbringt, wird man ihn trotz hier entdeckter Mängel einstellen. Man wird dann aber durch Trainings oder Coachings diese notwendige Qualifikation nachholen lassen.

Auch bei Assessment-Centers für bereits im Unternehmen vorhandene Führungskräfte wird gezielt nach Delegationsschwächen gesucht, um etwaige Mängel durch Entwicklungs- und Förderungsprogramme zu beheben.

Wann immer Sie die Chance haben, Ihr Delegationsverhalten zu testen oder in Coachings beobachten zu lassen, sollten Sie die Chance nutzen. Wer nicht delegieren kann, darf keine Führungskraft sein. Man macht sich selbst und den Mitarbeitern das Leben unnütz schwer und erreicht niemals die Ziele, die man in seinem Bereich erreichen sollte.

Mit erkannten Delegationsschwächen kann man relativ leicht umgehen. Dabei hilft ein konsequentes Verhaltenstraining. Man wird Ihnen in Führungsseminaren ausreichend Hinweise dafür geben. Vieles können Sie auch aus der Lektüre von Fachbüchern für Führungskräfte lernen. Aber: Sie müssen wirklich delegieren wollen!

Wer keine innere Bereitschaft zur Delegation mitbringt, wird nie eine gute Führungskraft. Dazu gehört auch, daß Sie sich vor einer Bewerbung ehrlich fragen: Bin ich wirklich dazu bereit, die Finger von meinen Lieblingsbeschäftigungen zu lassen? Außerdem sollten Sie sich diese Frage durch den Kopf gehen lassen: Bin ich wirklich bereit, von anderen Menschen Leistung zu verlangen? Auch dann, wenn diese keine Lust dazu haben und mir als »autoritärem« Chef mit »Liebesentzug« drohen?

Man sagt, daß eine Führungskraft »gutes« Delegationsverhalten zeigt, wenn sie

> den Mitarbeitern herausfordernde und anspruchsvolle Aufgaben delegiert.
> den Mitarbeitern vollständige und zusammenhängende Aufgaben delegiert und Ergebnisse einfordert, jedoch nicht im Detail vorschreibt, wie die Ergebnisse zu erreichen sind (Stichwort: Handlungsspielraum).
> durch Delegationen auch Kompetenzerweiterungen der Mitarbeiter fördert.
> zur angemessenen Leistungskontrolle bereit ist und Leistung aktiv einfordert.
> Bewertungsmaßstäbe transparent macht und den Mitarbeitern über ihre Leistungen Feedback gibt.
> stets den Überblick hat, wer im eigenen Bereich was delegiert bekommen hat und wann welche Ergebnisse in welcher Qualität zurückgemeldet werden müssen.
> den Mitarbeitern klar die Grenzen des jeweiligen Entscheidungsrahmens aufzeigt.
> damit leben kann, daß die Mitarbeiter ein anderes Arbeitsverhalten oder Vorgehenskonzept bevorzugen als sie selbst.
> die unterschiedlichen Leistungs- und Verantwortungsfähigkeiten der Mitarbeiter in Betracht zieht und weder über- noch unterfordert.
> grundsätzlich keine Rückdelegation zuläßt.
> den Mitarbeitern die Chance gibt, ihre guten Leistungen selbst zu präsentieren, und darauf verzichtet, sich die Leistungen der Mitarbeiter als eigene zuzuschreiben.

Ob Sie delegationsbereit sind, wird bevorzugt in Psycho-Tests abgefragt.

Man geht Ihrer inneren Einstellung zur Perfektion, zum Vertrauen in andere Menschen und zur Leistungsorientierung nach. Entsprechende Testfragen können allerdings nur Trendaussagen zu Ihrer inneren Einstellung generieren. Deshalb wird das Thema Delegation stets noch einmal im Interview zur Sprache kommen. Rechnen Sie mit Fragen wie:

> Was sind für Sie die wichtigsten Kriterien bei der Delegation von Aufgaben und Verantwortungen?
> Wie delegieren Sie?
> Hatten Sie schon einmal Probleme mit dem Thema Delegation? Welche waren das? Wie sind Sie damit umgegangen?
> Was tun Sie, wenn ein Mitarbeiter einfach nicht will?
> Wie sichern Sie die Qualität der von Ihnen delegierten Aufgaben und Ergebnisse?
> Welche Aufgaben delegieren Sie ungern? Warum?
> Nach welchen Kriterien entscheiden Sie, was Sie delegieren und was Sie lieber selbst erledigen?
> Wie motivieren Sie Ihre Mitarbeiter, daß sie delegierte Aufgaben gern und gut erledigen?
> Wie verhindern Sie in Ihrem Bereich Überschneidungen, Lücken und Doppelarbeiten?
> Was ist Ihnen beim Delegieren, Kontrollieren und Beurteilen das Unangenehmste?
> Haben Sie schon einmal Delegationspannen erlebt? Wie war das? Was haben Sie daraus für die Zukunft gelernt?
> Wie nutzen Sie das Delegieren zur Personalförderung?

In Assessment-Centers werden auch Rollenspiele zum Delegationsverhalten durchgeführt. Dabei sollten Sie als Teilnehmer in der Lage sein, einem »dummen« oder »bockigen« Mitarbeiter eine vorgegebene Aufgabe zu delegieren. Sorgen Sie in dem Rollenspiel dafür, daß der Mitarbeiter

> genau versteht, was er tun oder erreichen soll.
> einsieht, daß es von ihm erledigt werden soll.
> weiß, was er dabei allein entscheiden darf und was gegebenenfalls der Rücksprache bedarf.
> Ihre Bewertungskriterien für die Leistungsbeurteilung kennt.
> darüber informiert ist, mit wem er sich gegebenenfalls abstimmen muß.
> weiß, welche Mittel und welche Zeit ihm verfügbar sind.

> bei Mehrfachaufgaben die Prioritäten richtig sieht.
> Lust hat, an die Arbeit zu gehen.

2. Managementqualifikation

Der Begriff »Managementqualifikation« ist sehr weit gefaßt. Damit gemeint ist: strategisches Denken, Steuerungs- und Entscheidungsfähigkeit, natürliche Autorität, Durchsetzungsfähigkeit etc. Diese Qualifikationen werden im einzelnen geprüft und bilden dann in ihrer Gesamtheit eine Antwort auf die Frage: Ist dieser Bewerber ein fähiger Manager oder nicht?

In der Fachliteratur wird häufig scharf zwischen Führungs- und Managementqualifikation unterschieden. Beim einen sind es die Fähigkeiten, die das Führen von Mitarbeitern erfordert. Beim anderen geht es um die Fähigkeit, ein Unternehmen zu lenken. In der Praxis ist es meist so, daß Führungskräfte Manager sein müssen und umgekehrt. Bei der unteren Führungsebene sind Qualifikationen zum Führen von Mitarbeitern wichtiger. Bei den Top-Führungskräften steht das Managen im Vordergrund. Das sagt die Theorie.

Wenn man in einem Auswahlverfahren für neue Führungskräfte Ihre Managementqualifikation unter die Lupe nimmt, geht es in der Regel um Ihre Fähigkeit, Mitarbeiter zu steuern, Prozesse zu lenken, Konflikte zu regeln, Ziele zu setzen und deren Erreichung durchzusetzen. Es geht darum, ob Sie bewußt Einfluß auf andere nehmen können, um die strategischen Unternehmensziele zu sichern.

Werden Ihre Führungsqualifikationen geprüft, geht es eher um die Fähigkeit des Motivierens, Überzeugens und Begeisterns. Es geht um Menschenkenntnis, Selbstmanagement und Charisma.

Diese etwas willkürliche Unterscheidung zwischen Management einerseits und Führung andererseits ist letztlich eine Definitionssache. Sowohl während der Bewerberauswahl, als auch später in der Praxis fallen beide Komponenten wieder zusammen. In manchen Auswahlverfahren wird auch gar nicht unterschieden.

Für Vorstände und andere Top-Positionen werden häufig keine großartigen Auswahlverfahren durchgeführt oder nur zum Schein. Man kennt in der übersichtlichen Welt der Top-Manager die möglichen Kandidaten ohnehin und weiß, wen man einkauft. Da gehen Namen und Millionenbeträge zwischen den Unternehmen und den Kandidaten hin und her wie beim Monopoli.

Wenn man jedoch Sie zu einem Auswahlverfahren für eine Managementposition eingeladen hat, dann wird man Ihre Fähigkeit zum Steuern prüfen. Sie sollen Ihre Mitarbeiter wie folgt lenken können:

> Sie brauchen über jeden Mitarbeiter das Wissen um den aktuellen Leistungsstand.
> Sie sollen jeden Mitarbeiter im Hinblick auf die individuelle Leistungsfähigkeit und -willigkeit richtig beurteilen können.
> Sie müssen Ihre Bereichs- oder Abteilungsziele niederbrechen und den Mitarbeitern individuell zuordnen können.
> Sie verantworten die Zielerreichung innerhalb Ihres Bereichs.
> Sie haben dafür zu sorgen, daß die individuellen Ziele und Ergebnisse Ihrer Mitarbeiter sich überschneidungsfrei ergänzen und die Mitarbeiter miteinander und nicht gegeneinander arbeiten.
> Sie haben für einen wirtschaftlichen Einsatz von Mitteln und Zeit bei der Zielerreichung in Ihrem Bereich zu sorgen.
> Sie haben dafür zu sorgen, daß Ihre Bereichsergebnisse zu denen der anderen Bereiche passen.
> Sie verantworten, daß Ihren Mitarbeitern alles zur Verfügung steht, was diese zur Erreichung ihrer Ziele brauchen.
> Sie haben die Ergebnisse der Mitarbeiter an den gesteckten Zielen zu messen, zu beurteilen und zu sanktionieren.
> Sie haben dafür zu sorgen, daß Leistungsträger bei Ihnen zu Spitzenleistungen kommen.
> Sie müssen Leistungsträger halten und deren Anzahl entsprechend den Zielen vergrößern. Gleichzeitig müssen Sie dafür sorgen, daß Leistungsverweigerer oder Unfähige aus dem Unternehmen verschwinden, ohne daß es zu Reibereien mit Betriebs- oder Personalrat kommt oder gar zu gerichtlichen Auseinandersetzungen.

Zusammengefaßt bedeutet das, daß man von Ihnen einen scharfen Blick für Ziele verlangt und die notwendige Härte zur garantierten Zielerreichung. Sie sollen ein Top-Team zu Top-Leistungen führen.

Im Interview werden Sie mit Fragen wie den folgenden konfrontiert:
> Wie legen Sie die Ziele Ihres Verantwortungsbereichs fest?

> Welche Technik wenden Sie an, um Prioritäten richtig zu definieren?

> Wie vereinbaren Sie die individuellen Ziele mit den Mitarbeitern?

> Was tun Sie, um sicherzustellen, daß die Ziele auch tatsächlich erreicht werden?

> Wie sorgen Sie für einen wirtschaftlichen Gebrauch von Mitteln und Zeit?

> Wie kontrollieren Sie das Leistungsverhalten Ihrer Mitarbeiter?

> Wodurch gewährleisten Sie einen dauerhaft hohen Leistungsstandard in Ihrem Mitarbeiterstab?

> Wie bereiten Sie sich auf Zielvereinbarungsgespräche vor?

> Wie gehen Sie damit um, wenn ein Mitarbeiter mit den von Ihnen vorgesehenen Zielen nicht einverstanden ist?

> Was verstehen Sie unter Ziel-»Vereinbarung«?

> Wie stehen Sie zu leistungsorientierten Vergütungssystemen?

> Wie beurteilen Sie individuelle Leistungen?

> Wie gehen Sie mit Leistungsmängeln um?

> Was tun Sie mit unmotivierbaren Mitarbeitern oder mit solchen, die von Ihnen motiviert werden wollen?

> Wie sorgen Sie dafür, daß Ihre Mitarbeiter Ihre Leistungseinschätzung kennen und daraus für sich Konsequenzen ziehen?

> Was tun Sie, wenn Sie erkennen, daß Mitarbeiter andere Ziele verfolgen, als sie sollen, oder wenn sie ihre Prioritäten falsch setzen?

> Mit welchen Mitarbeitern kommen Sie besonders gut aus?

> Wie beschreiben Sie Ihr Verhältnis zu Ihren Mitarbeitern?

> Wie werden Sie vermutlich von Ihren Mitarbeitern gesehen?

Es gibt heute noch viele Angestellte, die von der Idylle träumen, ihr Vorgesetzter müsse sie motivieren und ihnen ein positives Umfeld schaffen, damit sie mit Lust an die Arbeit gehen. Das war vielleicht früher einmal so. Ob ein Mitarbeiter sich motiviert und glücklich fühlt oder nicht, interessiert mittlerweile niemanden mehr. Es gibt am Arbeitsmarkt ausreichend Leute, die von sich aus motiviert und fähig genug sind, um einen hohen Leistungsstandard zu erreichen. Die will man haben, halten, nutzen und fördern. Motivierungsbedürftige sollen hingegen so schnell und so reibungslos wie möglich aus dem Unternehmen entfernt werden. Dafür braucht man Manager.

Unternehmen stellen zu ihrem Bedauern fest, daß es noch zu viele (potentielle) Führungskräfte gibt, die ebenfalls der Ansicht sind, sie müßten Mitarbeitern ein beglückendes Umfeld mit nettem Betriebsklima und milden Anforderungen schaffen.

Wenn Sie diese Ansicht teilen, haben Sie womöglich die aktuellen Probleme der Wirtschaft und des Arbeitsmarktes nicht erkannt. Das gibt es nämlich heute nur noch in Behörden, die es sich – weil von Steuergeldern finanziert – leisten können, ohne jeden wirtschaftlichen Ansatz auch den Faulen und Unfähigen eine Kurklinikatmosphäre mit Beschäftigungstherapie zu bieten.

Dringend gefragte Managerhärte wird man im Auswahlverfahren auch durch Rollenspiele diagnostizieren. Sie erhalten eine Rollenbeschreibung mit einem fiktiven Problemfall, der ein Mitarbeitergespräch notwendig macht. Häufig übernimmt einer der Beobachter des Assessment-Centers die Rolle des Mitarbeiters. Sie haben ein paar Minuten Zeit, sich einzulesen und Notizen zu machen, und fangen dann mit dem Gespräch an. Dabei wird Ihr Verhalten nach folgenden Merkmalen beobachtet:

> strukturiert das Gespräch auf ein klares Ziel hin
> führt durch Fragen
> hört aktiv zu und geht auf Mitarbeiteräußerungen ein
> zeigt keine Scheu vor unangenehmen Themen
> spricht fest und unmißverständlich ohne Verschleierungs- und Abmilderungsversuche
> verletzt nicht die Ehre des Mitarbeiters und demotiviert ihn nicht
> stellt viele Fragen zu den Ursachen des Problems und zur Sichtweise des Mitarbeiters
> trennt innerhalb des Gesprächs die Themen und läßt sich nicht durch das rhetorische Geschick des Mitarbeiters auf Nebenthemen ziehen
> führt den Mitarbeiter dahin, daß der selbst eine Lösung des Problems entwickelt
> formuliert klar die vom Mitarbeiter zu erreichenden Ziele mit Terminen, Mitteln, Prioritäten, Kooperationen etc.
> vereinbart nur realistische, aber auch anspruchsvolle Ziele
> sichert ab, daß der Mitarbeiter nicht mit einem möglichen Mißverständnis aus dem Gespräch herausgeht
> sichert die Verbindlichkeit der gemeinsamen Vereinbarung ab
> vereinbart konkrete Termine für eine Kontrolle der Zwischenergebnisse
> vereinbart Konsequenzen bei Nichterreichung des Vereinbarten
> führt das Gespräch partnerschaftlich, ohne dabei die eigene Führungsrolle aufzugeben.

Die Beobachter fragen sich bei der Beurteilung des Rollenspiels auch: »Wie werden unsere Leistungsträger diese Person als Führungskraft wahrnehmen und akzeptieren?« »Wie wird sich das Verhalten dieser Person auf Leistungsverweigerer oder Unfähige auswirken?«

Manager führen nicht nur innerhalb ihres Bereichs zu Zielen, sie sind auch maßgeblich an der Entwicklung der strategischen Unternehmensziele beteiligt. Sie müssen sich im Kreis von Gleich- und Höherrangigen und von Karrierekonkurrenten durchsetzen können, ohne dabei Reibungsverluste zu verursachen.

Rechnen Sie deshalb auch mit Gruppenrollenspielen, Diskussionsrunden und fiktiven Konferenzen. Dabei sitzen Sie mit anderen Bewerbern zusammen, um an einem gemeinsamen Problem mitzuarbeiten. Die Beobachter behalten die ganze Gruppe im Auge und bewerten die Interaktionen. Zu jedem der Teilnehmer wird ein Protokoll erstellt mit etwa folgenden Kennzeichen:

> beteiligt sich durchgehend an der Diskussion
> greift Vorschläge anderer auf
> bringt eigene Vorschläge ein, die von den anderen gehört und aufgenommen werden
> verschafft sich Gehör
> versteht die anderen richtig
> drückt sich klar und präzise aus
> beeinflußt wesentlich das gemeinsame Ergebnis
> wird von den anderen deutlich wahrgenommen und erhält häufig Blickkontakt
> zeigt den Willen, andere zu überzeugen und zu beeinflussen, und erreicht das auch
> führt bei den anderen nicht zu Frust, Trotz oder Rückzug
> motiviert andere zu Äußerungen
> zieht auch die Stillen ins Gespräch hinein
> erkennt Außenseiter und sorgt für deren Integration
> kann verschiedene Positionen und Meinungen zu einem von allen akzeptierten Kompromiß führen.

Das Gesamtergebnis Ihres Verhaltens im Interview, im Rollenspiel und in der Gruppenaufgabe wird kombiniert mit dem, was man sonst noch an Ihnen wahrnimmt: Ausstrahlung, Charisma, Siegerverhalten, soziales Verhalten. Unterschätzen Sie nicht die Pausen des Assessment-Centers. Auch dabei werden Sie in

Ihrer Interaktion mit den anderen Bewerbern und mit den Beobachtern oder Helfern wahrgenommen.

Man will wissen, ob Sie vom Typ her ein »Alpha-Tier« mit natürlicher Autorität sind oder nicht.

3. Administrative Qualifikation

Hier geht es darum, ob Sie als Führungskraft »Ihr Haus« in Ordnung halten können. Haben Sie Ihren Bereich im Griff? Wie verwalten Sie Papierberge? Wie managen Sie Personalverfügbarkeit? Wie steuern Sie Prozesse? Wie organisieren Sie notwendige Mittel?

Ihre administrativen Grundfertigkeiten wird man bei der Postkorbübung feststellen. Ob Sie allerdings dauerhaft Ihren Bereich sauber führen, kann man erst in der Praxis sehen. Vor allem in dieser Hinsicht sind die ersten 100 Tage von Bedeutung. Wenn Sie die neue Führungsaufgabe übernehmen, müssen Sie sich schnell einarbeiten und sich den richtigen Über- und Durchblick verschaffen. Nach spätestens 100 Tagen läuft die »Schonfrist« ab. Dann müssen Sie alles im Griff haben und die ersten Erfolge zeigen.

Falls Sie zu global oder strategisch denken, besteht Gefahr, daß Sie den Teufel im Detail unterschätzen und Ihre administrativen Aufgaben verschlampen. Sind Sie zu gründlich und befassen sich zu penibel mit der Administration, dann läuft ebenfalls Ihr Bereich aus dem Ruder – und zwar durch organisatorischen Stillstand.

Man wird es begrüßen, wenn Sie praktische Managementerfahrungen mitbringen. Notfalls sollten Sie wenigstens im Freizeitbereich Dinge verwaltet und organisiert haben.

Rechnen Sie mit Fragen wie:
> Wie haben Sie bisher Ihren Bereich verwaltet?
> Wie sah Ihre Administration aus? Was haben Sie selbst gemacht? Was haben Sie delegiert? Wie? An wen?
> Wie wollen Sie dafür sorgen, daß Ihr zukünftiger Bereich reibungslos und möglichst zügig nach Ihrem Antritt auf die richtige Schiene kommt?
> Was macht Ihnen bei der Administration am meisten Spaß? Wozu haben Sie weniger Lust?

> Woran würden Sie erkennen, ob einer Ihrer Mitarbeiter über administrative Qualifikationen verfügt?
> Wie würden Sie eine solche Qualifikation nutzen und fördern?
> Wo sehen Sie die Grenze zwischen guter Administration und Verwaltungsoverhead?

Sie sollten sich vor dem Bewerbungsverfahren möglichst konkret Gedanken dazu machen, wie Sie die ersten 100 Tage nutzen wollen. Vermitteln Sie Ihren Gesprächspartnern, daß Sie die Person sind, die sofort die Zügel in die Hand nimmt und auf Dauer im Griff behält.

Wenn Sie sich bei einem Unternehmen der sogenannten freien Wirtschaft vorstellen, sollten Sie alles vermeiden, was Sie nach »Verwaltungshengst« (oder Stute) aussehen läßt. Wollen Sie sich hingegen im öffentlichen Dienst niederlassen, dürfen Ihre administrativen Qualifikationen nicht zu dynamisch wirken. Dort sind Gründlichkeit und Ordnung, Regeltreue und Formularwesen gefragt. Man will auf keinen Fall, daß durch Sie die Maschinerie des gewohnten Verwaltungsapparats in Unordnung und bedrohliche Beschleunigung gerät. Verdeutlichen Sie, daß Sie zwar alles besser als Ihr Vorgänger machen werden, aber durch Sie dennoch keine Neuerungen zu befürchten sind.

4. Motivationsverhalten

Zum Thema Motivation machen sich viele immer noch reichlich Illusionen. Es gibt Mitarbeiter, die fordern: »Mein Chef ist dafür zuständig, daß ich motiviert bin.« Und Vorgesetzte, die tatsächlich glauben, sie müßten »motivieren«. Darunter wird dann verstanden, daß der Vorgesetzte seine Leute bei Laune halten und glücklich machen muß. Kein Wunder, daß Faulpelze stur nach Vorschrift arbeiten, wenn sie sich nicht ausreichend »motiviert« (gestreichelt, umsorgt und schonend behandelt) fühlen. Kein Wunder, daß viele Führungskräfte sich nicht trauen, Leistung zu verlangen aus Angst vor »Motivationsverlust«.

Eine gute Führungskraft zeichnet sich darin aus, daß sie
1. mit ihrem Team die gesteckten Ziele erreicht
2. leistungsorientierten Mitarbeitern ein motivierendes Umfeld bietet
3. das Unternehmen von unmotivierten Mitarbeitern befreit.

So einfach ist das. Niemals sollte eine Führungskraft bezahlte Arbeitszeit damit vergeuden, daß sie Phlegmatiker, Widerspenstige und Faule in Schwung zu bringen versucht.

Eine gute Führungskraft muß hingegen unbedingt dafür sorgen, daß sogenannte Leistungsträger gern bei ihr im Team mitwirken und langfristig bleiben. Dafür ist Motivationsverhalten wichtig.

Noch einmal ganz deutlich: Motivation bedeutet für eine Führungskraft nicht, »Mitarbeiter glücklich machen«, sondern »Mitarbeiter zur Zielerreichung führen«.

Bei einer neuen Führungskraft wird deshalb nach folgendem gesucht:

> Der Bewerber hat verstanden, welche die »richtige« Einstellung zur Motivation ist.
> Der Bewerber weiß, wie man andere Menschen motiviert und wie man erkennt, wodurch sich eine bestimmte Person motivieren läßt.
> Der Bewerber kann leistungsorientierte Mitarbeiter langfristig an das Unternehmen binden.
> Der Bewerber kann einen leistungsorientierten Mitarbeiter auch zu sehr anspruchsvollen und schwierigen Aufgaben führen.
> Der Bewerber kann Mitarbeitern gegenüber Ziele und Aufgaben durchsetzen, notfalls auch gegen Widerstand.

Man wird Ihnen im Auswahlverfahren Fragen stellen, um zu erkennen, ob Sie rein intellektuell wissen, was Menschen motiviert, wie man motivieren kann und wer motiviert werden sollte.

> Was verstehen Sie unter Mitarbeitermotivation?
> Wie motivieren Sie?
> Welche Probleme kann es bei der Motivation von Mitarbeitern geben, und wie gehen Sie damit um?
> Wie sorgen Sie für eine langfristige Bindung von Leistungsträgern an das Unternehmen?
> Wie sorgen Sie für Spitzenleistungen?
> Wie würden Sie den Widerstand eines Mitarbeiters gegen Aufgaben oder Ziele oder ähnliches überwinden?
> Woran erkennen Sie, welche Mitarbeiter zu motivieren sich lohnt?
> Was machen Sie mit Leistungsschwachen?
> Welche Techniken der Motivation kennen Sie?
> Wie stellen Sie fest, durch was sich Ihre Mitarbeiter individuell motivieren lassen?

> Worin sehen Sie den größten Motivator bei Mitarbeitern?
> Wie lassen Sie sich selbst von anderen motivieren? Von Ihren Vorgesetzten? Von Ihren eigenen Mitarbeitern?
> Was treibt Sie zu Spitzenleistungen?
> Wenn es zwischen Ihnen und einem Mitarbeiter zu einem Zielkonflikt kommt, wie gehen Sie mit einer solchen Situation um?
> Was ist für Sie der Unterschied in der Motivation von Einzelpersonen und von Gruppen oder Teams?

Im Auswahlverfahren werden Sie vermutlich auch Rollenspiele durchführen. Sie müssen dann vielleicht einen Mitarbeiter zu einer ungeliebten Arbeit veranlassen, von einem Ziel überzeugen oder für ein Fehlverhalten kritisieren. Vielleicht wird man Sie auch im Konfliktgespräch sehen wollen. Die Beobachter des Rollenspiels werden dabei folgendes Verhalten beachten:
> äußert Kritik unmißverständlich, aber nicht verletzend
> die Kritik basiert auf konkreten Beispielen und ist nicht allgemein
> läßt Erklärungen des Gesprächspartners zu, ohne sich vom Thema abbringen oder auf Wortklauberei einzulassen
> kritische Äußerungen sind nicht verurteilend, sondern weisen Wege zur Verbesserung
> läßt den Mitarbeiter selbst erklären, wie er die Verbesserung leisten will
> vermittelt eine partnerschaftliche und wertschätzende Haltung dem Gesprächspartner gegenüber
> hört aufmerksam zu und achtet auf Ausgewogenheit der Redeanteile
> läßt sich nicht in die Enge treiben und verzichtet selbst ebenfalls auf manipulative Techniken
> vermittelt Verständnis und zugleich einen festen eigenen Standpunkt
> kann sich klar und knapp ausdrücken, weicht nicht aus und schweift nicht ab
> führt das Gespräch diplomatisch, meidet Reizwörter oder bedrohliche Formulierungen
> zeigt eine selbstbewußte, jedoch bedrohungsfreie Körpersprache
> betont Gemeinsamkeiten und erklärt den Nutzen oder die Vorteile aus Sicht des anderen
> spricht Negatives klar aus und verzichtet auf Umschreibungen oder Aufweichungen
> vermittelt Visionen und Zielvorstellungen
> bietet Zusammenarbeit und Hilfe an

- > läßt den Mitarbeiter eigene Lösungen und Strategien entwickeln
- > nimmt auch schwache Signale der Körpersprache und der Verbalisierung auf
- > schafft eine freundliche Gesprächsatmosphäre gleichwertiger Partner
- > kann seine Absichten und Ansichten überzeugend darstellen
- > ist rhetorisch geschickt und reagiert schnell auch auf überraschende Gesprächswendungen
- > versteckt sich nicht hinter der institutionalisierten Autorität seiner Führungsrolle
- > versteckt sich nicht hinter »Anweisungen von oben«
- > gibt dem Gesprächspartner unmittelbare Rückmeldungen
- > verdeutlicht dem Gesprächspartner die Bedeutung von Zielen oder Aufgaben im Interesse des Unternehmens
- > zeigt sich offen und interessiert an den Ansichten und Ideen des anderen
- > läßt sich von besseren Argumenten überzeugen
- > vermeidet unsachliche Äußerungen und steuert das Gespräch auf das vorgesehene Ziel zu, ohne den anderen zu sehr einzuengen
- > ermuntert den anderen zur Äußerung eigener Ideen und fördert die Entwicklung eines gemeinsamen Gesprächsergebnisses
- > läßt den Mitarbeiter im Rahmen seiner gesteckten Ziele und Kompetenzgrenzen selbst über das Vorgehen bei der Umsetzung entscheiden
- > stellt sich auch der Kritik des anderen.

Stellt man Ihnen im Auswahlverfahren auch Gruppenaufgaben, wird folgendes beobachtet:
- > bringt sich aktiv in die Gruppe ein und steuert das Erreichen eines Gruppenergebnisses mit
- > zieht sich nicht auf sachliche und fachliche Argumente zurück, sondern beeinflußt das Verhalten der Gruppe
- > kann sich Gehör verschaffen und wird von den anderen positiv wahrgenommen
- > hört aufmerksam die Beiträge anderer an und kann auch rhetorisch schwächere Mitglieder in den Gruppenprozeß einbeziehen
- > stellt Zwischenergebnisse her und sorgt regelmäßig für gemeinsame Ausgangspositionen zur Weiterarbeit.

Sowohl bei Rollenspielen wie auch bei den Gruppenarbeiten wird man sich als Beobachter fragen: »Ist diese Person anderen angenehm oder nicht?« »Werden Kollegen, Mitarbeiter, Fachleute etc. mit dieser Person gern zusammenarbeiten oder nicht?«

Wenn man den Eindruck hat, daß Sie zwar klug und durchsetzungsfähig sind, jedoch eine kühle Aura haben oder gar unsympathisch wirken, wird man auf Sie als Mitglied der Führungsriege lieber verzichten. Motivierte Mitarbeiter und Leistungsträger haben es in der Regel nicht nötig, sich einen intelligenten Stinkstiefel als Chef bieten zu lassen. Jene, die einen fiesen Chef leider dulden müssen, finden dann Mittel und Wege, sich für miese Behandlung oder für ein schlechtes Klima zu rächen. Unternehmen wollen, daß Leistungsträger Ziele erreichen und nicht, daß sie ihre Energie aufbrauchen, um sich für demotivierendes Verhalten zu revanchieren.

Wenn Sie im täglichen Leben nur selten in der Lage sind, andere Menschen zu etwas zu veranlassen oder von etwas abzuhalten, wird man diese Schwäche vermutlich in einem professionell durchgeführten Auswahlverfahren erkennen. Dann wäre die Besetzung einer Führungsfunktion durch Sie tatsächlich eine Fehlbesetzung. Man kann sich keine Chefs mehr leisten, die zwar wissen, was die Mitarbeiter tun und erreichen sollen, aber nicht dafür sorgen können, daß diese es auch wirklich tun und erreichen. Sie würden in einer Führungsfunktion nur unglücklich. Von Ihren eigenen Vorgesetzten bekämen Sie Leistungsziele für Ihren Bereich oder Ihre Abteilung gesetzt und wüßten dann nicht, wie Sie diese mit Ihren Mitarbeitern umsetzen können. Sie würden Gefahr laufen, wie viele unfähige Führungskräfte vor Ihnen, zwischen die Fronten zu geraten: Druck von oben, Verweigerung von unten.

Wenn Sie durchaus die Erfahrung gemacht haben, daß man auch im privaten Umfeld auf Sie hört und sich von Ihnen beeinflussen läßt, sind Sie vermutlich als Führungskraft gut geeignet. Sie sollten sich dennoch intellektuell mit dem Thema Motivation befassen. Rein instinktgesteuertes Motivieren reicht den Unternehmen für ihre Führungskräfte heute nicht mehr aus. Lesen Sie entsprechende Fachliteratur, auch solche für Verkäufer. Das Motivieren von Kunden und von Mitarbeitern ist sich sehr ähnlich.

5. Personalentwicklungsbereitschaft

Dieser Erfolgsfaktor wird vor allem bei jungen Bewerbern untersucht, die erst in eine Position mit Führungsverantwortung hineinwachsen sollen. Es geht darum, ob und wie die zukünftige Führungskraft sich um die Entwicklung von Mitarbeitern bemühen wird. Zwei Extreme sollen dabei vermieden werden:

1. Keine Personalentwicklungsbereitschaft

Wenn der Bewerber zu erkennen gibt, daß er zwar eine Führungsposition anstrebt, aber noch keinen Gedanken an die Förderung zukünftiger Mitarbeiter verschwendet hat, ist Vorsicht geboten. Handelt es sich um einen Karrieristen, der lediglich für sich persönlich das Führungseinkommen, die Macht und das Prestige zu erkämpfen versucht? Handelt es sich um einen Naivling, der gar nicht begriffen hat, daß sein Erfolg als Führungskraft wesentlich von der Leistungsfähigkeit und -bereitschaft seiner Mitarbeiter abhängt? Handelt es sich um einen »Autisten«, der sich womöglich nach Übernahme der Führungsposition in sein Chefbüro einschließt und von den Mitarbeitern distanziert? Handelt es sich um einen eifersüchtigen »Edelsachbearbeiter«, der gar nicht will, daß seine Mitarbeiter zu Spitzenleistungen kommen, weil er selbst immer der Klügste und Fähigste sein will?

2. Sehr hohe Personalentwicklungsbereitschaft

Wenn der Bewerber schon klare Pläne zur Aus-, Weiter-, Fort- und Sonstwas-Bildung seiner Mitarbeiter mitbringt, ist ebenfalls Vorsicht geboten. Handelt es sich um einen »Wohltäter« oder »guten Hirten«, der sich bei den Mitarbeitern durch Geschenke wie Seminare und Kurse persönliche Beliebtheit erkaufen will? Handelt es sich um einen verkappten Pädagogen, der danach lechzt, endlich Menschen nach seinen Konzepten (aus-)bilden zu lassen? Handelt es sich um einen »Wissenschaftler«, der später für sich und seine Mitarbeiter auf Firmenkosten ständig Forschung und Studium betreibt, um schließlich mit seinem Bereich als unternehmensinterne Elite zu glänzen?

Der Bewerber sollte sich stets der Tatsache bewußt sein, daß ein Unternehmen niemals bereit ist, Geld und Zeit in die Personalförderung zu stecken, um den Mitarbeitern Gutes zu tun oder um die Wissenschaften zu fördern. Es geht ausschließlich darum, durch die Personalförderung das eigene Unternehmen voranzubringen.

An dieser Stelle sollte man vielleicht ein mögliches Nebenthema bedenken: Anbiederung beim Personalberater! Wenn das Personalauswahlverfahren für die ausgeschriebene Führungsposition durch eine Unternehmensberatung erfolgt, die nicht nur Assessment-Centers, Psycho-Tests etc. anbietet, sondern auch Trainings, Coachings und andere Personalentwicklungsmaßnahmen, kann es ratsam sein, deutlich aber diskret durchblicken zu lassen, daß man als zukünftige Führungskraft natürlich eng mit der betreffenden Unternehmensberatung zusammenarbeiten wird. Wenn der Personalberater annehmen kann, daß mit Ihnen in Zukunft Geschäfte zu machen sind, haben Sie eventuell größere Chancen als andere Bewerber, die auf ein derartiges »Winken mit dem Zaunpfahl« verzichten.

Seien Sie bitte nicht so naiv zu vermuten, daß Personalberater immer ausschließlich den fähigsten Bewerber für ihren Auftraggeber auswählen. Sie denken auch an Folgeaufträge für sich selbst.

Eine Führungskraft mit »richtiger« Personalentwicklungsbereitschaft stellt man sich so vor:

> kennt Instrumente der Personalentwicklung (Coachings, Seminare, Jobrotation, Mentorkonzept etc.) und kann sie in ihren Vor- und Nachteilen fundiert einschätzen
> hat die richtige Einstellung zur Bedeutung von Personalförderung im Interesse des Unternehmens und des eigenen Bereichserfolgs
> hat Vorstellungen zum Transfer von zum Beispiel Seminarerkenntnissen in die tägliche Arbeitspraxis
> hat Konzepte zur täglichen Sicherung und Erweiterung von Wissen und Erfahrungen in seinem Bereich auch ohne offizielle Maßnahmen zur Fort- und Weiterbildung
> kann realistisch die Bedeutung von Personalförderungen zur Motivation oder auch zur Demotivation (z.B. Angst vor Coachings) einschätzen
> kennt Konzepte zum Bildungs-Controlling.

Sollte es sich bei dem Bewerber um eine Person handeln, die bereits erste Führungserfahrung mitbringt, will man auch Erfahrungen in der Personalbeurteilung und -entwicklung sehen:

> kann Mitarbeiter differenziert in ihren Stärken und Schwächen und in ihren Potentialen beurteilen
> kann Mitarbeiter zur leistungsorientierten Umsetzung von Wissen und Gelerntem führen
> stellt den Transfer von Seminarwissen in die Praxis durch geeignete Maßnahmen her
> sichert den Transfer von dem, was ein Mitarbeiter gelernt oder erfahren hat, in die Gruppe
> fördert das Wissen und die Erfahrungen der Mitarbeiter ohne Eifersucht oder Neigung zur Anhäufung von »Herrschaftswissen«

> plant Maßnahmen zur Personalentwicklung wirtschaftlich und bedarfsgerecht

> setzt Methoden des Bildungs-Controlling ein und orientiert daran zukünftige Planungen

> motiviert die Mitarbeiter erfolgreich zur Übernahme persönlicher Verantwortung für ihre jeweiligen Entwicklungen und Karrierewege

> setzt sich auch innerhalb des Unternehmens dafür ein, Mitarbeiter mit hohem Potential zu fördern und bekannt zu machen, ohne Angst vor »Konkurrenz von unten«

> kann gute Mitarbeiter eifersuchtsfrei neben sich »groß werden lassen«

> kann gute Mitarbeiter »freigeben« für andere Aufgaben und Positionen, wenn es dem Unternehmen dient

> kann gute Mitarbeiter halten und Fluktuation von vielversprechenden Nachwuchskräften verhindern

> nimmt persönliche Entwicklungswünsche der Mitarbeiter in seine Planungen zur Entwicklung und Förderung auf

> lebt den Mitarbeitern die Bereitschaft zur ständigen Weiterbildung und Leistungssteigerung vor

> erkennt die Grenzen von Entwicklungsfähigkeit und -willigkeit bei weniger geeigneten Mitarbeitern und zieht daraus die notwendigen Konsequenzen.

Vor allem die zweite Liste sollten Sie sich zu Herzen nehmen, wenn Sie eine Führungsaufgabe übernommen haben und diese als Basis Ihrer Karriere betrachten.

Zu diesem Themenkomplex gibt es meines Wissens keine Psycho-Tests. Man wird Sie im Interview befragen, sich diskret bei Ihrem bisherigen Arbeitgeber erkundigen oder bei Personen, die Sie kennen. Vielleicht arbeitet ein ehemaliger Kollege bereits in dem Unternehmen, bei dem Sie sich beworben haben? Vielleicht sind Ihr heutiger und Ihr zukünftiger Arbeitgeber Kunden desselben Unternehmensberaters?

Wenn Sie als Nachwuchskraft innerhalb Ihres bisherigen Unternehmens an einem Auswahlverfahren teilnehmen, dann hat man Sie vermutlich vorher schon mit Projektleitungen oder ähnlichem betraut und schließt aus Ihrem Verhalten, wie Sie sich vermutlich in Zukunft um die Entwicklung von Mitarbeitern bemühen werden.

In einem Einstellungsinterview rechnen Sie mit Fragen wie:

> Beschreiben Sie doch einmal einige Ihrer bisherigen Mitarbeiter (Kollegen, falls Sie noch keine Führungserfahrung haben).

Man will natürlich nicht wissen, wie die Leute aussehen, sondern ob Sie Aussagen zu Stärken und/oder Schwächen machen können. Auch wenn man nicht beurteilen kann, ob Ihre Einschätzungen richtig sind, kann man sehr wohl heraushören, ob Sie über andere jemals nachdenken und an konkreten Beispielen Ihre Einschätzungen festmachen können.

> Wenn Sie an Ihre bisherigen Mitarbeiter (Kollegen) denken, welche Aufgaben wären für diese besonders geeignet, und was würden Sie dafür tun?

Aus Ihrer Antwort hört man heraus, ob Sie einen Blick für Potentiale haben oder nur nach aktuellen Fähigkeiten und Wissensständen einteilen. Man erfährt, ob Sie sinnvoll erläutern können, wie man eine Person aus ihrem bisherigen in einen anspruchsvolleren Aufgabenbereich führen kann.

> Welche Elemente zur Personalentwicklung kennen Sie? Wie beurteilen Sie diese?

> Wie sichern Sie, daß neue Erkenntnisse und neues Wissen eines Mitarbeiters auch den Kollegen zugute kommen?

> Wie würden Sie sichern, daß zum Beispiel Theoriewissen aus Seminaren in die Praxis übertragen wird?

> Was würden Sie zur Kontrolle der Sinnhaftigkeit und der Wirtschaftlichkeit von Weiterbildungsmaßnahmen tun?

> Wie würden Sie für einen bestimmten Mitarbeiter ein persönlich zugeschnittenes Entwicklungskonzept entwerfen, umsetzen und kontrollieren?

> Welche Kompetenzen, Kenntnisse, Fähigkeiten und Qualifikationen werden Ihre zukünftigen Mitarbeiter vermutlich langfristig am dringendsten brauchen? Was tun Sie dafür, auch in Zukunft immer ein Top-Team zu haben?

> Wie sichern Sie, daß dem Unternehmen wirtschaftlich alle Ihre Maßnahmen zur Personalentwicklung konkret und nachweislich nutzen?

Bevor Sie sich für eine Führungsaufgabe bewerben, sollten Sie sich unbedingt mit diesen Themen beschäftigen. Sprechen Sie in einem Rollenspiel – zum Beispiel mit einem Freund – Ihre Antworten laut aus. Sie dürfen auf keinen Fall im realen Einstellungsinterview den Eindruck erwecken, als hätte erst die Frage Sie auf die Idee gebracht, darüber nachzudenken, was man für seine Mitarbeiter tun kann.

Wenn Sie bemerken, daß Ihnen dieses Thema im Grunde ziemlich egal ist, dann sollten Sie von Führungsaufgaben Abstand nehmen. Das heißt ja nicht, daß

Sie als Sachbearbeiter in untergeordneter Stellung bleiben müssen. Sie können zum Beispiel Management-Funktionen mit mehr administrativen oder repräsentativen Aufgaben übernehmen. Als Führungskraft mit engem Mitarbeiterkontakt würden Sie wohl scheitern und von der nächsten Verschlankungs- und Reorganisationswelle weggeschwemmt werden. Denn Leute, die sich nicht um Personalentwicklung in ihrem Bereich kümmern (können), sind genau jene Führungskräfte, die niemand braucht.

6. Vertrauensfähigkeit

Vertrauensfähigkeit gehört zur Delegationsfähigkeit und wird im Interview bei Bewerbern für Führungspositionen gesucht. Es geht nicht an, daß eine Führungskraft zwar Aufgaben und Verantwortungen delegiert, die dadurch für sich selbst gewonnene Zeit jedoch wieder durch mißtrauisches Kontrollieren verliert. Dann ist es besser – auch um Frust bei den Mitarbeitern zu vermeiden –, die potentielle Führungskraft verbleibt in ihrer bisherigen Position und erledigt alles selbst.

Vertrauensfähigkeit gehört ebenfalls zur Bereitschaft, bereichsübergreifend zusammenzuarbeiten, und zur Kommunikationsfähigkeit. Unsichere Führungskräfte fürchten stets um ihre Macht und um ihre Position. Der »Feind« wird zum Beispiel unter den eigenen Mitarbeitern ausgemacht. »Ist da jemand, der mir am Stuhl sägt?« »Habe ich einen Rädelsführer in meinem Team?« »Rottet sich jemand mit anderen gegen mich zusammen?« Kein Wunder, daß er bei seinen Beobachtungen bald auch Verhaltensweisen feststellt, die seine Befürchtungen bestätigen. Irgendwann fangen unsichere Vorgesetzte an, gegen ihre eigenen Mitarbeiter zu kämpfen. Niemand darf sich profilieren, Freundschaftsbeziehungen und »Cliquen« müssen sofort zerschlagen werden. Leistungsorientierte Mitarbeiter und solche, die es nicht nötig haben, sich am Arbeitsplatz unterdrücken zu lassen, kehren diesem Vorgesetzten den Rücken.

Unsichere Führungskräfte wittern den »Feind« auch bei gleichrangigen Kollegen und in den Reihen der Mitarbeiter anderer Abteilungen. Was man im täglichen Leben als »Fremdenfeindlichkeit« bezeichnet, findet sich in Kleinformat als »Abteilungsdenken« in der Arbeitswelt wieder. Mißtrauisch werden anderen Führungskräften feindliche Absichten und Übergriffscharakter unterstellt. Die anderen sollen nicht wissen, was sich im eigenen Bereich abspielt. Wehe dem eigenen Mitarbeiter, der sich Freunde in der fremden Abteilung sucht! Was als Förderung von Teamfähigkeit im eigenen Bereich beginnt, steigert sich zu Bunkermentalität. »Kein Außenstehender darf etwas über unsere Internas erfahren!« »Laßt euch nicht aushorchen!« »Die anderen sind sowieso gegen uns!« Das sind die Botschaften des mißtrauischen Vorgesetzten an seine Mitarbeiter.

Vertrauensbereitschaft erkennt man bei einer Führungskraft an Merkmalen wie:

> sucht regelmäßig den Kontakt zu Führungskräften und Mitarbeitern anderer Bereiche
> fördert die bereichsübergreifende Zusammenarbeit zum Beispiel in Projekten
> informiert offen über Belange (Erfolge, Probleme, Erfahrungen) des eigenen Bereichs
> fördert innerhalb des eigenen Teams die vertrauensvolle Zusammenarbeit
> fördert erfolgreiche Mitarbeiter und läßt ihnen ihre Erfolge
> reagiert positiv auf die Erfolge anderer Bereiche und anderer Führungskräfte
> verzichtet auf pingelige Kontrollen delegierter Aufgaben
> geht davon aus, daß Mitarbeiter auch ohne »Aufsicht« zuverlässig arbeiten
> betreibt innerhalb des eigenen Bereichs und darüber hinaus eine offene Informationspolitik und mißbraucht Informationen nicht als Machtfaktoren
> reagiert angstfrei auf »Cliquen« und Grüppchenbildung der Mitarbeiter
> stärkt den eigenen Mitarbeitern bei Problemen den Rücken
> läßt den Mitarbeitern bei ihrer Arbeit weitgehend freie Hand und fördert die Selbständigkeit
> fördert Eigeninitiative und Entscheidungsfreude der Mitarbeiter
> läßt Fehler zu, wenn Mitarbeiter Neues probieren, und fördert Kreativität
> verzichtet darauf, jede Kleinigkeit über den eigenen Schreibtisch gehen zu lassen
> läßt Mitarbeitern auch bei der Zusammenarbeit mit Außenstehenden möglichst freie Hand
> gibt Erfolge der Mitarbeiter nicht als eigene aus, sondern stellt statt dessen deren gute Leistungen nach außen positiv dar.

Vertrauensfähigkeit darf allerdings nicht das Resultat eigener Überforderung oder einer Laissez-faire-Mentalität sein. Es geht nicht an, daß die Mitarbei-

100

ter nur deshalb freie Hand haben, weil der Chef in seiner Arbeit versackt ist oder sich nicht die Mühe macht, seine Führungsverantwortung zu übernehmen.

Vertrauensfähigkeit wird oft in Psycho-Tests untersucht. Man will wissen, ob ein Bewerber unter mangelndem Selbstbewußtsein, Verfolgungsängsten oder Kontrollzwängen leidet. Die Tests gehen nicht so weit, daß sie zum Beispiel Neurosen oder Angstkrankheiten diagnostizieren könnten. Aber sie geben doch einen Hinweis, ob der Bewerber eher vom Guten oder eher vom Bösen bei seinen Mitmenschen ausgeht, ob er sich sicher oder schnell von Feinden umzingelt fühlt.

Auch die Körpersprache, Haltung, Gestik, Mimik, offener Blickkontakt etc., sind wichtig für die Einschätzung. Daß sich vor allem junge Personalberater dabei manchmal ein wenig zu sehr als Hobby-Psychologen betätigen, ist meist unvermeidlich.

Sie sollten sich für Ihre Karriere einmal mit Körpersprache befassen, damit Sie nicht Opfer der Verhaltensanalysen eifriger Jungberater werden. Auch für Ihre späteren Aufgaben als Führungskraft, Kundenberater, Repräsentant des Unternehmens oder an anderen exponierten Stellen ist die überzeugende Selbstdarstellung und »Haltung« wichtig.

Im Einstellungsinterview rechnen Sie zum Thema Vertrauensfähigkeit mit folgenden Fragen:

> Wo sehen Sie die Grenzen einer offenen Informationspolitik?
> Wie würden Sie sicherstellen, daß von Ihnen delegierte Aufgaben ordnungsgemäß erledigt werden?
> Wie sichern Sie ab, daß keine Internas nach außen dringen?
> Woran würden Sie bei Ihren Mitarbeitern Cliquenbildung erkennen?
> Was tun Sie, wenn Sie Cliquenbildung in Ihrem Bereich feststellen?
> Welche Informationen sollte man als Führungskraft nicht weitergeben?
> Sind Sie schon einmal von einem Mitarbeiter oder Kollegen in Ihrem Vertrauen enttäuscht worden?
> Wie behalten Sie selbst über Abläufe und Vorkommnisse in Ihrem Bereich die Kontrolle?
> Wie würden Sie herausfinden, wenn man gegen Sie Intrigen schmiedet?
> Glauben Sie, daß es in einem Team richtig ist, wenn einzelne Mitarbeiter sich mit individuellen Leistungen hervortun?
> Welche Aufgaben und Informationen würden Sie nicht an Mitarbeiter weitergeben?
> Wie stehen Sie zu dem Spruch: »Wissen ist Macht«?

> Was bedeutet »Teile und herrsche« für Sie?
> Was würden Sie tun, wenn Sie feststellen, daß einer Ihrer Mitarbeiter eine einflußreichere Position anstrebt?
> Wie informieren Sie sich über das, was sich in anderen Abteilungen abspielt?
> Wie stehen Sie zu der Erkenntnis: »Vertrauen ist gut, Kontrolle ist besser«?
> Wie sichern Sie ab, daß Ihre Mitarbeiter und andere Personen Sie nicht für einen Schwächling halten? Was wäre vermutlich die Folge, wenn man Sie für schwach hielte?
> Kennen Ihre bisherigen Mitarbeiter (oder Kollegen) die Grenzen Ihrer Vertrauensbereitschaft? Wissen sie, wo Sie lieber doch Kontrolle ausüben?

Wird bei Ihnen im Auswahlverfahren ein Mangel an Vertrauensbereitschaft festgestellt, sind die Chancen für eine Führungsposition eher schlecht. Das ist auch richtig so. Mißtrauische und verschlossene Menschen können durchaus in Revision und Forschung gute Dienste leisten. Als Führungskräfte sind sie jedoch eine Frustquelle für andere und ein Hindernis für den eigenen Erfolg. Mißtrauische Führungskräfte werden schnell zum Engpaß. Sie überlasten sich selbst mit ihren Kontrolltätigkeiten. Vieles bleibt liegen, weil sie nichts weitergeben können, was sie noch nicht eingehend durchgesehen haben. Für das Unternehmen entsteht auch dadurch Schaden, daß sie gute Mitarbeiter am Aufstieg hindern.

7. Vorbildfunktion

Wenn Sie als potentielle Führungskraft im Auswahlverfahren stehen, wird man sich sehr wohl Gedanken darüber machen, welches Vorbild Sie vermutlich für Ihre Mitarbeiter abgeben werden.
Man erwartet von einer Führungskraft als Vorbild folgende Verhaltensweisen:
> geht zielstrebig und positiv an Vorhaben und Entscheidungen heran
> lebt kundenorientiertes und wirtschaftliches Verhalten vor
> achtet im Team auf einen hohen Leistungs- und Qualitätsanspruch und auf faires Miteinander
> lebt ethisches und werteorientiertes Verhalten vor

- > fördert bereichsübergreifendes Arbeiten
- > verzichtet auf Statusdenken, aber auch auf gleichmacherische Kumpanei
- > verlangt von Mitarbeitern nicht mehr als von sich selbst
- > ist in der äußeren Erscheinung (Kleidung, Frisur etc.) und im persönlichen Auftreten mit externen wie internen Partnern vorbildlich
- > delegiert und vertraut auf die Leistungen der Mitarbeiter, übernimmt in Notfällen jedoch auch selbst unterqualifizierte Aufgaben
- > hält sich im Team weder persönliche Lieblinge noch »Prügelknaben«
- > orientiert sich an den Normen des Unternehmens.

Um festzustellen, ob Sie sich Ihrer Vorbildfunktion als Führungskraft auch ausreichend bewußt sind, könnte man Ihnen Fragen stellen wie:
- > Worin sollte eine Führungskraft den Mitarbeitern Vorbild sein?
- > Was sollen sich Ihre Mitarbeiter bei Ihnen abschauen?
- > Welche Vorbilder haben Sie geprägt?
- > Was verstehen Sie unter »vorbildlich«?
- > Was sollten Ihre Mitarbeiter besser nicht von Ihnen übernehmen?
- > Wie wollen Sie bewußt Arbeits- und Umgangsstil Ihres Teams prägen?
- > Wofür möchten Sie mit Ihrem Team im Gesamtunternehmen vorbildlich sein?

Sprechen Sie in diesem Zusammenhang ruhig auch eigene Fehler an. Das wirkt selbstkritisch. Sie sollen Ihren Mitarbeitern schließlich auch selbstkritisches Verhalten vorleben.

8. Siegeraura

Was genau unter einer »Siegeraura« zu verstehen ist, läßt sich nur schwer beschreiben. Flapsig könnte man sagen: »Man hat es, oder man hat es nicht.« Denken Sie an Politiker. Besonders vor der Wahl, im Kampf um die Stimmenmehrheit, kann man bei bestimmten Politikern eine deutliche Siegeraura wahrnehmen. Sie treten auf, als wäre ihnen der Wahlsieg gewiß. Andere stellen sich statt dessen wie Buchhalter oder Schulmeister vor die Wähler und die Kameras. Sie erklären logisch und sachlich, mehr oder weniger leidenschaftlich, was ihrer

Meinung nach politisch getan werden sollte und was sie im Falle des Wahlsiegs zu tun gedenken. Das mag inhaltlich in Ordnung und überzeugend sein. Mit »Siegeraura« hat es aber nichts zu tun.

Bill Clinton hat sich vor seiner Wiederwahl ganz bewußt mit Siegergesten und in Siegerposen dargestellt. Der Erfolg gab ihm recht.

Wozu brauchen Unternehmen Menschen mit Siegeraura? In Großbanken und Konzernen braucht man sie zum Beispiel für die Außendarstellung und Repräsentanz des Unternehmens. Krisengeschüttelte Firmen stellen gelegentlich »Sieger« ein, um die interne Stimmung aus Niedergeschlagenheit und Angst wieder in Begeisterung und Leistungsbereitschaft umschlagen zu lassen. Parteien und Bürgerinitiativen sollten an ihrer Spitze zur Außendarstellung »Sieger« einsetzen. Damit steigern sie das Vertrauen in ihre Fähigkeit und die Erfolgserwartungen derer, von denen sie Unterstützung brauchen.

Wenn Sie bereits beim Lesen dieser Zeilen eine Gänsehaut bekommen und sich empört von »solchen Manipulationen und Mätzchen« abwenden, dann haben Sie vermutlich keine Siegeraura. Daß Sie deshalb wie ein »Verlierertyp« aussehen, ist nicht unbedingt gesagt. Vielleicht gehören Sie auch eher zu den trocken, seriös, gewissenhaft, vergeistigt oder neutral wirkenden Menschen. Für die meisten Positionen braucht man nicht zwangsläufig eine Siegeraura.

Es ist sehr schwer, sich eine Siegeraura bewußt zuzulegen. Man kann zwar viel über Training besonders im Bereich Körpersprache erreichen, im Grunde sollte sie aber in der Persönlichkeit bereits angelegt sein. Niemals kann auch der beste Trainer einem Menschen zu Siegeraura verhelfen, wenn der Betreffende tief in seiner Seele den »Blödsinn« nicht akzeptiert. Man denke nur an Politiker, die auch nach intensivsten parteiinternen Trainings bis zum Tage der Wahl ohne jede persönliche Ausstrahlung bleiben. Die Partei begreift manchmal erst nach der Wahl, daß weniger das Programm als die nichtssagende Persönlichkeit des Kandidaten das Desaster verursacht hat.

Wenn ein Unternehmen gezielt nach einer Persönlichkeit mit Siegeraura sucht, wird es das in der Regel nicht selbst machen, sondern einen Headhunter beauftragen. Es gehört zum Geschäft professioneller Headhunter, stets und überall nach »Siegertypen« in allen Branchen und Positionen Ausschau zu halten und deren berufliche Entwicklung zu verfolgen. Wenn sie dann einmal einen »Siegertyp« brauchen, werden sie ihn diskret ansprechen, ob eine berufliche Veränderung gelegen käme.

Wenn Sie einen Vorstellungstermin haben oder zu einem Assessment-Center eingeladen wurden, dann brauchen Sie sich um Ihre Siegeraura im Grunde keine Gedanken zu machen. Entweder Sie sind im Auswahlverfahren, weil Sie darüber verfügen, oder die Siegeraura ist nicht so wichtig. Aber wie ein Verlierer dürfen Sie in keinem Fall aussehen. Das ist immer karriereschädigend.

9. Selbstdarstellungsfähigkeit

Jede Bewerbung um einen Arbeitsplatz ist letztlich eine Verkaufsveranstaltung. Es hängt von der Marktsituation ab, ob sich viele Bewerber um knappe Stellen bemühen oder ob dringend suchende Unternehmen um seltene Kandidaten konkurrieren. Jeweils die Partei, die darauf angewiesen ist, sich gut darzustellen, tritt auch als »Verkäufer« auf.

Wenn Sie zu einem Assessment-Center oder einem Vorstellungsgespräch eingeladen wurden, sind Sie vermutlich die Person, die »sich verkaufen« muß. Man beobachtet sehr kritisch, wie gut es Ihnen gelingt, Ihre Vorzüge zur Geltung zu bringen. Treten Sie souverän und selbstbewußt auf? Sind Ihre positiven Selbstaussagen überzeugend? Können Sie Ihren Wert glaubhaft vertreten?

Manchem Bewerber fällt es schon von der eigenen Überzeugung her schwer, sich selbst »so dreist anzubieten« oder »aufzublähen«. Wenn Sie glauben, Bescheidenheit als moralische Tugend pflegen zu müssen, sinken Ihre Chancen beim potentiellen Arbeitgeber. Man befürchtet dann, daß Sie später ebensowenig in der Lage sind, das eigene Unternehmen oder die eigenen Produkte gut am Markt darzustellen. Bedenken Sie bitte, daß man in der Regel keine Mitarbeiter oder gar Führungskräfte mit »edlen Tugenden« einstellt, sondern Persönlichkeiten mit überzeugender Ausstrahlung und gesundem Selbstwertgefühl.

Auf der anderen Seite dürfen Sie auch nicht »auf den Putz hauen« und sich als die Top-Besetzung aller Zeiten präsentieren. Hinter offensichtlicher Angeberei werden vor allem Minderwertigkeitskomplexe vermutet. Man muß außerdem befürchten, daß Sie später bei Kunden als Aufschneider und Blender einen schlechten Eindruck hinterlassen.

So wie Sie sich im Bewerbungsverfahren »verkaufen«, werden Sie bei Übernahme auch das Unternehmen am Markt oder Ihren Bereich innerhalb des Unternehmens »verkaufen«. Darüber denken Ihre Gesprächspartner kritisch nach. Das sollten Sie auch tun.

10. Charisma

Charismatische Menschen verfügen über eine mitreißende Ausstrahlung und Sympathie. Sie können begeistern und anfeuern. Man ist fasziniert und folgt ihnen freiwillig.

Der negative Aspekt kann sein, daß ein charismatischer Mensch seine Ausstrahlung mißbraucht und sich ein Gefolge von verblendeten, willenlosen Anhängern schafft. Sektengründer und »strahlende Sterne« zweifelhafter Parteien oder Bewegungen treten gelegentlich als »Dämonen« und »Rattenfänger« auf.

Vor allem in Unternehmen, die sich erst neuerdings im harten Wettbewerb behaupten müssen, ruft man verzweifelt nach charismatischen Führungskräften. Man will endlich weg von den Obersachbearbeitern in Chefsesseln und Persönlichkeiten einsetzen, die noch eine »Mission« haben und das Personal mitreißen können. Die Deutsche Bahn AG, die Sparkassen, die AOK und das, was von der guten alten Post noch übrig ist, sie alle sehnen sich nach »Charismatikern«. Leider handelt es sich dabei nicht gerade um Unternehmen, zu denen ein charismatischer Mensch sich hingezogen fühlt.

Ob Sie über Charisma verfügen oder nicht, werden Sie wahrscheinlich wissen. Vielleicht haben Sie aber auch schon versucht, sich in Seminaren Charisma anzueignen. Das funktioniert leider nur sehr begrenzt. Es handelt sich um eine eher angeborene Eigenschaft. Auch hier gilt: Man hat es, oder man hat es nicht.

Leider können auch Unternehmen, die bevorzugt charismatische Führungspersönlichkeiten einstellen wollen, solche Menschen gar nicht verkraften. Charismatiker lassen sich nicht in einen fest geregelten Betrieb einordnen. Sie produzieren Wirbel und beängstigende Unruhe. Sollten Sie ein Mensch mit Charisma sein, gründen Sie lieber Ihr eigenes Unternehmen oder gehen Sie in eine Branche, die noch aus sich heraus dynamisch und lebhaft ist. Gehen Sie in die Werbung, in die Beratung oder zu den Medien. Meiden Sie Unternehmen, die sich aus ihrem grauen Verwaltungstrott heraus nach Charisma sehnen. Man würde Sie vom ersten Arbeitstag an systematisch zum Durchschnittslangweiler zurechtzustutzen versuchen. Einen Charismatiker haben wollen und ihn dann in den eigenen Reihen ertragen können, sind zwei verschiedene Dinge.

Liste 3:
Methodenkompetenz

1. Moderatoren-Know-how

Auch wenn Sie nicht sofort in einer Führungsfunktion eingesetzt werden, müssen Sie grundlegendes Moderatoren-Know-how mitbringen. Das gehört mittlerweile einfach zum Standard. Sie müssen die verschiedenen Techniken des Brainstormings kennen und in der Lage sein, eine Arbeitsgruppe im Workshop zu leiten. Machen Sie sich zumindest mit dem Mindmapping und den diversen Möglichkeiten der Kartenabfragen vertraut. Sie sollten Kreativitäts-Techniken kennen und wissen, wie man eine Gruppe zu einer gemeinsamen Entscheidung führt.

Rein theoretisch sollten Sie die verschiedenen Rollen eines Moderators kennen. Praktisch wird man Sie vielleicht einen Workshop leiten lassen. Achten Sie dann darauf, daß Sie schnell zum Visualisieren kommen, die Gruppe nicht dominieren, sich aber auch nicht unterbuttern lassen.

Rechnen Sie mit Fragen wie:
> Wann sollte ein Moderator neutral zur Sache stehen, und wann ist es angebracht, daß er die eigene Meinung in die Gruppe einbringt? Schildern Sie mögliche Beispiele.
> Wie würden Sie mit einer Arbeitsgruppe Ideen sammeln und Konzepte entwickeln? Beschreiben Sie Ihr Vorgehen als Moderator.
> Wie kann man in einer Gruppe Kreativität fördern?
> Wie würden Sie besonders stille Teilnehmer eines Workshops in den Gruppenprozeß integrieren?
> Wie bekommen Sie Störer und Gruppenclowns in den Griff?
> Welche Probleme oder Entscheidungen würden Sie als Führungskraft in Workshops mit Ihren Mitarbeitern und welche würden Sie allein bearbeiten? Vielleicht wird man Sie auch gar nicht zu dem Thema befragen und Sie di-

rekt mit einem Moderatorenkoffer ausrüsten und beauftragen, mit einer Gruppe eine Aufgabe zu lösen. Vielleicht sollen Sie zum Beispiel ein Marketingkonzept entwickeln oder zwei Meinungsparteien zu einer Einigung führen oder einen fiktiven Konflikt innerhalb der Gruppe bearbeiten.

Man erwartet von Ihnen:
1. den sicheren Umgang mit Techniken und Medien der Moderation und
2. die Fähigkeit zur Steuerung von Gruppenprozessen.

2. Projektmanagement-Techniken

Projektarbeit nimmt heute einen immer größeren Raum ein. Traditionelles Arbeiten in festen Abteilungen wird es dennoch weiterhin für Linienfunktionen und Routineaufgaben geben. Zur Erreichung von bestimmten Zielen, zur Umsetzung von neuen Strategien, zur Einführung neuer Verfahren etc. wird jedoch zunehmend die bereichsübergreifende Projektarbeit wichtig.

Fähigkeit und Bereitschaft zur Projektarbeit ist somit eine Voraussetzung. Eine andere ist der sichere Umgang mit Tools, Techniken und Methoden oder Vorgehensmodellen.

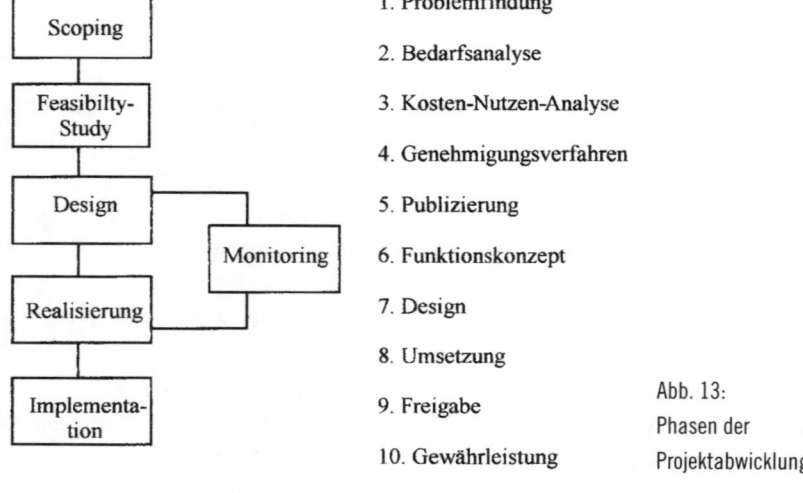

1. Problemfindung
2. Bedarfsanalyse
3. Kosten-Nutzen-Analyse
4. Genehmigungsverfahren
5. Publizierung
6. Funktionskonzept
7. Design
8. Umsetzung
9. Freigabe
10. Gewährleistung

Abb. 13:
Phasen der
Projektabwicklung

108

Achten Sie bitte darauf, daß Sie sich über die in Ihrer Branche üblichen Techniken des Projektmanagements immer aktuell informieren. Das gilt nicht nur für den einmaligen Anlaß der Bewerbung, sondern generell für Ihre berufliche Laufbahn. Lesen Sie aktuelle Bücher und Fachzeitschriften. Informieren Sie sich über neue Entwicklungen und über Praxiserfahrungen.

Projektmanagement im Bereich der Architektur unterscheidet sich in der Theorie kaum von dem im Bereich der Datenverarbeitung oder des Marketing. Es werden jedoch unterschiedliche Tools eingesetzt und unterschiedliche Methoden mit zum Beispiel jeweils auch spezifischen Sprachcodes angewendet.

Wahrscheinlich wird man Sie im Einstellungsinterview wie folgt nach Ihren diesbezüglichen Kenntnissen und Erfahrungen befragen:
> Welche Tools zum Projektmanagement kennen Sie?
> Nach welchem Vorgehensmodell haben Sie bislang gearbeitet?
> Wie sehen Sie die Einsatzmöglichkeiten von XY (Name eines Tools oder einer bestimmten Technik)?
> Welche Erfahrungen haben Sie bisher im Bereich des Projektmanagements gemacht?
> Was sind in Ihren Augen die wichtigsten Erfolgsfaktoren bei einem Projekt?
> Was war bei Ihren bisherigen Projekten besonders für Erfolg oder Mißerfolg (Probleme, Verzögerungen) verantwortlich?
> Welches Ihrer bisherigen Projekte würden Sie heute anders durchführen? Warum?
> Wenn Sie die Wahl hätten: Welche Tools, Techniken und Verfahren würden Sie für welche Projekte bevorzugen?

Rechnen Sie bitte auch mit Fragen nach »Gurus« im Bereich des Projektmanagements. Ein wenig »Name-dropping« kann nie schaden.

Richten Sie sich bitte auch darauf ein, daß man Ihnen eine Aufgabe stellt, welche die konzeptionelle Planung eines Projektes beinhaltet. Je nach Branche könnte das sein:
> Entwickeln Sie ein Konzept zur Umstellung der Personalabteilung als Dienstleistungszentrum.
> Wenn Sie ein neues Produkt vermarkten sollten, wie würden Sie vorgehen?
> Stellen Sie sich vor, Sie sollten ein Projekt zur Geschäftsprozeß-Optimierung leiten.

> Stellen Sie dar, wie Sie bisher DV-Umstellungen durchführten. Begründen Sie Ihr Vorgehen und den Einsatz der Tools.
> Wie würden Sie ein Einkaufszentrum realisieren?

Wenn Sie eine solche Aufgabe bekommen, erwartet man eine schriftliche Skizze zu Ihrem Konzept, das Sie dann auch erläutern müssen. Bei dieser Gelegenheit schaut man auch gleich auf Ihre rhetorischen Fähigkeiten und auf Ihre Überzeugungskraft. Vernachlässigen Sie diese Aspekte nicht!

Gern wird dem Kandidaten auch eine Aufgabe gestellt, die inhaltlich nichts mit seinen bisherigen oder zukünftigen Aufgaben zu tun hat. Man will vermeiden, daß er sich in fachlichen Details verliert. Außerdem kann man dann auch gleich Schlagfertigkeit, geistige Flexibilität, Kreativität und Abstraktionsvermögen prüfen.

Es kann sein, daß man Sie zu einem Auswahlverfahren für DV-Leiter eingeladen hat und Sie darstellen läßt, wie Sie eine Imkerei in Pakistan aufbauen würden. Die dümmste Reaktion darauf wäre: »Weiß ich nicht. Kenn ich nicht. Hab ich noch nie gemacht.«

Wenn Sie zu derart hilflosen Reaktionen neigen, sollten Sie generell die Finger von Projektarbeit lassen. Das ist dann wirklich nicht Ihre Stärke. Vermutlich kommen Sie eher in Routinejobs im Rahmen einer Linienfunktion zu Spitzenleistungen.

3. TQM-Know-how

Qualität ist immer ein Thema. Unternehmen haben zunehmend Probleme im Bereich Produkthaftung, und die Folge ist ein verbreitetes Einsetzen von institutionalisierten Qualitätssicherungsverfahren.

Es ist zwar richtig, daß in der Regel eine Zertifizierung – z.B. nach EN ISO 9000 – keine tatsächlichen Auswirkungen auf die Arbeitspraxis hat, aber manche Zulieferer finden keine Auftraggeber mehr, wenn sie das Zertifikat nicht haben. Also läßt man irgendeinen Manager ein Projekt zum Thema Qualität durchführen mit dem Ziel, die Zertifizierung zu erreichen. Man bastelt mühselig ein QS-Handbuch, dressiert ein paar Mitarbeiter für die Begegnung mit dem Zertifizierer und kann sich schließlich die Urkunde in die Empfangshalle hängen.

Schon nach kürzester Zeit hat keiner der Mitarbeiter mehr eine blasse Ahnung davon, was bezüglich des eigenen Arbeitsbereichs an Regelungen im QS-Handbuch steht. Das bleibt ungenutzt, bis die Zertifizierer zur Nachprüfung ins Haus rücken. TQM liegt natürlich über EN ISO 9000, trotzdem hat sich auch in den TQM-geprägten Unternehmen selten etwas Wesentliches geändert. Für Kaizen und andere Moden des Managements gilt das gleiche.

Wenn Sie in einem Bewerbungsverfahren von TQM oder sonstigen QS-Strategien schwärmen, hält man Sie für naiv. Das dürfen sich wirklich nur Frischlinge von der Uni leisten. Äußern Sie sich andererseits oberkritisch zu dem Thema, könnte man in Ihnen einen unflexiblen Betonkopf vermuten, der sich auch in Zukunft gegen jede Neuerung sperren wird.

Versuchen Sie im Bewerbungsgespräch zu diesen Themen möglichst wertneutral zu bleiben. Sagen Sie Dinge wie:»Es kommt natürlich immer darauf an, wie man es in der Praxis umsetzt.«

Das gleiche gilt für Modethemen wie Lean Management, Öko-Management, virtuelle Abteilungen, interne Servicedienste als Profitcenter, Benchmarkings, Changement, Zielsysteme und so weiter. Wenn Sie wissen, daß in dem Unternehmen, bei dem Sie sich gerade bewerben, Projekte zur Einführung von TQM oder sonstigem laufen, sollten Sie selbstverständlich Begeisterung dafür zum Ausdruck bringen. Pech haben Sie allerdings, wenn ausgerechnet der Sie betrachtende Personalchef gegen diese neumodischen Dinge ist.

Wenn Sie klug sind, behalten Sie Ihre Meinung zu diesem oder jenem für sich und wittern, was man von Ihnen hören möchte. Sie können sich natürlich auf den Standpunkt stellen, daß es eine Frage des Charakters ist, sich offen und ehrlich zu äußern. Aber während Ihres Berufslebens werden sich noch so oft die Managermoden ändern, daß es auch Ihnen irgendwann ziemlich schnuppe sein wird, was in amerikanischen Think-Centers ausgebrütet und von deutschen Unternehmensberatungen Ihrem Arbeitgeber aufgedrückt wird. Irgendwie haben alle diese Theorien ihr Gutes, überbewerten sollte man sie dennoch nicht. Im Schnitt halten sich die Moden drei bis sechs Jahre. Das ist im Verhältnis zu Ihrer Gesamtarbeitszeit recht wenig.

Darum auch folgende Warnung: Niemals sollten Sie sich – außer bei echter Not und Arbeitslosigkeit – auf einen Job einlassen, der ausschließlich dem Thema Qualität (oder einer der anderen Moden) gewidmet ist. Das sind berufliche Sackgassen. In den meisten Firmen nimmt man zum Beispiel als Projektleiter zur Einführung von TQM (oder Öko etc.) erfolglose Altmanager, die man nicht rauswerfen kann. Steht eine solche Person nicht zur Verfügung, stellt man notgedrungen jemanden ein. Wenn Sie sich darauf einlassen, haben Sie vielleicht für zwei oder drei Jahre einen wichtigen Job. Danach ist das Thema out, und Sie können bis zum Sankt-Nimmerleins-Tag Handbücher pflegen, die keiner liest. Oder Sie machen sich wieder auf Bewerbungstour und sind inzwischen Top-Profi in einem Bereich, der längst aus der Mode ist.

Qualität ist zur Zeit eines der großen Themen. Für anspruchsvolle Positionen in der Führung und im Spezialistenbereich erwartet man, daß Bewerber sich sachlich auskennen. Sie müssen die Gurus und deren Theorievarianten kennen. Sie müssen wissen, wie die Theorien sich unterscheiden und wie sie in der Praxis anzuwenden sind. Dabei brauchen Sie einerseits Generalistenwissen zum Thema Qualität und andererseits Spezialwissen zum Thema in Zusammenhang mit Ihrer Branche. Sie sollten die Fachliteratur kennen und möglichst Erfahrungen aus Ihrem bisherigen Arbeitsumfeld mitbringen. Sie sollten auch bereits so viel über den von Ihnen angestrebten Arbeitsplatz oder Aufgabenbereich wissen, daß Sie dazu konkrete Angaben machen können, wie Sie dort – falls man Sie einstellt – die Qualität steigern wollen.

Man erwartet von Ihnen konkret, daß

> Sie die Theorien von TQM, Kaizen und anderen QS-Systemen erklären und in ihrer Bedeutung bewerten können
> Sie schlüssige Beziehungen zwischen TQM, Kundenorientierung und unternehmerischem Erfolg herstellen können
> Sie wissen, wie man Projekte zur Zertifizierung und/oder zur Umsetzung von TQM plant und durchführt
> Sie die Erfolgsfaktoren solcher Projekte kennen (Auswahl des Projektleiters, Pilotierung, Einbindung von Betroffenen, Controlling etc.)
> Sie nachweisen können, wo und wie Sie an QS-Projekten beteiligt waren
> Sie Referenzen über Ihre erfolgreiche (Mit-)Arbeit in solchen Projekten nennen können.

Im Interview wird man Sie folgendes fragen:
> Welche Erfahrungen haben Sie mit QS-Systemen gemacht?
> Was bedeutet für Sie TQM in Ihrem persönlichen Verantwortungsbereich?
> Welches der heute gängigen QS-Systeme halten Sie für besonders erfolgreich?
> Wie würden Sie ein TQM-Projekt leiten?
> Was sind Ihrer Erfahrung nach die größten Probleme im Zusammenhang mit TQM-Projekten?

Für Ihren beruflichen Aufstieg ist es wichtig, daß Sie sich nicht nur in Ihrem Fachgebiet auf dem laufenden halten. Sie müssen sich darüber hinaus stets über die neuesten allgemeinen Entwicklungen informieren. Der Zeitpunkt kommt für viele Manager oder bisherige Top-Profis plötzlich, daß man feststellt: »Der oder die hat den Anschluß verpaßt.« Früher hatte man ab einer bestimmten Stellung vielleicht noch die Sicherheit, nie von der einmal erreichten Position vertrieben zu werden. Das gibt es heute nicht mehr. Schon ab dem vierzigsten Lebensjahr wird kritisch geschaut, ob man noch mithalten kann und Neuerungen erfolgreich mitträgt. Das gilt für TQM wie für all die anderen Theorien, die der Reihe nach entstehen und vergehen.

4. Organisations- und Planungskompetenz

Zu diesem Erfolgsfaktor gehört selbstverständlich die berühmte Postkorbübung im Assessment-Center. Darauf können Sie sich sehr gut anhand von Fachliteratur vorbereiten. Das hilft Ihnen nicht nur für Ihr Bewerbungsverfahren, es trainiert Sie auch im Hinblick auf Organisation und Selbstmanagement. Wer nicht planerisch und systematisch das tägliche Chaos in Angriff nehmen kann, sollte nicht an verantwortlicher Stelle das Sagen haben. Die Grundvoraussetzung für jede Führungskraft und für jeden Manager ist die Fähigkeit, sich selbst und den eigenen Arbeitsbereich im Griff zu behalten. Wer sich selbst nicht managen kann, kann andere auch nicht führen.

Wenn man Sie einmal eingestellt hat, sollten Sie immer auf einen ordentlichen Schreibtisch achten und auf ein höchst begrenztes Maß an Überstunden. Heute geht man davon aus, daß Manager, die sich ständig durch Papierberge wühlen und bis in die Nacht im Büro sitzen, ganz einfach überfordert sind und den Überblick verloren haben.

Ob die Postkorbübung das geeignete Mittel ist, Organisations- und Planungskompetenz zu diagnostizieren, mag dahingestellt sein. Mancher Bewerber kann sich sehr gut auf die Übung vorbereiten und dann in der Hektik der täglichen Arbeit dennoch den Überblick verlieren. Mancher kann theoretisch gut planen und organisieren, jedoch diese Fähigkeit nicht in die Praxis übertragen. Solche Schwächen wird man später in der Probezeit entlarven. Bei gehobeneren Positionen fällt sie gar nicht auf, wenn man von Anfang an die Disziplin hat, sich stur auf die Sekretärin oder Assistentin zu verlassen. Es gibt viele Chaoten, bei denen man sich wundert, wie sie jemals so hoch kommen konnten.

Unter Organisations- und Planungskompetenz versteht man folgendes an Verhalten und Einstellungen:

> Es werden realistische aber auch anspruchsvolle Ziele gesetzt.
> Aus den Zielen ergeben sich klare Prioritäten nach dem ABC-Modell.
> Termine und Vorhaben werden systematisch und möglichst langfristig geplant.
> Unter Berücksichtigung von Prioritäten werden Erledigungsreihenfolgen gesetzt und Delegationen vorgenommen.
> Die persönliche Planung wird mit Betroffenen abgestimmt und mit der Sekretärin in Einklang gebracht.
> Vorgesehene Zeitfenster und Aufwandschätzungen sind realistisch und führen zu nachvollziehbaren Terminierungen.
> Die Pläne sind straff und ohne Überschneidungen, Leerläufe, Doppelarbeiten oder Hektikphasen.
> Bei der Planung werden Freiräume für Unerwartetes miteingebaut.
> Planungshilfsmittel (Timer, PC etc.) werden sinnvoll eingesetzt.
> Konferenzen, Kundenbesuche und andere Gesprächstermine werden mit ausreichender Vor- und Nachbereitungszeit geplant.
> Über den eigenen Arbeitsbereich und über angrenzende Bereiche besteht zu jedem Zeitpunkt ein souveräner Überblick.

Rechnen Sie vor oder auch nach der Postkorbübung mit folgenden Fragen:

> Wie strukturieren Sie Ihren Arbeitsplatz?
> Wie sichern Sie ab, daß auch bei einer plötzlichen Abwesenheit von Ihnen (z.B. durch Krankheit) auf Ihrem Schreibtisch nichts liegenbleibt?
> Wer kennt sich außer Ihnen genau in Ihren Unterlagen, Terminen und Plänen aus?
> Welche Planungshilfen benutzen Sie? Warum bevorzugen Sie diese?
> Welche Organisationstechniken kennen Sie?
> Wie setzen Sie die Prioritäten in Ihrem Arbeitsfeld?
> Wie managen Sie Ihre Termine? Wie gehen Sie mit plötzlichen Terminänderungen um?
> Was behindert Sie bei einer planvollen und wohlorganisierten Arbeitsweise?
> Wie koordinieren Sie berufliche und private Planungen?

114

> Welche Optimierungsmöglichkeiten sehen Sie noch im Hinblick auf Ihren bisherigen Arbeitsstil?
> Berichten Sie, wie ein typischer Arbeitstag bei Ihnen aussieht.

Für die Postkorbübung erhalten Sie einen Stapel mit fiktiven Briefen, Protokollen, Aktennotizen, Verträgen, Telefonzetteln, Kalenderseiten etc. In einem Zeitraum von etwa einer bis eineinhalb Stunden müssen Sie dieses Material durcharbeiten und festlegen, wie Sie die Dinge regeln würden, wenn Sie der Chef in dem fiktiv dargestellten Unternehmen oder in der Abteilung wären. In manchen Assessment-Centers werden Sie während der Bearbeitung beobachtet. Das soll Ihren Streß erhöhen. Man kann dann gleich auch Ihre Belastbarkeit und Nervenstärke prüfen. Führen externe Berater das Assessment-Center durch, haben Sie gute Chancen, allein arbeiten zu können. Externe nutzen gern die Postkorbzeit für eigene Telefonate oder für Kontaktpflege im Unternehmen.

Niemals – absolut niemals! – dürfen Sie der Versuchung nachgeben, einen Blick in die scheinbar zufällig mit Ihnen im Raum zurückgelassenen Unterlagen oder Mappen der Berater zu werfen. Das ist immer eine Falle.

Bei der Postkorbübung erwartet man, daß Sie sich zuerst einen groben Überblick verschaffen und nicht sofort gründlich den ersten Zettel lesen. Das würde nach Sachbearbeitermentalität riechen. Gehen Sie in folgenden Schritten vor:

1. Grobe Sichtung der Unterlagen mit erster Priorisierung.
2. Zusammenstellung der Schriftstücke, die zu einem Vorgang gehören.
3. Sortieren nach: Wiedervorlage, an die Sekretärin, delegieren an XY.
4. Eintragen von Terminen und Aufgaben in die leeren Kalenderseiten.
5. Letzte Kontrolle von Kollisionen der Termine und von Optimierungsmöglichkeiten.
6. Festlegen der Info-Liste: Wer muß worüber informiert werden?

Nach Erledigung der Übung werden die Beobachter des Assessment-Centers mit Ihnen das Ergebnis der Übung durchgehen. Jetzt erwartet man, daß Sie von sich aus den Mund aufmachen und berichten, zu welchem Ergebnis Sie wie und warum gekommen sind. Die Beobachter sammeln auf einem Formular Punkte für jede richtig erkannte Priorität, Delegationschance, Beziehung zwischen Vorgängen, Risikomöglichkeit etc.

Wenn man sich bereits weitgehend dazu entschlossen hat, Sie einzustellen, wird man Ihnen notfalls mit sehr entgegenkommenden Fragen helfen, die notwendige Punktzahl zu erreichen. Sieht man Sie allerdings in Konkurrenz mit anderen Bewerbern, wird man Ihnen eher schweigend zuhören. Was Sie dann nicht von sich aus erwähnen, gibt auch keinen Punkt! Sagen Sie nicht nur, zu welchem Ergebnis Sie gekommen sind, schildern Sie auch Ihre Gedankengänge, Entscheidungen, Zweifel und Festlegungen auf dem Weg dahin.

5. Informationsverhalten

Das persönliche Informationsverhalten hängt sehr eng mit der Fähigkeit und Bereitschaft zu Kommunikation und Kooperation zusammen. Zunächst ist es eine Frage der Mentalität, ob jemand freigiebig mit eigenen Informationen umgeht und sich gleichzeitig notwendige Informationen selbst beschafft.

Es gibt Menschen, die sich nach erfolgreichem Studium für den Rest des Lebens gewappnet fühlen und auf weitere Informationen und Wissensinhalte verzichten. Es gibt auch Menschen, die lieber nicht zu viel an neuen Informationen aufnehmen, weil dadurch vertraute Denk- und Verhaltensmuster in Frage gestellt werden könnten. Andere wiederum interessiert gar nicht, was jenseits des eigenen Arbeitsumfeldes passiert. Und wieder andere sind zu unbeholfen zum Aufspüren neuer Fakten. Wenn Ihnen eines Tages niemand mehr »Hausaufgaben« aufgibt, ist das Ende der Wissenserweiterung erreicht. Ursachen individueller Verblödung auch nach Prädikatsexamen und Erwerb akademischer Titel gibt es zuhauf.

Anders funktionieren Leute, die Wissen als kostbaren Schatz begreifen, von dem man sich zwar viel aneignen, aber möglichst wenig herausrücken sollte. Sie gehen davon aus, daß es gut für sie ist, wenn sie selbst viel und andere kaum etwas wissen. Sie ließen schon als Schüler niemanden abschreiben.

Über die individuelle Mentalität im Umgang mit Informationen hinaus gehört auch die Beherrschung von Techniken und Methoden des erwünschten Informationsverhaltens.

Ihre Offenheit im Umgang mit Informationen, auch im Hinblick auf die persönliche Weiterentwicklung, prüft man im Zusammenhang mit Teamverhalten, Kooperations- und Lernbereitschaft. Hier geht es um Ihre methodische Kompetenz.

116

Erfolgreiches Informationsverhalten bei Führungskräften und Fachleuten ist durch folgendes Verhalten gekennzeichnet:

> Informationen werden an andere unaufgefordert weitergegeben. Dabei ist die Art der Darstellung und Vermittlung der Aufnahmefähigkeit der Zielpersonen angepaßt.
> Mitarbeiter und Kollegen werden sachlich korrekt und umfassend informiert.
> Es kommt nicht zu einer Überflutung mit Rundschreiben, Protokollen, Aktennotizen und ähnlichen Papieren.
> Es wird gesichert, daß der Informationsstand der Mitarbeiter und Kollegen aktuell bleibt, erkannte Informationsfehler und Wissenslücken ausgeräumt werden.
> Entscheidungen werden nachvollziehbar begründet.
> Der regelmäßige Informationsaustausch wird durch Teambesprechungen und andere Veranstaltungen gesichert. Es wird dabei bewußt darauf geachtet, daß auch Einzelgänger an das Informationsnetz angeschlossen sind.
> Es werden den Mitarbeitern die notwendigen Fachzeitschriften, Bücher und Datenanschlüsse bereitgestellt.
> Veränderungen, mögliche Risiken, zu erwartende Aufgaben und ähnliches werden schnellstmöglich bekanntgegeben.
> Informationswege sind transparent und zurückverfolgbar.
> Veraltete Informationen und Datenbestände werden regelmäßig bereinigt. Es kommt nicht zu »toten Ablagen« und »Datenfriedhöfen«.
> Es wird ein für alle klares Informationssystem installiert und gepflegt. Dabei kann es sich um Mailboxen, Standbibliotheken, Rundschreiben, Telefonketten oder das schwarze Brett handeln.
> Informationen für den eigenen Bedarf werden selbstinitiiert von relevanten Stellen (Fachliteratur, Datenbanken, Universitäten, anderen Unternehmen etc.) beschafft und sinnvoll nutzbar gemacht.
> Niemals werden Informationen verzerrt wahrgenommen und gefälscht weitergegeben.
> Unklare Informationsquellen und zweifelhafte Fakten werden verifiziert.
> Erwiesene Tatsachen, parteiliche Interpretationen und vage Annahmen werden als solche kenntlich gemacht.
> Informationen werden gewichtet, geordnet und zur praktischen Nutzung aufbereitet.
> Es werden ständig Kontakte zu anderen Abteilungen, Teams und Einzelpersonen gepflegt.

> Das persönliche Informationsinteresse geht über die aktuellen Notwendigkeiten des Arbeitsprozesses hinaus.

Wie sich Ihr Informationsverhalten in der beruflichen Praxis tatsächlich gestalten wird, kann man im Auswahlverfahren kaum feststellen. Das muß die Probezeit ergeben. Rechnen Sie im Interview dennoch mit Fragen wie:

> Wie halten Sie Ihr Wissen auf aktuellem Stand?
> Welche Datenbanken nutzen Sie? Wie? Wozu?
> Wie sichern Sie den reibungslosen Informationsfluß innerhalb Ihres Teams und mit anderen Abteilungen oder Bereichen?
> Wie müßte man Ihrer Meinung nach in einem Unternehmen das Informationsmanagement regeln?
> Wie beziehen Sie Einzelgänger in das Informationsnetz mit ein?
> Wie sichern Sie die notwendige Diskretion?
> Wie sichern Sie, daß Informationen nicht in falsche Hände geraten?
> Schildern Sie ein typisches Teammeeting.
> Woher wissen Sie, daß Sie ausreichend informiert sind?
> Wie prüfen Sie, ob die von Ihnen weitergegebenen Informationen an der richtigen Stelle ankommen und dort auch richtig verstanden werden?
> Halten Sie Informationen für Bring- oder für Holschuld?
> Wie haben Sie Ihre Ablagen gestaltet? Wie gehen Sie mit Ideen um, die Sie im Augenblick noch nicht gebrauchen können?
> Welche Systeme zum Informationsmanagement kennen Sie? Welche setzen Sie ein? Welche hätten Sie gern zur Verfügung?
> Wie würden Sie vorgehen, wenn man Sie zum Projektleiter für den Aufbau des Wissensmanagementsystems beriefe?
> Welche Erfahrungen haben Sie bereits mit Wissensmanagement?
> Wie verhindern Sie, daß Sie oder Ihre Mitarbeiter in der heutigen Datenflut untergehen?
> Wie verhindern Sie bei sich selbst und bei Ihren Mitarbeitern Fachidiotie?

Vielleicht fragt man Sie auch nach dem aktuellen Entwicklungsstand in Ihrem Fachgebiet. Es kann ebenfalls vorkommen, daß man in einer Pause das Gespräch auf aktuelle Tagesthemen aus Politik, Wirtschaft, Forschung, Kultur etc. bringt. Dann kann man gleich hören, ob Sie ein informierter Mensch sind oder nicht.

6. Dokumentationsverhalten

Das erste Dokument ist Ihre Bewerbungsunterlage. Die scheint in Ordnung gewesen zu sein, wenn man Sie ins weitere Bewerbungsverfahren übernommen hat. Man weiß natürlich nicht, ob Sie die Bewerbungsmappe selbst zusammengestellt und den Brief selbst geschrieben haben. Deshalb wird diesen Unterlagen – wenn sie ordentlich sind – keine große Bedeutung beigemessen.

Dagegen ist es sehr wichtig, wie später von Ihnen erstellte Angebote an Kunden, Berichte, Gutachten etc. inhaltlich und optisch gestaltet sind. Man muß heutzutage in den meisten Unternehmen schon sehr hoch aufgestiegen sein, um es sich leisten zu können, nur noch »strategisch zu denken« und einer Sekretärin das Formulieren, Gestalten und Aufräumen zu überlassen.

Viele Personalchefs beklagen sich bitter, daß immer mehr Akademiker nicht in der Lage sind, komplexe Sachverhalte einfach auszudrücken, abstrakte Zusammenhänge grafisch oder an Beispielen darzustellen, Vortragsunterlagen zu gestalten, Gutachten zu gliedern, fachliche Inhalte zu strukturieren und Aussagen auf den Punkt zu bringen.

Mit Dokumentationsverhalten sind Inhalte und äußere Erscheinung von Dokumenten gemeint sowie die Ordnung der Ablage. Das kann man leider nicht im Auswahlverfahren untersuchen. Man wird in der Probezeit beobachten, wie Sie Dokumente erstellen, pflegen und verfügbar halten. Man wird kontrollieren, wie die Dinge aussehen, die Sie an Kunden verschicken oder bei öffentlichen Auftritten präsentieren. Wenn das nicht perfekt ist, wird man mit Ihnen kurzen Prozeß machen. Niemand kann einen aufstrebenden Mitarbeiter gebrauchen, bei dem man ständig die Papiere nachsehen muß wie bei einem Kind die Hausaufgaben. Man will sich blind darauf verlassen, daß Ihre Dokumente einwandfrei sind, Sie das Unternehmen nicht blamieren oder in Schwierigkeiten bringen.

Man wird in der Probezeit auf folgende Dinge achten:
> Briefe, Angebote, Gutachten etc. sind klar formuliert, fehlerfrei, optisch übersichtlich und ansprechend gestaltet.
> Schriftstücke sind am Adressaten orientiert und entsprechend in Sprache und dem inhaltlichen Niveau angepaßt.

> Dokumente und ihre aktualisierten Versionen sind sauber abgelegt und nach einem auch für Kollegen und Mitarbeiter nachvollziehbaren System griffbereit verfügbar.

> Alle Unterlagen, Produktbeschreibungen, Projektprotokolle, Angebote, Verträge etc. sind fachlich absolut richtig.

> Die Unterlagen für Kunden werden nach den Vorschriften von CI und/oder TQM aufbereitet, verschickt und intern abgelegt.

> Die persönliche Wiedervorlage ist einwandfrei und garantiert eine zuverlässige und termingerechte Erledigung von Aufgaben.

> Längere Texte sind durch optische Hervorhebungen und Gliederungen leicht lesbar gemacht.

> Angemessene Tabellen und Grafiken unterstützen die Verständlichkeit und machen abstrakte und komplexe Dinge anschaulich.

> Die Sprache ist kurz und prägnant. Die Wortwahl ist gepflegt und dem Sachverhalt, dem eigenen Status und dem Adressaten angemessen.

> Präsentationsmedien werden angemessen eingesetzt. Folien etc. sind perfekt gestaltet und nicht mit Informationen überladen.

> Änderungen von Produktversionen, Arbeitsabläufen, Geschäftsprozessen etc. werden sofort korrekt dokumentiert und rekonstruierbar abgelegt.

> Zur Erstellung von Unterlagen werden adäquate Medien eingesetzt.

Es ist für Ihren neuen Aufgabenbereich absolut wichtig, sich schnell mit den Medien zur Erstellung von Dokumenten vertraut zu machen. Sie dürfen sich nicht einfach darauf verlassen, daß die Sekretärin für Sie den PC begriffen hat und die Layout- und Grafik-Programme benutzt. Man erwartet heute einfach, daß auch »hohe Herren« am PC arbeiten können.

Wenn Sie jedoch eine Dame sind, sollten Sie Ihren diesbezüglichen Eifer nicht übertreiben. Rutschen Sie nicht in die Rolle, daß schließlich alle Ihr Dokumentationstalent bewundern und entsprechend einsetzen. In fast jedem Unternehmen kann man beobachten, daß Männer und Frauen mit dem gleichen Studium – zum Beispiel Betriebswirtschaft, Informatik etc. – höchst unterschiedliche Berufswege gehen. Die Männer machen Karriere, die Frauen versacken als Edelsekretärinnen unter netten Bezeichnungen wie »Assistentin« oder gar »Sachbearbeiterin«. Das hat sehr viel mit dem Diensteifer der Frauen in Sachen PC und Papier zu tun.

7. Arbeitstechniken

Im Bereich der Arbeitstechniken gibt es eine Menge unterschiedlicher Methoden und Hilfsmittel. Es hängt sehr von Ihrer Branche und von der angestrebten Position ab, welche Sie kennen und anwenden sollten. Ihr zukünftiger Arbeitgeber geht davon aus, daß Sie die notwendigen Techniken beherrschen und bereits Erfahrungen in der Anwendung haben.

Rechnen Sie beim Interview mit Fragen wie:
> Wie priorisieren Sie?
> Wie behalten Sie Ihre Termine im Griff?
> Wie verhindern Sie, daß wichtige Dinge vergessen werden?
> Welches Zeitmanagementsystem nutzen Sie? Wie arbeiten Sie damit?
> Wie sorgen Sie für die Wiederauffindbarkeit von Unterlagen?
> Wie bereiten Sie sich auf Präsentationen vor?
> Wie behalten Sie den Überblick über Projekte?
> Wie sichern Sie, daß von Ihnen delegierte Aufgaben korrekt und pünktlich erledigt werden?
> Wie sieht Ihr Beschwerdemanagement aus?
> Welche Entscheidungstechniken wenden Sie an?
> Wie sichern Sie, daß auch bei unerwarteter Abwesenheit von Mitarbeitern in Ihrem Bereich oder von Ihnen selbst nichts »anbrennt«?
> Wer kennt sich außer Ihnen in Ihren Unterlagen aus? Wie haben Sie das geregelt?
> Wie dokumentieren Sie Ihre Kundenkontakte? Wie pflegen Sie in Ihrem Bereich die Kundeninformationen?
> Wie gehen Sie an Projekte heran?
> Wie sorgen Sie für Qualitätssicherungen in Ihrem Bereich?
> Wie regeln Sie den Informationsfluß in Ihrem Bereich?
> Wie budgetieren Sie?
> Wie bereiten Sie sich auf Kundenbesuche vor?

Es können noch ganz andere Fragen zu den Arbeitstechniken in Zusammenhang mit Ihrem Job folgen. Im Grunde geht es darum, daß Sie effizient und effektiv arbeiten und dafür sorgen, daß Ihre Mitarbeiter dies auch tun. Zeigen Sie in diesem Zusammenhang Methodensicherheit und auch die Bereitschaft, sich selbständig in neue Methoden einzuarbeiten. Niemals darf man bei Ihnen eine Scheu vor dem Umgang mit neuen Techniken und Verfahren vermuten. Und nur in den seltensten Fällen kommt es gut an, wenn Sie durchblicken lassen, daß Sie »intuitiv« planen und arbeiten.

Liste 4:
Rhetorische Kompetenz

1. Rhetorik

Hier geht es um Ihre sprachliche Kompetenz. In der Regel werden Ihre rhetorischen Fähigkeiten während des gesamten Bewerbungsverfahrens von der Begrüßung bis zum letzten Abschiedswort berücksichtigt. Die Beobachter von Interviews und Rollenspielen füllen dazu meist Formulare aus, in denen folgende Merkmale und Verhaltensweisen beurteilt werden:

> argumentiert verständlich und überzeugend
> ist schlagfertig
> verfügt über einen reichen Wortschatz
> spricht bildlich und in anschaulichen Beispielen
> gebraucht Zitate und Metaphern korrekt und in passendem Zusammenhang
> kann sich schnell auf den Gesprächspartner einstellen
> kann sich in Gruppen einbringen und aktiv die Diskussion mitsteuern
> kann Außenseiter in den Gesprächskreis miteinbinden
> erkennt Wortspiele, Ironie und tieferen Witz und kann darauf spontan reagieren
> fesselt in seinen Ausführungen die Zuhörer durch interessanten Aufbau des Gesprächsbeitrags und durch Spannungssteigerung
> kann in einer Diskussionsrunde die Ausführungen der anderen geschickt zusammenfassen und so eine gemeinsame Basis für die Weiterarbeit schaffen
> kann bei plötzlichen Themenwechseln und Gedankensprüngen anderer sofort mitziehen
> verzichtet auf langatmiges und umständliches Breittreten der eigenen Meinung

> kommt schnell auf den Punkt
> spricht flüssig und gut artikuliert
> unterstreicht verbale Äußerungen durch angemessene nonverbale Signale
> verfügt über eine angenehme Stimme und eine interessante Sprechmelodie
> kann Emotionen in angemessener Weise zum Ausdruck bringen
> zeigt keinen Sprachfehler wie Lispeln, Stottern oder Verhaspeln (solche Probleme werden vielfach für Führungspositionen zum Verhängnis!)
> spricht grammatikalisch einwandfrei und kann sich von regionalen Sprachmarotten und Dialekten lösen (Leichte Dialekte werden meistens akzeptiert. Schädlich ist alles, was sich nach bayerischem Bauerntheater, Berliner Hinterhöfen, friesischem oder gar schwäbischem Volkstum anhört.)
> spricht flüssig, zügig und nicht zuviel auf einmal
> spricht gewählt und einer gebildeten, sensiblen Persönlichkeit angemessen
> zeigt eine gelungene Pausentechnik
> verfügt über ausreichende Kenntnis von Fach- und Fremdwörtern, ohne dahinter Spracharmut zu verbergen
> kann blitzschnell von Begriffen der Fachsprache zu einer allgemeinverständlichen Ausdrucksweise umschalten
> erkennt die sprachlichen Fähigkeiten anderer und kann das eigene Sprachverhalten darauf einstellen
> paßt Lautstärke und Stimmlage der Situation an.

Im Grunde geht es darum:
> Kann der Bewerber sich gut ausdrücken?
> Kann der Bewerber schnell und richtig reagieren?
> Ist es angenehm, sich mit ihm zu unterhalten?
> Wirken seine Ausführungen überzeugend?

Auf keinen Fall will man jemanden einstellen, der mit schlechter Rhetorik das Unternehmen blamiert oder die Kollegen nervt.

Über die allgemeine Beobachtung Ihrer rhetorischen Fähigkeiten hinaus wird man Sie in Rollenspielen, Gruppenübungen und bei Präsentationen gezielt auf bestimmte Qualifikationen hin prüfen.

Wenn Sie rhetorisch etwas für sich tun wollen, achten Sie möglichst immer – auch im privaten Umfeld – auf Ihre Sprache und Ihre Sprechweise. Hören Sie bei Fernsehinterviews genau hin, wie der Moderator seine Gesprächspartner zum Reden bringt und wie die Interviewten ihre Äußerungen formulieren. Achten Sie auf Merkmale wie Schlagfertigkeit, Wortschatz, Prägnanz, Überzeugungsfähigkeit etc. Auch niveauvolle Talk-Shows können helfen. Achten Sie weniger darauf, ob Sie den Inhalten zustimmen, sondern vermehrt auf die Kunst der Sprache. Das methodische Wie ist oft wichtiger als das inhaltliche Was.

2. Gesprächsführung

Als Führungskraft und als Person mit viel Kundenkontakt oder anderen Außenauftritten, müssen Sie die Kunst der Gesprächsführung beherrschen. In Interviews, beim Small talk während der Pausen und in Rollenspielen werden Sie beobachtet. Man will sehen, ob Sie ein Gespräch aktiv führen können oder eher von anderen dabei geführt werden. Unter Gesprächs-»Führung« versteht man übrigens nicht pausenloses Reden oder Dominanzverhalten.

Neben den unter »Rhetorik« genannten Merkmalen, wird man bei der Gesprächsführung auf folgendes achten:
> bleibt beim Thema, schweift nicht ab und läßt sich auch nicht davon abbringen
> benutzt geschickte Fragetechniken zur Steuerung des Gesprächs
> sorgt für eine Ausgewogenheit der Redeanteile
> redet nicht den anderen »voll« und läßt sich ebenfalls nicht »vollreden«
> fällt dem anderen nicht ins Wort, kann jedoch eingreifen, wenn der andere monologisiert
> tritt im Gespräch selbstsicher auf und zeigt eine entsprechende Körpersprache
> gibt dem Gesprächspartner ausreichend Raum für dessen Ausführungen
> hört aktiv zu und reagiert angemessen auf die Äußerungen des anderen
> fordert den anderen zu Redebeiträgen auf und wirkt dabei motivierend
> versteht es, das Gespräch in Richtung der eigenen Ziele zu lenken und auch bei kleinen Abschweifungen schnell wieder auf Zielkurs zu bringen
> leitet den Gesprächsverlauf ohne Dominanzverhalten und kann auch souverän anteilig die Gesprächsführung vom Partner übernehmen lassen (wichtig, daß dies zum Beispiel nicht bei Krisen- oder Konfliktgesprächen mit Mitarbeitern passiert!)
> argumentiert fest, aber nicht zu forsch.

Denken Sie bitte im Assessment-Center daran, daß Sie auch während der Pausen ständig beobachtet werden. Man will sehen, wie Sie sich gesellschaftlich bewegen, ob Sie ein geschmeidiges Gesprächsverhalten haben und ob Sie »ankommen«.

Von Bewerbern für Führungspositionen erwartet man in allen Rollenspielen und Gruppenübungen sehr wohl Dominanzverhalten. Es darf jedoch niemals bedrohlich wirken. Man wird Sie eventuell in einigen der Übungen zu provozieren versuchen. Ihr Partner im Rollenspiel könnte bewußt versuchen, Sie einzuschüchtern, aus dem Konzept zu bringen oder einzulullen. Er könnte auch versuchen, Sie endlos zu »belabern«. Dann erwartet man von Ihnen, daß Sie Ihr Tanzstundenwissen (»Man darf andere nicht unterbrechen«) vergessen und dem Gerede ein Ende machen. Ihr Partner könnte sich auch stur und stumm stellen. Dann will man sehen, ob Sie in der Lage sind, andere zum Reden zu bringen. Üben Sie sich in der Kunst der Frage- und Interviewtechnik.

3. Vortrags- und Präsentationstechniken

Es wird von Ihnen nicht erwartet, daß Sie sich peinlich genau an alle Regeln der Rhetorik halten. Im Gegenteil, gerade die übertriebene Perfektion kann abstoßend und »aalglatt« wirken. Sie sollten jedoch unbedingt in der Lage sein, vor Publikum einen inhaltlich wie persönlich überzeugenden Vortrag zu halten oder etwas zu präsentieren.

Führungskräfte und die meisten hochqualifizierten Fachleute müssen die Kunst des öffentlichen Auftritts beherrschen. Es kann sich um Projektpräsentationen handeln, um Darstellungen der Unternehmensziele, um Interviews in Medien, um Fachvorträge bei Symposien, um Mitteilungen an die Belegschaft ...

Wer sich vor einem Publikum nicht darstellen, seine Gedanken nicht überzeugend vermitteln kann und womöglich einen hilflosen Eindruck macht, blamiert nicht nur sich selbst, sondern auch das Unternehmen. Viel zu lange hat man die Bedeutung der Präsentationsfähigkeit für Führungskräfte unterschätzt. Das Resultat waren oft peinliche Ausrutscher in der Öffentlichkeit. Man denke nur an die legendären Peanuts, an die aggressiven Ausfälle des Vorstands eines Reiseunternehmens nach einem Flugzeugunglück, an das hilflose Gestammel bei der Verkündung der desolaten Lage einer Werft, an die sture Leugnung von Gefahren nach einem Chemieunfall. Solche Beispiele gehen durch die Medien. Andere Peinlichkeiten bleiben der großen Öffentlichkeit meistens verborgen, können aber vor Aktionären, Kunden und anderen Geschäftspartnern ausreichend schädlich sein.

Wer sich bei Vorträgen und Präsentationen bloßstellt, findet auch nur schwer Führungsakzeptanz. Wenn Sie beruflich aufsteigen wollen, müssen Sie deshalb notgedrungen gut vor Publikum auftreten können. Schlaflose Nächte, Magenflattern und klebrige Achselhöhlen sind Ihre Privatangelegenheit. Ihr Lampenfieber müssen Sie in den Griff bekommen. Ihre Botschaft muß verständlich und überzeugend sein. Ihr Vortragsstil muß Interesse wecken und halten. Ihre Stimme muß bis zur letzten Reihe tragen. Ihre persönliche Ausstrahlung muß dem Vortrag und dem Anlaß entsprechen.

Wenn Sie vor Publikum auftreten, nehmen Sie sich vermutlich »zwiespältig« wahr. Innerlich kennen Sie die Botschaft, die Sie vermitteln wollen. Diese müssen Sie in Worte fassen und meist auch durch visuelle Darstellungen anschaulich machen. Innerlich nehmen Sie auch Ihre Gefühle wahr. Das kann Lampenfieber sein, die Angst vor einem Blackout oder die Sorge, man könne Sie falsch verstehen. Gleichzeitig sind Sie mit Ihrer äußeren Erscheinung befaßt. Sie wollen einen positiven Eindruck machen, Ihre Nervosität verbergen und souverän wirken. Sie machen sich über Ihr Aussehen und Ihre Ausstrahlung Gedanken. Sie fragen sich zum Beispiel, ob Ihre Gesten »richtig« sind, ob man bei Ihnen Sprachmarotten heraushören kann, ob Ihre Mimik »stimmt«.

Abb. 14:
Außenwirkung und innere Haltung des Redners

Für ungeübte Redner besteht der Streß darin, daß einerseits im Kopf der vorzutragende Stoff memoriert werden und gleichzeitig die »Maske« vor dem Publikum stimmen und »echt« wirken muß. Darüber hinaus ist es erforderlich, die Zuhörer mit ihren Signalen wahrzunehmen. Zeigen sie Langeweile, Abwehr, Unverständnis? Hat sich jemand zu Wort gemeldet? Gibt es Unruhenester? Muß man als Vortragender auf die Signale reagieren? Wie?

Leisten Sie sich für Ihre Karriere unbedingt mal ein Rhetorikseminar. Gehen Sie dafür nicht zur Volkshochschule, sondern zu einem professionellen Trainer speziell für Führungskräfte.

In einem Assessment-Center kommt fast immer eine Präsentationsübung vor. Vielleicht läßt man Sie einen kleinen Vortrag erarbeiten, vielleicht sollen Sie das Ergebnis einer Einzelarbeit präsentieren. Es kann sein, daß man Sie gezielt um eine »verkäuferische« Darstellung bittet. Vielleicht läßt man Sie auch vor einem bestimmten fiktiven Publikum sprechen. »Stellen Sie sich vor, es wären Stadträte.« Man will sehen, ob Sie sich auf Anlässe und Zuhörerkreise einstellen können.

Nehmen Sie möglichst viele der angebotenen Medien zur Hilfe. Setzen Sie Folien ein, zeichnen Sie auf dem Flipchart (Grafiken und Farben!) und befestigen Sie Karten an der Pinnwand. Man will Ihren souveränen Umgang mit den Medien sehen.

Gliedern Sie Ihren Vortrag sinnvoll und sorgen Sie für starke Kernaussagen. Daran kann man erkennen, ob Sie Ihre Gedanken logisch ordnen und priorisieren können.

Nehmen Sie während der Präsentation immer wieder mit jedem einzelnen Ihrer Zuhörer Augenkontakt auf. Es wäre völlig daneben, wenn Sie sich nur auf den Leiter des Assessment-Centers oder den Personalchef konzentrieren. Das wirkt hilflos, devot und nervt die zu oft fixierte Person.

Manchmal läßt man die Bewerber eines Assessment-Centers am Ende des Tages vor dem gesamten Plenum auftreten. Achten Sie dann darauf, daß Sie mit Ihrem Augenkontakt die Mitbewerber erreichen. Machen Sie beim Publikum keine Rangunterschiede. Damit fallen Sie durch.

Gehen Sie sofort und sehr offen auf Unterbrechungen und Zwischenfragen ein. Richten Sie Ihre Antworten immer an den Frager und dann mit dem zweiten Blick ans gesamte Publikum. Verbeißen Sie sich niemals mit einer Person aus dem Zuhörerkreis in eine Detaildiskussion. Mit Zwischenfragen will man Ihre Wendigkeit und Ihr Geschick für kritische Situationen feststellen.

Sollten Ihre Zuhörer Sie eisern anschweigen, dann will man herausfinden, ob Sie zu ödem Dozieren neigen oder von sich aus den Dialog herstellen können. Ermuntern Sie die Zuhörer zu Fragen. Sie können auch selbst Fragen stellen, die aus dem Publikum beantwortet werden sollen. Picken Sie dazu jedoch auf keinen Fall bestimmte Einzelpersonen heraus. Das könnte unangenehme Erinnerungen an die Schulzeit heraufbeschwören.

Im Interview wird man Sie vermutlich nach Ihren bisherigen Erfahrungen mit Vorträgen und Präsentationen befragen:

> Welche Präsentationen haben Sie bereits vor größerem Publikum durchgeführt?
> Was macht Ihnen bei öffentlichen Auftritten persönlich die meisten Probleme?
> Sind Sie schon einmal mit einem Vortrag »durchgefallen«? Wie kam das? Wie sind Sie mit der Situation umgegangen?
> Wie sorgen Sie dafür, daß das Interesse Ihrer Zuhörer wach bleibt?
> Wie gehen Sie mit Störungen um?
> Schildern Sie bitte, wie Sie sich auf einen Vortrag vorbereiten?
> Welche Überzeugungs- und Manipulationstechniken kennen Sie? Welche würden Sie wann anwenden?

Bei Ihrer Präsentation achten die Beobachter auf folgendes:
> stellt die Kernaussagen deutlich und einprägsam heraus
> ist akustisch und inhaltlich klar verständlich
> spricht in kurzen Sätzen und mit prägnanter Stimme, jedoch ohne Oberlehrerton
> die Inhalte sind logisch gegliedert und lassen einen Spannungsbogen vom ersten bis zum letzten Satz erkennen
> die Vortragsweise wirkt kompetent, dynamisch und sympathisch
> wirkt sicher, optimistisch und selbstbewußt
> zieht die Zuhörer in den Prozeß mit ein
> reagiert angemessen auf die Zuhörer
> schweift nicht ab, sondern konzentriert sich auf das Wesentliche
> Haltung, Gestik und Mimik entsprechen dem Anlaß
> stellt sich auf die Zuhörer ein und vergewissert sich über deren Verstehen und Interesse
> kann schlüssig argumentieren und dadurch überzeugen
> geht angemessen auf Fragen, Einwände oder Zwischenrufe ein
> nimmt Anregungen aus dem Publikum auf und kann sie sofort in die eigenen Ausführungen einbinden
> visualisiert professionell und handhabt die Medien gekonnt
> zeigt sprachlichen und persönlichen Stil
> nimmt in angemessener Weise Blickkontakt auf und erkennt auch schwache Signale aus dem Zuhörerkreis
> zeigt angemessenen Humor
> zeigt angemessene Härte und Selbstbehauptungskraft.

Man möchte sehen, ob Sie in der Lage sind, vor Publikum eine gute Figur zu machen und damit das Unternehmen erfolgreich vertreten.

4. Verhandlungsgeschick

Ihr Verhandlungsgeschick wird während der Rollenspiele und der Gruppenübungen wahrgenommen. Aber das ist eher zweitrangig im Vergleich zu dem, was Sie bei der Verhandlung um Gehalt, Sonderzahlungen, Firmenwagen, Kompetenzen ... bieten. Glauben Sie bloß nicht, daß Ihre Gesprächspartner dabei nur an die zu verhandelnden Details denken. Sie beobachten sehr genau, wie Sie sich in einer realen Verhandlungssituation verhalten. Wenn Sie während der Rollenspiele wunderbar zu Ihren Ergebnissen gekommen sind, später aber bei den Einzelheiten des Arbeitsvertrags versagen, macht das ganz zum Schluß noch einen negativen Eindruck. Schon mancher Bewerber ist aus einer Auswahlveranstaltung frohen Mutes herausgegangen und war sicher, den Arbeitsvertrag zugeschickt zu bekommen. Am Ende saß er doch nur mit einer liebenswürdig formulierten Absage da. In den meisten Fällen ist die Panne dann zum Schluß passiert.

Bereiten Sie sich deshalb gezielt auf die letzten Verhandlungen um Ihren Job vor. Üben Sie das Gespräch möglichst mit einem Kollegen oder Ihrem Partner.

Wenn Ihre zukünftige Position viele Verhandlungen mit Kunden, Lieferanten, Wettbewerbern, Betriebsräten, Politikern, Juristen etc. verlangen wird, erwartet man von Ihnen auch theoretisches Wissen über Verhandlungstechniken und Gesprächsstrategien. Dazu gibt es Fachbücher. Trainieren Sie die dort vorgestellten Techniken. Prägen Sie sich auch die Bezeichnungen ein. Sie dürfen nicht überrascht wirken, wenn man Sie zum Beispiel fragt, in welchen Fällen Sie lieber die Johnson-Methode anwenden und wann Sie das Bel-Ami-Modell vorziehen.

Sollte man Sie nach einer Methode fragen, die Sie nicht kennen, kontern Sie sofort mit einer anderen Ihnen bekannten Methode. Wichtig ist, daß Sie deutlich herausstellen, daß Sie verschiedene Methoden kennen und in der Praxis gezielt einsetzen können.

130

5. Fremdsprachen

Wenn Sie für Ihren zukünftigen Aufgabenbereich eine Fremdsprache brauchen, wird man Ihre Fähigkeiten in dieser Hinsicht natürlich prüfen. Aber auch ohne unbedingte Notwendigkeit für den Beruf sollte man ab einer bestimmten Position zumindest über Anfängerkenntnisse anderer Sprachen verfügen. In der Regel gelten Englisch, Spanisch und Französisch als wichtig. Wenn Sie Türkisch, Niederländisch oder Japanisch auch nur in den Grundlagen kennen, sollten Sie das irgendwie ins Gespräch einfließen lassen. Das macht immer einen guten und gebildeten Eindruck. Wenn Sie in der Schule Russisch statt Englisch gelernt haben, sollten Sie das auch ungefragt von sich geben. Auch wenn die Sprache für den angestrebten Job völlig unwichtig ist, sollten Sie ein wenig damit prahlen.

Menschen mit Fremdsprachenkenntnissen gelten als intelligent und auch kulturell interessiert. Geben Sie jedoch keine lateinischen Imponiersprüche aus der Pennälerzeit von sich. Das ist heute nur noch bei älteren Herren üblich. Es könnte auch Ihren Gesprächspartner ärgern, wenn er zufällig sein Abitur am neusprachlichen Gymnasium gemacht hat. Sollte der Personalchef jedoch mit Lateingeplänkel anfangen, dann dürfen Sie gern mithalten. Lassen Sie aber keinen Wettbewerb daraus werden.

Haben Sie in der Schule weder Englisch noch Französisch gelernt, sollten Sie sich schleunigst zumindest Grundkenntnisse aneignen. Unsere Sprache enthält heute viele Begriffe aus diesen beiden Sprachen. Ob Ihnen das gefällt oder nicht, ist dabei egal. Es ist bloß peinlich und karriereschädlich, wenn Sie die Grundregeln der Aussprache nicht kennen.

6. Sprach-Codes

Kommen Sie für eine Position in Frage, die den Umgang mit verschiedenen sozialen Schichten oder verschiedenen Kreisen erforderlich macht, wird man Ihren sicheren Gebrauch von Sprach-Codes prüfen. Zunächst einmal müssen Sie den Sprach-Code beherrschen, der im Unternehmen und in der dortigen Führungsriege gesprochen wird.

Dialekteinfärbungen oder ausländische Akzente sind mit Sprach-Code nicht gemeint. Es geht hier auch nicht um Fachsprachen. Auch sprachliche Unterschiede zwischen Ossis und Wessis interessieren kaum noch.

Der Sprach-Code hängt eng mit dem Bildungsniveau zusammen. Sie können sich vorstellen, daß in den Vorstandsetagen von Banken anders gesprochen wird als in den Umkleideräumen der Stadtreinigung. Nicht nur die Themen sind andere. Wortwahl, Grammatik, Ausdrucksformen, Differenzierung, Melodie, Zuhörtechnik etc. unterscheiden sich deutlich.

Vermutlich wird man es Ihnen nicht direkt sagen, um Ihre Gefühle nicht zu verletzen und weil der Gesprächspartner sich auch nicht als vorurteilsbeladen zeigen will, aber man prüft sehr wohl, ob Ihr Sprachverhalten in die gehobene Schicht des Unternehmens paßt und ob man sich darauf verlassen kann, daß Sie auch im Umgang mit gehobener Kundschaft den richtigen Ton finden. Das prüft man besonders intensiv, wenn aus Ihrem Lebenslauf ersichtlich ist, daß Sie aus einer »unteren« Bevölkerungsschicht kommen. Man wird das nicht ansprechen, aber man wird Ihnen kritisch zuhören. Die Frage ist: Können Sie den Sprung von einer Gesellschaftsschicht in die andere schaffen? Seien Sie dabei nicht zu eifrig. Tun Sie nicht so, als sei es Ihre Gewohnheit, nur noch in feineren Kreisen Austern zu schlürfen und über Segelyachten zu plaudern. Je mehr Sie sich bemühen, Ihre Zugehörigkeit zur höheren Gesellschaftsschicht zu demonstrieren, desto peinlicher wird Ihr Auftritt.

Umgekehrt kann es notwendig sein, Ihre Fähigkeit im Umgang mit »niederen« Schichten zu prüfen. Auch das wird man nicht offen thematisieren, um sich nicht auf das Glatteis von Standesdünkel zu begeben. Wenn man zum Beispiel am Lebenslauf erkennt, daß Sie von Studienräten abstammen, selbst Philosophie studiert haben und sich nun auf den Posten eines Heimleiters für Wohnungslose bewerben, dann stellt sich sehr wohl die Frage: Können Sie überhaupt mit der Klientel eines solchen Heimes reden? Werden die Wohnungslosen mit Ihnen über ihre Belange sprechen?

Auch bei Architekten und Bauleitern oder bei Projektleitern zum Beispiel im Schiffsbau wird man prüfen, ob der Bewerber soziale Barrieren sprachlich überwinden kann.

Über die Fachsprache hinaus sind bestimmte Berufe besonders »anfällig« für die Entwicklung eigener Sprach-Codes. Vor allem Lehrer können sich durch die Art ihrer Kommunikation sehr schnell unbeliebt machen. Es liegt dabei weniger an der Wortwahl als an der Neigung, andere zu dominieren und zu belehren. Juristen sind als mögliche Nervensägen ebenso verrufen. Sie legen jedes locker hingeworfene Wort ihrer Gesprächspartner auf die Goldwaage und sezieren es, bis sich keiner mehr traut, einfach nur zu plaudern. Psychologen neigen dazu, tiefe seelische Befindlichkeiten zu diagnostizieren und einfachen Redewendungen oder auch kleinen Versprechern bombastische Bedeutungen zu unterstellen. Der Gesprächspartner fühlt sich schnell als pathologischer Fall betrachtet und weicht dem »Röntgenblick« des Seelendoktors aus. Köchen und Chirurgen sagt man nach, daß sie gelegentlich eine Neigung zu sehr drastischen Schilderungen haben und sich am Entsetzen ihrer Mitmenschen weiden.

Da heute viele »Quereinsteiger« aus unterschiedlichsten Studienrichtungen zu Personalauswahlverfahren erscheinen, wird die Überprüfung des sicheren Umgangs mit Sprach-Codes immer wichtiger.

Sie sollten sich bewußt machen, was Ihr Sprachverhalten geprägt hat. Was hat Ihre familiäre Herkunft dazu beigetragen? Was hat Ihr Studium geprägt? In welchen Kreisen fühlen Sie sich wohl?

Bedenken Sie, mit welchen Personen und sozialen Schichten Sie am angestrebten Arbeitsplatz zu tun bekommen werden. Wer werden Ihre Kollegen sein? Wer sind die Kunden? Was prägt deren Sprachverhalten? Können Sie sich mit denen überhaupt auf einer Ebene verständigen? Wollen Sie sich auf deren Sprachniveau einlassen? Glauben Sie, daß Sie ein angenehmer und überzeugender Gesprächspartner sein werden?

Im Auswahlverfahren wird man während des Interviews und der Pausen auf Ihren »normalen« Sprach-Code achten. Beim Rollenspiel erkennt man gegebenenfalls Ihre Fähigkeit zur Umstellung auf einen anderen Sprach-Code. Darauf sollten Sie sich vorbereiten.

7. Small talk-Fähigkeit

Nicht nur offizielle Interviews, Rollenspiele und Übungen bestimmen Ihre Erfolgschancen. Man beobachtet Sie auch während der Pausen und beim Essen. Verstehen Sie sich auf Small talk? Wenn nicht, sollten Sie sich einen ruhigen Sachbearbeiterposten suchen. Für Führungsfunktionen und für alle Aufgaben mit Kundenkontakt brauchen Sie eine gewisse gesellschaftliche Geschmeidigkeit. Sie müssen zwanglos mit Fremden ins Plaudern kommen können. Es muß Ihnen gelingen, auch stille Menschen ins Gespräch zu ziehen. Sie sollten um sich herum eine entspannte und nette Aura schaffen. Niemand soll sich in Ihrer Gesellschaft unbehaglich oder steif fühlen.

Reden Sie beim Small talk immer über Themen, die auf keinen Fall zu Ärger führen. Geeignet sind: Urlaub, Hausbau, Garten, Wein, Feinschmeckerei, Oper, Theater, Malerei, Literatur, Design, Städte, Tiere ... Bringen Sie Ihre Gesprächspartner jedoch nicht in Streß, indem Sie über Themen reden, bei denen sie aus Mangel an Wissen nicht mithalten können. Verzichten Sie auch auf jede Form der Angeberei oder gar Belehrung. Sorgen Sie durch offene Fragen dafür, daß der Redeanteil Ihrer Gesprächspartner höher ist als Ihrer. Erzählen Sie nicht zu viel über Ihre Erfahrungen und Erlebnisse, sondern zeigen Sie Interesse an dem, was andere zu berichten haben.

Meist gibt es auch keine Probleme mit Themen wie: Sport, Kinder, Autos, Fernsehen ... Sie sollten jedoch sensibel darauf reagieren, wenn Ihr Gesprächspartner in diesen Bereichen sehr heftige Ansichten vertritt. Streiten Sie nicht darum, ob ein anständiger Deutscher japanische Autos fahren darf, ob Kinder Markenkleidung brauchen, ob Boxer Hirnschädigungen haben und ob man überhaupt noch einen Fernsehapparat besitzen sollte.

Absolute Tabuthemen sind: Politik, Religion, Sex, Geld und Gesundheit. Da ist Streit fast unvermeidlich. Wenn es keinen Streit gibt, könnten unterschwellige Ressentiments übrigbleiben. Meiden Sie diese Themen. Sollte man versuchen, Sie auf eine dieser gesellschaftlichen Tretminen zu ziehen, könnte das ein Trick sein. Man will wissen, ob Sie sich später bei Kunden und Geschäftspartnern notfalls elegant aus solchen Schlingen ziehen können.

Liste 5:
Intellektuelle Kompetenz

1. Detailorientierung

Bestimmte Spezialistenfunktionen erfordern eine extrem hohe Detailorientierung. Auch kleinste Kleinigkeiten müssen entdeckt, beachtet, analysiert und gründlich bearbeitet werden. Die Detailorientierung muß in der Regel mit der Fähigkeit zu hoher Konzentration und geduldiger »Puzzlearbeit« einhergehen. Ob es sich um kriminalistische Spurensicherung am Tatort, um feine Analysen von Blutproben im Labor, um sorgfältige Verfolgung von Zahlungseingängen bei der Bank, um die Beobachtung von Tierverhalten auf der Vogelinsel, um die Restauration von Kunstwerken oder um die Programmierung kritischer Software handelt, wichtig ist der Blick für die kleinen Dinge. Auch bei Streß und Zeitdruck darf dieser Blick nicht oberflächlich werden. Die Hände müssen ruhig bleiben, die Gedanken dürfen nicht wandern, das Sitzfleisch darf nicht unruhig werden, Routine darf nicht ermüden, die Sinne haben auch noch die kleinsten Hinweise aufzunehmen.

Abhängig von der angestrebten Position wird man Ihnen vielleicht Arbeitsproben vorlegen. Es kann sein, daß man durch Stör- und Ablenkungsversuche Ihre Konzentrationsfähigkeit und Beharrlichkeit testet.

Da man im Rahmen eines Assessment-Centers meist nicht die Zeit hat, Sie stundenlang Detailarbeiten erledigen zu lassen, wird man von Ihnen Referenzen hören wollen. Es wäre gut, wenn Sie dann konkrete Beispiele und Namen nennen könnten. Wann und wo haben Sie über einen längeren Zeitraum hohe Detailorientierung bewiesen? Wer kann dazu etwas über Ihre Qualifikation sagen?

Bei der Postkorbübung kann man im Ansatz zumindest den Blick für »Kleinkram« feststellen. Daraus läßt sich jedoch nur schwer schließen, wie gründlich Sie sich später in der Praxis damit befassen werden.

Bedenken Sie bitte, daß besonders für Führungspositionen eine zu starke Detailorientierung eher schädlich ist. Man könnte Ihnen mangelnde Kommunikations- und Delegationsfähigkeit unterstellen. Typisch für sehr detailorientierte Menschen sind oft auch Schwächen in der Priorisierung, im wirtschaftlichen und strategischen Denken. Das ist der Grund, warum man Mitarbeitern zunehmend zwei gleichwertige und auch finanziell ähnlich lukrative Karrierewege anbietet: Spezialisten- oder Managementlaufbahn. Zum Beispiel kann man ärztlicher Chef oder bester Darmkrebsdiagnostiker werden, die Position als Leiter der Datenverarbeitung oder als Top-Entwickler für ein neues Betriebssystem anstreben. Die alte Regel, daß Manager grundsätzlich mehr verdienen als Fachleute, gilt nicht mehr überall.

Spätestens mit dem dreißigsten Lebensjahr sollten Sie beschlossen haben, ob Sie lieber die Fach- oder die Führungslaufbahn einschlagen wollen. Fachlaufbahn bedeutet meistens: Detailorientierung. Die Führungslaufbahn verlangt Generalistenorientierung.

2. Generalistenorientierung

Führungskräfte und Manager sollen zwar den Blick für Nuancen behalten, dürfen sich aber auf keinen Fall im Detail verlieren. Eine zu hohe Spezialisierung steht fast immer dem strategischen und vernetzten Denken im Weg. Böse formuliert, hat ein Generalist ein gesundes Halbwissen in vielen Bereichen. Er überblickt das Ganze und erkennt Tendenzen und Strukturen.

Der Gesundheitsminister muß nicht Medizin studiert haben, der Bauminister braucht keine Maurerlehre. Mit dem Aufstieg in der Hierarchie nimmt die Bedeutung von Detailfachwissen ab. Das bedeutet nicht, daß nach oben die Luft dünner und die Köpfe hohler werden. Der Generalist braucht – im Gegensatz zum Spezialisten – eher den Überblick und den Durchblick als die Neigung zu hingebungsvoller Detailanalyse.

Das Verhängnis vieler traditioneller Unternehmen ist, daß sie ihre besten Fachleute in Führungspositionen befördert haben. Wenn sich die Manager dann treffen, um die Weichen für die Zukunft zu stellen, kann sich der Chefbuchhalter nicht mit dem Leiter der Produktion verständigen. Beide sind in ihrem Denken zu sehr dem eigenen Fachgebiet verhaftet. Ein Generalist kann hingegen heute die Datenverarbeitung und morgen den Vertrieb leiten. Das ist für Traditionalisten eine Horrorvision.

Besteht die erste Kunst des Generalisten darin, sich aus den Niederungen der Details herauszuhalten und statt dessen mit Sinn für Prioritäten das Ganze zu überblicken, besteht die zweite Kunst darin, sich von guten Fachleuten beraten zu lassen. Ein Generalist kann nur dann sinnvolle Entscheidungen treffen, wenn er sich mit einem Stab von Spezialisten umgibt und einen guten von einem schlechten Ratgeber unterscheiden kann. Ein Generalist ohne Menschenkenntnis ist ein oberflächlicher Dummkopf.

Ihre Neigung zum Generalisten läßt sich durch Fragen im Psycho-Test bedingt feststellen. Sie können dabei sehr leicht pfuschen. Der Test weist Sie dann als Strategen und Generalisten aus, aber später erkennt man in der täglichen Arbeitspraxis doch Ihre Neigung zum Briefmarkenzackenzählen.

Gut wäre es, wenn Sie sich mit nachweislichen Erfolgen in einer Führungs- oder einer Verkaufsposition vorstellen können. Auch erfolgreich geleitete Großprojekte sind eine vorteilhafte Referenz.

Der Nachteil bei Generalisten ist häufig, daß sie »den Teufel im Detail« unterschätzen. Sie gehen zu großzügig und pauschal an Probleme und Risiken heran. Wenn Sie Generalist sind, sollten Sie sich dessen bewußt sein und das auch ansprechen. Daß Sie eine gewisse Schwäche in der Richtung haben, zeigt nicht nur Ihre Generalistenneigung, sondern auch Ihre kritische Selbstreflexion. Das macht bei Führungspositionen einen guten Eindruck.

Wenn Sie wissen, daß Sie zum Erbsensezieren neigen, ersparen Sie sich aus eigenem Interesse den Aufstieg in die Führungsriege. Sie werden in Ihrem Fachgebiet als Spezialist mit hoher Wahrscheinlichkeit sehr viel glücklicher und erfolgreicher.

3. Analysevermögen

Ihr Analysevermögen ist Teil Ihrer Auffassungsgabe, Ihrer geistigen Durchdringungsfähigkeit und Intelligenz. Man erwartet von Ihnen, daß Sie Wichtiges von Unwichtigem unterscheiden und Prioritäten setzen können. Sie müssen in der Lage sein, Probleme schnell zu erfassen und von allen Seiten zu erkennen. Auch in unübersichtlichen Situationen brauchen Sie schnell einen Überblick und die Intelligenz zu richtigen Entscheidungen. Ihr Denken muß so funktionieren, daß Sie sich nicht nur von Einzelfall zu Einzelfall hangeln, sondern Hintergründe, Strukturen und Zusammenhänge richtig in Beziehung setzen.

Im Hinblick auf Ihr Fachgebiet wird außerdem erwartet, daß Ihnen Techniken der Analyse und Priorisierung vertraut sind. Sie müssen auch in der Lage sein, sich über Ihre persönlichen Arbeitsgebiete hinaus sinnvoll zu Trends und Strategien Ihres Fachgebietes zu äußern. Man will wissen, ob Sie nur laut Anweisungen oder Vorgaben handeln, oder ob Sie auch selbständig die Dinge durchdenken und dabei zu relevanten Ergebnissen kommen.

Vor allem für gehobene Positionen gilt: »Manager werden nicht fürs Arbeiten bezahlt, sondern fürs Denken.«

Können Sie denken? Man wird Sie vermutlich fragen:
> Wie wird sich der Markt (in Ihrem Fachgebiet) im Verlauf der kommenden Jahre verändern?
> Mit welchen technischen, wirtschaftlichen und sozialen Entwicklungen rechnen Sie für die Zukunft?
> Was müßte zur langfristigen Wettbewerbsfähigkeit Ihrer Meinung nach in unserem Unternehmen getan werden?
> Wie beurteilen Sie die strategische Ausrichtung Ihres bisherigen Unternehmens? Wie sehen Sie dazu im Vergleich unser Unternehmen?
> Wo sollte man Ihrer Meinung nach ansetzen, um für zukünftige Entwicklungen sicher gerüstet zu sein?
> Welche Controlling-Instrumente kennen Sie? Wie haben Sie diese bislang genutzt?
> Wie analysieren Sie den potentiellen Markterfolg eines neuen Produktes?
> Wie analysieren Sie die Situation von Wettbewerbern, Kunden oder neuen Märkten?
> Wie behalten Sie in Krisen den Überblick? Schildern Sie konkrete Beispiele aus Ihrer Praxis.
> Wie gehen Sie an neue Aufgaben oder Projekte heran? Schildern Sie Beispiele.

Ihr Analysevermögen wird insbesondere bei der Postkorbübung und bei Fallbeispielen auf die Probe gestellt. Sie sollten sich zu Ihrem eigenen Vorteil darin üben. Damit fälschen Sie nicht die Ergebnisse eines Assessment-Centers, sondern trainieren Ihre geistigen Fähigkeiten. Dagegen ist wirklich nichts einzuwenden. Außerdem macht es Sie für die Streßsituation des Auswahlverfahrens souveräner.

Denken Sie immer daran, daß Sie nicht nur das Ergebnis Ihrer Postkorb-übung oder Ihres Fallbeispiels vorlegen. Erklären Sie ausführlich, wie Sie zu dem Ergebnis gekommen sind. Sagen Sie, welche Zusammenhänge und Prioritäten Sie erkannt und warum Sie sich an bestimmten Stellen zu dieser oder jener Entscheidung entschlossen haben.

Man wird Sie wie folgt beurteilen:
> hat das Aufgabenmaterial voll erfaßt und richtig verstanden
> durchdenkt das Thema gründlich und kommt dabei zu fundierten Entscheidungen
> wendet Techniken der Analyse und Entscheidungsfindung an
> betrachtet Probleme von verschiedenen Seiten und stellt dabei die unterschiedlichen Aspekte von Details fest
> hat eine klare Struktur mit Reihungen, Gliederungen, Hierarchien und Priorisierungen entwickelt
> erkennt Detailinformationen und darin kritische Punkte wie Überschneidungen, Fehler und Lücken
> hat das Gesamtthema im Überblick und hält sich bei der Bearbeitung nicht mit unwichtigen Details auf
> abstrahiert von Einzelproblemen auf zugrundeliegende Muster und kann diese auf andere Beispiele übertragen
> erkennt Vernetzungen und Abhängigkeiten zwischen den Elementen der Problematik
> erkennt auch schwache Signale und schließt richtig auf unterschwellige Probleme oder mögliche Schwachstellen
> arbeitet nicht nur an der Lösung der Aufgabe, sondern kristallisiert die Ursachen von Problemen heraus
> bearbeitet die wichtigen Dinge zuerst.

Vielleicht wird man Sie erst in der Nachbesprechung auf Einzelheiten zu Ihrer Aufgabe hinweisen. Damit will man feststellen, ob Sie eine schnelle Auffassungsgabe haben und gedanklich mitziehen können. Es gibt nämlich viele Menschen, die zwar ein Problem analysieren und lösen, danach jedoch keine zusätzlichen Informationen mehr aufnehmen und verarbeiten können. Es kann deshalb gut sein, daß Sie in der Nachbesprechung den entscheidenden Tip erhalten, der Ihre Lösung plötzlich hinfällig macht. Wie Sie damit umgehen, das will man sehen.

4. Problemlösungs-IQ

Unter Problemlösungsintelligenz wird die Fähigkeit verstanden, Probleme richtig zu erkennen, Zusammenhänge sauber zu analysieren und eine praktikable Lösung dazu zu entwickeln. Der Begriff »Problem« sollte hier nicht negativ gesehen werden. Es kann sich auch ganz optimistisch um ein Projekt oder eine zu erledigende Aufgabe handeln.

Im Zusammenhang mit dem Problemlösungs-IQ will man sehen, ob Sie nicht nur schlau, gebildet und fleißig sind, sondern auch etwas Praktisches zuwege bringen können. Man will sehen, ob Sie Ideen entwickeln können, Umsetzungstechniken kennen und selbständig Dinge in den Griff bekommen.

Vielleicht gibt man Ihnen eine Nuß aus Ihrem Fachgebiet zu knacken. Es kann aber auch sein, daß man Sie vor ein Ihnen völlig fremdes Problem stellt. Beispiele wären:

> Was würden Sie tun, wenn Sie mit einer Reisegruppe im Amazonasgebiet unterwegs wären und plötzlich bemerkten, daß sich der Reiseleiter nicht mehr auskennt?

> Was würden Sie tun, wenn das Unternehmen durch einen Unfall zur Umweltbelastung beigetragen hätte und deshalb in den Medien angegriffen würde?

> Was würden Sie tun, wenn Sie einen Konflikt zwischen Geschäftsführung und Personalvertretung befrieden müßten?

> Wie würden Sie vorgehen, wenn Sie sich als Selbständiger mit einem eigenen Geschäft etablieren wollten?

Zu einem hohen Problemlösungs-IQ gehören:
> der sichere Umgang mit Kreativitäts- und Entscheidungsfindungstechniken
> der klare Blick für Prioritäten
> der klare Blick für realistisch Machbares
> die Fähigkeit, sich auch bei Unsicherheiten und Niederlagen wieder neu motivieren zu können
> die Fähigkeit, sich auch gegen Widerstand mit einer ungewöhnlichen Lösung durchsetzen zu können
> Ideenreichtum und Schlagfertigkeit

140

> analytisches, konzeptionelles, planerisches und strategisches Denken
> die sichere Beherrschung von Problemlösungstechniken
> die Bereitschaft und Fähigkeit zur Beschaffung relevanter Informationen und Ideen anderer
> Experimentierfreude
> Pragmatismus
> logisches und kreatives Denken
> Abstraktionsfähigkeit.

Vielleicht gibt man Ihnen eine Fallstudie zur Bearbeitung. Es kann sein, daß man Sie dabei bittet, Ihr Ergebnis später zu präsentieren. Stellt man Ihnen dafür keine Visualisierungsmedien zur Verfügung, wird erwartet, daß Sie diese von sich aus verlangen. Wenn Sie das nicht tun und später womöglich sagen: »Ich hatte leider nichts zur Vorbereitung der Darstellung«, sind Sie als Problemlöser durchgefallen. Ein anderer Trick könnte sein, daß man Sie nur mit lückenhaften Unterlagen zur Fallstudie versorgt und dann allein läßt. Versuchen Sie zuerst, Ihren Betreuer zu finden und nach den fehlenden Unterlagen zu fragen. Wenn der nicht aufzutreiben ist oder nichts dazu sagen kann, setzen Sie sich wieder an die Arbeit und gehen von Annahmen aus. Begründen Sie später, von welchen Annahmen Sie ausgegangen sind und wie Sie dazu kamen. Wenn die Unterlagen jedoch komplett sind, ist es besser, Sie laufen nicht hilferufend hinter anderen her.

Im Interview sollten Sie mit folgenden Fragen rechnen:
> Welche Problemlösungstechniken kennen Sie? Wie setzen Sie diese in der Praxis ein?
> Wie kommen Sie zu Entscheidungen?
> Wie kommen Sie zu Ideen für Ihre Problemlösungen?
> Welche Probleme lösen Sie lieber allein, und für welche würden Sie sich mit anderen Personen (mit wem?) zusammentun?
> Wie strukturieren Sie?
> Schildern Sie Beispiele aus Ihrer Berufspraxis. Wann und unter welchen Bedingungen mußten Sie bereits größere Probleme in den Griff bekommen? Wie ist Ihnen das gelungen?
> Sind Sie schon einmal mit einem Projekt oder einem anderen Vorhaben gescheitert? Wie war das?
> Wie trainieren Sie Ihre Problemlösungskompetenz?
> Wie unterscheiden sich fähige Problemlöser von unfähigen?

In vielen Unternehmen hat man nach schlechten Erfahrungen keine Lust mehr auf vergeistigte Theoretiker. Man will Persönlichkeiten einstellen, die ganz reale Probleme ganz pragmatisch lösen können. Können Sie das? Es ist sehr von Vorteil, wenn Sie aus Ihrer bisherigen Praxis Beispiele schildern und möglichst auch Referenzen nennen können.

5. Problemfindungs- und Chancen-IQ

Die Fähigkeit zur selbständigen Auffindung von Problemen oder von Chancen übersteigt noch die Problemlösungsintelligenz. Letztere braucht als Anstoß das Problem oder die gestellte Aufgabe. Erstere sucht sich ihre Aktionsgebiete selbst. Für Produktentwickler, Marketingstrategen und Erfinder braucht man Personen mit einem hohen Problemfindungs-IQ. Auch hier ist der Begriff »Problem« nicht negativ zu sehen. Die Bezeichnung »Chancen« trifft die Bedeutung genauer. Es geht um die Fähigkeit, Marktnischen zu entdecken, Trends aufzuspüren, neue Produkte zu erfinden, noch nicht erkannte Absatzmöglichkeiten zu identifizieren und ähnliches.

Der Problemfindungs- und Chancen-IQ ist vermutlich angeboren. Zwar hat man manchmal den Eindruck, daß Erfinder und Unternehmensgründer eher durch Zufall auf ihre Entdeckungen gekommen sind, aber das stimmt nicht. Immer haben viele andere Menschen vorher an gleicher Stelle die Chance nicht erkannt.

Unternehmen können kaum gezielt nach Personen mit hohem Problemfindungs- und Chancen-IQ suchen. Meist werden solche Mitarbeiter durch Zufall eingestellt und ihre Qualifikationen erst später erkannt. Manchmal wird auch eine Minifirma samt finanzschwachem, aber intelligentem Gründer gekauft.

Häufig glaubt man auch, man habe endlich einen genialen Marketing- oder Entwicklungschef gefunden, der sich dann jedoch auch wieder als Enttäuschung entpuppt. Seine tollen Ideen von neuen Märkten und Produkten waren letztlich nur Träumereien und Wunschdenken.

Wenn Sie glauben, über einen hohen Problemfindungs- und Chancen-IQ zu verfügen, sollten Sie zur Vorstellung nicht nur die gute Idee, sondern realistische Pläne mit nachvollziehbaren Kosten-Nutzen-Rechnungen zur Umsetzung mitbringen. Noch besser ist es natürlich, wenn Sie bereits auf konkrete Erfolge verweisen können.

142

6. Unternehmerisches Denken

Können und wollen Sie über Ihren persönlichen Arbeitsbereich hinaus denken und Verantwortung tragen? Haben Sie den Blick für unternehmensweite Dinge, für wirtschaftliche Aspekte, Marktchancen, strategische Ziele etc.? Streben Sie unternehmerische Verantwortung mit allen Risiken und Chancen an? Durchschauen Sie die Zusammenhänge des Marktes?

Man wird Ihnen unternehmerisches Denken bescheinigen, wenn Sie auf folgende Fragen gute Antworten geben:
> Wie sehen Sie die zukünftigen Marktchancen des Unternehmens?
> Welche Erfolgsfaktoren sind Ihrer Meinung nach für die Entwicklung von Unternehmen dieser oder anderer Branchen entscheidend?
> Welche Optimierungsmöglichkeiten sehen Sie?
> Kennen Sie die strategischen Unternehmensziele?
> Wie arbeiten Sie konkret an der Erreichung der Unternehmensziele mit?
> Wie setzen Sie Ihre Ziele in zielorientiertes Führen um?
> Kennen Sie die aktuellen Zahlen des eigenen Unternehmens und die der wichtigsten Wettbewerber?
> Schildern Sie aus Ihrer Berufspraxis Beispiele für Ihr unternehmerisches Handeln und Denken.
> Was sollte Ihrer Meinung nach von der Unternehmensleitung her getan werden, um langfristigen Erfolg zu sichern und möglichst noch zu steigern?
> Wie sehen Sie die Geschäftsentwicklung Ihres Unternehmens und der wichtigsten Wettbewerber in den letzten Jahren? Wo sehen Sie die Ursachen für günstige und weniger günstige Ergebnisse?
> Wie unterscheidet sich Ihrer Meinung nach dieses Unternehmen in seinen Stärken und Schwächen von anderen? Was würden Sie tun, wenn Sie die notwendige Entscheidungskompetenz hätten?
> Welche Produkte werden Ihres Erachtens auf Dauer erfolgreich sein, und welche werden in den kommenden Jahren vom Markt verschwinden?

> Wie realisieren Sie kosten- und ertragsbewußtes Handeln? Wie führen Sie Ihre Mitarbeiter in dieser Hinsicht?
> Wie fördern Sie persönlich die Marktstärke des Unternehmens?
> Waren Sie schon einmal unternehmerisch tätig? Wie war das für Sie? Welche Erfolge haben Sie nachweislich erreicht?

Sie müssen sich fundiert über die wirtschaftliche Gesamtlage und die zu erwartenden Entwicklungen äußern können. Weisen Sie nach, daß Sie bisher immer über Ihren persönlichen Arbeitsbereich hinausgedacht und konkrete unternehmerische Maßnahmen durchgeführt oder veranlaßt haben. Sie sollten sich auch mit betriebswirtschaftlichen Dingen auskennen und Strategien zur Schaffung neuer Märkte oder Vertriebschancen vorstellen können. Daß Sie nachweislich kosten- und ertragsbewußt denken und handeln, ist selbstverständlich. Sie sollten auch so gründlich nachgedacht haben, daß Sie spontan Optimierungsmöglichkeiten für den Innen- oder Außendienst benennen können. Auch wenn Sie mit dem Vertrieb selbst nichts zu tun haben, sollten Sie Ideen zur Gewinnung neuer Kunden und zur Verbesserung der Kundenorientierung mitbringen. Zeigen Sie, daß Sie sich in Ihrer beruflichen Laufbahn immer schon für das Gesamtunternehmen interessiert und engagiert haben.

Seien Sie aber vorsichtig, daß Sie dabei nicht versehentlich etwas ausplaudern. Das gilt vor allem, wenn Sie sich bei einem Konkurrenzunternehmen Ihres bisherigen Arbeitgebers bewerben.

Wenn Sie können, sollten Sie Referenzen für Ihre unternehmerischen Qualifikationen nennen.

Ihr unternehmerisches Denken wird bei der Postkorbübung und bei Fallstudien geprüft. Wie schon an anderer Stelle betont, sollten Sie nicht nur Ihr Ergebnis vorstellen, sondern ebenso gut begründen, wie Sie dazu gekommen sind. Gedanken, die Sie in Ihren Erklärungen nicht erwähnen, wird man bei Ihnen auch nicht vermuten. Machen Sie ganz deutlich, daß Sie Kosten- und Nutzenüberlegungen angestellt und die langfristigen Ziele des fiktiven Unternehmens bei Ihrer Lösungsentwicklung berücksichtigt haben.

Im Verlauf des Auswahlverfahrens wird man Ihnen auch die Möglichkeit geben, Fragen zum potentiellen Arbeitgeber zu stellen. Fragen Sie nicht nur nach Betriebsklima und persönlichem Aufgabenbereich. Stellen Sie Fragen, die Ihr Interesse am Gesamtunternehmen und seiner Entwicklung deutlich machen.

7. Logisches Denken

Ab einer bestimmten Position wird man mit Bewerbern keinen Intelligenztest mit Wort- und Zahlenfolgen mehr machen. Wenn Sie ein Studium oder eine vergleichbare Ausbildung abgeschlossen haben, geht man bei Ihnen von einer Grundintelligenz aus.

Man weiß jedoch nicht, ob Sie aus unübersichtlichen Akten, Protokollen, Briefen und Notizen logische Schlüsse für Handlung und Entscheidung ziehen können. Um das herauszufinden, läßt man Sie einen Postkorb bearbeiten oder legt Ihnen eine Fallstudie vor, die den zukünftigen realen Problemen des Aufgabenbereichs ähnelt.

Sie erhalten das Material zur Durchsicht und müssen dann nach einer vorgegebenen Zeit berichten, was zu tun wäre, handelte es sich um einen realen Fall. Im Hinblick auf das logische Denken reicht es, daß Sie den notwendigen Handlungs- und Entscheidungsbedarf erkennen. Wenn es sich um ein Auswahlverfahren für potentielle Führungskräfte handelt, wird auch darauf geachtet, ob Sie sauber unterscheiden können, was Sie selbst zu tun hätten und was Sie delegieren müßten.

Nach der Bearbeitungszeit wird man von Ihnen die Präsentation Ihres Ergebnisses erwarten. Die Beurteiler haben eine Musterlösung vor sich und werden daran Ihr Ergebnis messen und nach Punkten bewerten. Zur Einschätzung Ihrer logischen Denkfähigkeiten wird man sich kaum von Ihren wortreichen Erklärungen beeindrucken lassen. Man konzentriert sich ausschließlich darauf, zu welchen Ergebnissen Sie gekommen sind.

Die Beurteiler schätzen Sie wie folgt ein:
> hat die Informationen in ihren Vernetzungen richtig erkannt und leitet daraus die richtigen Prioritäten ab
> kann die eigene Priorisierung nachvollziehbar begründen
> kann auch komplexe, zum Teil widersprüchlich dargestellte Einzelinformationen in ihren Bedeutungen richtig erkennen
> ist zum korrekten Gesamtergebnis gekommen und kann die Lösung logisch begründen

> hat die notwendigen Maßnahmen und den Entscheidungsbedarf richtig erkannt und ordnet sie einem Gesamtkonzept zu

> erkennt mögliche Risiken und Engpässe aus den zu folgernden Handlungen und kann entsprechend Maßnahmen zur gegebenenfalls erforderlichen Gegensteuerung benennen

> hat unterschiedliche Strategien zur Problemlösung entwickelt und kann jede mit ihren jeweiligen Vor- und Nachteilen benennen, hat sich für eine bestimmte Strategie zur Ausführung entschieden

> erkennt die zugrundeliegende Struktur der Gesamtaufgabe und ortet auch versteckte Informationen und vage Hinweise richtig zu

> hat die Ursachen der dargestellten Probleme richtig erkannt und leitet daraus für die Zukunft richtige Maßnahmen ab

> die strategischen Entscheidungen und operativen Handlungen stehen im ausgewogenen Verhältnis zueinander

> die Teil- und Einzellösungen sind sinnvoll zu einer Gesamtstrategie gebündelt.

Bei der Nachbesprechung will man von Ihnen hören, daß Sie die Problematik richtig erkannt und gedanklich sauber strukturiert haben. Geben Sie eine vernünftige Beurteilung der Situation aus den Ihnen vorgelegten Unterlagen ab. Wichtig ist, daß Sie zwar die Details richtig in ihren Zusammenhängen erkannt haben, sich aber gleichzeitig nicht in Details verlieren. Wichtig ist vor allem, daß Sie nicht nur die Lage erkannt, sondern daraus logische Schlüsse einerseits auf die Ursachen und andererseits für die notwendigen Konsequenzen gezogen haben.

8. Kreativität

Nicht jede (Führungs-)Position verlangt Kreativität. Vor allem in Unternehmen, in denen eine Führungskraft Mitarbeiter verwalten, beaufsichtigen und motiviert halten soll, wird Kreativität eher mißtrauisch betrachtet. Wer will einen kreativen Amtsleiter oder einen kreativen Bank-Filialleiter? Niemand. Das würde nur Unruhe bringen und die Abläufe stören.

Kreativität ist gefragt, wenn Leute gesucht werden, die im TV für eine höhere Einschaltquote sorgen sollen. Kreativität braucht man für Design, Forschung, Produktentwicklung, Marketing und Werbung.

In manchen Unternehmen wird standardmäßig bei Bewerbern nach Kreativität gefahndet. Geht man allerdings der Frage nach, wofür der Bewerber im ausgeschriebenen Job Kreativität braucht, erhält man oft keine schlüssige Antwort. Kreativität sei doch grundsätzlich gut und wichtig, heißt es dann. Das ist wohl wahr.

Sind Sie ein kreativer Mensch, sollten Sie sich von Aufgaben fernhalten, die eher durch Routine und Standards, Unterordnung und die korrekte Einhaltung von Regeln und Vorschriften bestimmt sind. Kurz: Meiden Sie Behörden, Konzerne und Unternehmen mit Qualitäts-, Öko- und sonstigen Zertifizierungen.

Ist Kreativität im Einstellungsverfahren gefragt, geht es dabei um vier Aspekte:

1. Sie müssen in der Lage sein, schnell und ohne innere Zensur viele neuartige Ideen und Alternativen dazu zu produzieren.

Diese Fähigkeit ist grundsätzlich als Begabung angelegt und muß – wie ein Muskel – trainiert werden. Durch Training kann man auch bei einer geringen Begabung mit der Zeit recht kreativ werden. Gerade für eine Bewerbung kann man sich in der Hinsicht nicht ausreichend fit machen.

2. Sie müssen die gängigen Techniken der Kreativität (Mindmapping, Morphologischer Kasten etc.) kennen.

Diese Techniken sind so einfach, daß man sich anhand von Fachlektüre schnell damit vertraut machen kann. Es braucht allerdings Übung, will man dann wirklich kreative Ergebnisse produzieren.

3. Sie müssen Spaß an Kreativität haben und kreative Tätigkeiten den Routineaufgaben vorziehen.

Das wird in der Regel durch Psycho-Tests erforscht. Außerdem betrachtet man den bisherigen Lebenslauf, die Berufswahl und die Hobbys.

4. Sie müssen in der Lage sein, aus Hirngespinsten und Luftschlössern auch praktischen Nutzen zu entwickeln.

Kein Unternehmen hat Lust, einen kreativen Windbeutel zu finanzieren. Letztlich müssen die tollen Einfälle zu einem vernünftigen Ergebnis zum Wohl des Unternehmens führen.

Im Interview rechnen Sie mit folgenden Fragen:
> Wenn Sie damit beauftragt würden, ein völlig neues Produkt mit hohen

Marktchancen – zum Beispiel kalorienfreie Schokolade – zu entwickeln, was könnten Sie sich spontan vorstellen?

> Wenn Sie einen Posten von fünftausend Teppichklopfern verkaufen müßten, wie würden Sie vorgehen?
> Warum sind Ihrer Meinung nach so viele Menschen so wenig kreativ?
> Wie könnte man die Kreativität der Mitarbeiter fördern?
> Was waren Ihre bisher kreativsten Ideen? Was ist daraus geworden?
> Wo und wie sind Sie kreativ?
> Was tun Sie, um Ihre Kreativität zu steigern?
> Wie kommen Sie auf Ideen? Wie gehen Sie mit Ihren Ideen um?
> Was war Ihre beste Idee?
> Haben Sie Ideen, die Sie bislang noch nicht in die Tat umsetzen konnten? Welche? Warum haben Sie sie noch nicht umgesetzt?
> Wenn Sie für ein bestimmtes Vorhaben 100.000 DM bräuchten, wie könnten Sie die bekommen, ohne Ihre Bank einzuschalten?
> Wozu braucht unser Unternehmen Kreativität?
> Was wäre bei uns anders, wenn wir kreativer wären?
> Wenn Sie für unseren nächsten Messeauftritt Werbegeschenke auswählen sollten, welche würden Sie vorschlagen?
> Wenn man Sie damit beauftragen würde, eine Party mit fünfzig Gästen originell zu gestalten, was würden Sie tun?
> Wenn Sie einmal die Ausgabe einer Illustrierten nach Ihren Wünschen und ohne finanzielle Beschränkungen gestalten dürften, wie würde sie aussehen?
> Welche Techniken zur Ideenfindung kennen Sie? Wozu nutzen Sie diese?
> Wie setzen Sie Ihre Ideen in die Tat um? Was tun Sie bei Widerständen?
> Was hindert Sie daran, noch kreativer zu sein als bisher?
> Wie nutzen Sie die Kreativität anderer Menschen?
> Wie könnte man aus Deutschland wieder einen attraktiven Wirtschaftsstandort machen?
> Wie könnte man die Politikverdrossenheit der Bevölkerung beheben?

Wenn Sie an einem Assessment-Center teilnehmen, wird man Sie unweigerlich mit einer Postkorbübung konfrontieren. Sie erhalten einen Stapel mit fiktiven Briefen, Protokollen und Aktennotizen. Auf der Basis dieser Unterlagen haben Sie zu entscheiden, was zu tun wäre, handelte es sich um Ihren »Manager-

Postkorb«. Sie präsentieren dem Veranstalter des Assessment-Centers Ihre Entscheidungen. Dabei wird wie folgt beobachtet:

> Ihre Entscheidungen müssen sachlich sinnvoll sein und den vorgegebenen möglichen Lösungen entsprechen. Eine der »erlaubten« Lösungen müssen Sie treffen und sinnvoll begründen. Darüber hinaus erwartet man weitere Zeichen von Kreativität.

> Sie sollten möglichst mehr als eine sinnvolle Lösung präsentieren und jeweils deren Vor- und Nachteile begründen.

> Sie sollten neben den konventionellen Lösungen auch völlig ungewöhnliche Wege vorschlagen und begründen.

> Sie sollten während Ihrer Präsentation spontan zu weiteren Ideen kommen und diese schnell in Ihre Ausführungen einbauen.

> Sie sollten Vermutungen und Annahmen über Zusammenhänge zwischen den in den Unterlagen dargestellten Problembereichen entwickeln und auch dazu mögliche Lösungen vorschlagen. Ihre Vermutungen und Annahmen müssen deutlich über das hinausgehen, was aus den Unterlagen zu ersehen ist.

Sie dürfen sich bei der Präsentation Ihrer Ergebnisse auf keinen Fall maulfaul zeigen. Wenig sagen, würde auf wenig denken schließen lassen. Man würde Ihnen unterstellen, daß Sie mit nur einer Lösung zufrieden sind. Das ist nicht kreativ, sondern gewissenhaft. Und Gewissenhaftigkeit gilt als »Sachbearbeiter-Tugend«.

Während Ihrer Präsentation wird man Sie mit kritischen Fragen unterbrechen und auch über weitere Hintergründe der Postkorb-Probleme informieren. Dabei wird man beobachten, ob Sie in der Lage sind, blitzschnell darauf zu reagieren und spontan neue Aspekte in das Thema aufzunehmen, ohne dabei den roten Faden zu verlieren.

Man wird Sie anschließend nach vergleichbaren Fällen aus Ihrer Arbeitspraxis fragen. Wenn Ihnen dann nichts einfällt, wird man nicht nur einen Mangel an Kreativität annehmen, sondern auch die Unfähigkeit zu abstrahierendem Denken.

Die Überprüfung Ihrer Kreativität, Ihrer Innovationsbereitschaft und Ihrer Fähigkeit zu vernetztem Denken geht ineinander über. Man kann davon ausgehen, daß, wer über das eine verfügt, auch das andere hat.

9. Entscheidungsverhalten

Mit Entscheidungsverhalten ist die Art gemeint, wie eine Person zu Entscheidungen kommt und zu deren Konsequenzen steht. Je höher jemand in der Unternehmenshierarchie aufsteigt, desto wichtiger sind die Fähigkeit und die Bereitschaft, Entscheidungen zu treffen und zu verantworten.

Wenn ohnehin klar ist, welche Entscheidung die richtige ist, kann man sich leicht festlegen. Sehr viel schwerer fällt es, sich für die eine oder die andere Sache zu entscheiden, wenn nicht klar ist, wie sich das Resultat später bewähren wird. Es kann sein, daß nicht alle Informationen zur Verfügung stehen, man nicht weiß, wie die Entscheidung von Dritten bewertet wird, man einer Fehleinschätzung aufsitzt ...

Stellen Sie sich vor, Sie sind bei einer Wattwanderung in den Nebel geraten und haben die Orientierung verloren. Die Flut steigt. Sie wissen nicht, in welcher Richtung das offene Meer liegt und in welcher der rettende Strand. Sie können sich nun entscheiden, ob Sie in die eine oder in die andere Richtung laufen. Es gibt keine Garantie, daß Ihre Entscheidung richtig ist. Sie könnten deshalb auch aus Verzweiflung auf der Stelle stehenbleiben. Irgendwann werden Sie dann als Wasserleiche an den Strand gespült.

Man sagt: »Keine Entscheidung ist auch eine Entscheidung, nämlich die, nichts zu tun.« Daran kranken heute vor allem die Führungsetagen großer Unternehmen und Parteien. Man hat Angst, Fehlentscheidungen zu treffen, und läßt es vorsichtshalber ganz sein, sich irgendwie festzulegen. Man holt sich externe Berater ins Haus, denen es häufig ziemlich egal ist, ob ihre Empfehlungen zu Erfolg führen. Oder man holt sich Hauruck-Manager ins Haus, die vor lauter Entscheidungslust Chaos produzieren.

In den meisten Unternehmen hat man allerdings zu viele Führungskräfte, die lieber nichts tun oder sich die Zeit mit Meetings, Untersuchungen, Analysen, Studien und Gutachten vertreiben in der Hoffnung, daß sich durch derartige Aussitztechniken die Probleme von selbst lösen. Vielleicht hoffen sie auch, daß sich dann ein anderer damit befaßt, der dann notfalls die Schuld zugewiesen bekommt.

Man spricht von zwei Richtungen im Entscheidungsverhalten.

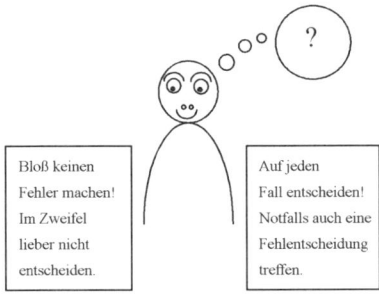

Im folgenden die Texte aus der Abbildung:

Bloß keinen Fehler machen! Im Zweifel lieber nicht entscheiden.

Auf jeden Fall entscheiden! Notfalls auch eine Fehlentscheidung treffen.

Zu der links dargestellten Richtung gehören Menschen, die wenig entscheidungsbereit sind. Sie haben Angst vor Fehlern. Das kann im positiven Sinn verhindern, daß falsche oder voreilige Entscheidungen getroffen werden. Im negativen Sinn kann diese Haltung zu Stillstand mit Endlos-Konferenzen führen.

Zu der rechts dargestellten Richtung gehören entscheidungsschnelle und -freudige Menschen. Bevor sie auf der Stelle treten oder den Kopf in den Sand stecken, nehmen sie lieber eine Fehlentscheidung in Kauf. Darin liegen sowohl Chance als auch Risiko.

Wenn Sie sich zu Polizeiarbeit hingezogen fühlen, sollten Sie als wenig entscheidungsfreudiger Mensch zu der Crew gehören, die am Tatort die Spuren sichert und auf Tätersuche geht. Tendieren Sie eher zur anderen Richtung, können Sie Einsatzkommandos leiten und zum Beispiel blitzschnell entscheiden, wann der Zugriff auf Geiselgangster erfolgen soll. In beiden Fällen brauchen Sie natürlich die entsprechende Fach- und Führungsqualifikation.

Ein entscheidungsscheuer Mediziner kann in der Pathologie Analyse und Forschung betreiben. Man sollte ihm niemals Patienten anvertrauen, die auf seine Empfehlungen – operieren oder nicht? – angewiesen sind. Da es niemals eine Garantie dafür geben kann, daß die Operation gelingt, wird er den Patienten solange untersuchen, bis dieser von selbst an seiner Krankheit stirbt.

Man unterscheidet in diesem Zusammenhang zwei Varianten der »Nieten in Nadelstreifen«:

1. Entscheidungsscheue Manager

Sie legen sich nicht gern fest, sichern sich ständig zum Vorstand oder zum Betriebsrat hin ab und haben immer neue Begründungen, warum die Sache »nicht über das Knie gebrochen« werden darf.

2. Entscheidungswütige Manager

Heute hü und morgen hott. Sie können sich von einem Tag zum nächsten nicht erinnern, was sie entschieden haben und warum. Macht aber auch nichts, ihnen kommt ohnehin jeden Moment ein neuer Einfall, den man ganz einfach mal ausprobieren sollte.

Sie sehen, eine zu extreme Ausrichtung im Entscheidungsverhalten ist auf jeden Fall schädlich. Da sich in vielen Unternehmen zu viele entscheidungsscheue Menschen befinden, sucht man mittlerweiler tendenziell eher nach mutigen Entscheidern.

Wenn Sie selbst entscheidungsfreudig sind, haben Sie gute Chancen, einen entsprechenden Posten zu bekommen. Sie sollten jedoch vor dem Unterschreiben des Arbeitsvertrags stets Ihrerseits prüfen, ob man später Ihr Entscheidungsverhalten akzeptieren wird. Nicht selten wissen Personalchefs und Unternehmensleiter »vom Verstand her«, daß sie zwischen ihre Duckmäuser ein paar Mutige setzen sollten. Dann suchen sie im Personalauswahlverfahren nach »guten« Entscheidern, um diesen in der täglichen Arbeit dann das Leben durch Ausbremsverfahren und Bedenkenträgerei schwer zu machen.

Die Unternehmen werden – wenn sie klug sind – bei Bewerbern, die sich als entscheidungsfreudig gezeigt haben, auch intensiv nach Belastbarkeit und Streßresistenz forschen. Wer nämlich einmal eine Entscheidung getroffen hat, muß notfalls mit Anfeindungen leben, wenn diese doch nicht die gewünschten Resultate bringt.

Stellen Sie sich vor, Sie sind Manager bei einem Autokonzern und sollen die schwierige Entscheidung treffen für eine neue Produktionsstätte im teuren Deutschland oder im billigen Ausland. Wenn Sie sich für Deutschland entscheiden und dann an den Produktionskosten ersticken, wird man Sie anfeinden. Wenn Sie sich für das billigere Ausland entscheiden und damit Streiks im Inland provozieren, ist es auch Ihre Schuld.

Wenn Sie als Einsatzleiter bei der Polizei den schnellen Zugriff auf Geiselgangster entscheiden und die Opfer tatsächlich unblutig befreien, sind Sie ein Held. Wenn es jedoch Pannen gibt und Verletzte oder gar Tote, dann sind Sie dafür verantwortlich, auch einer reißerischen Presse gegenüber. Entscheidungsfreudige Nervenbündel und Mimosen kann niemand gebrauchen.

Bei entscheidungsfreudigen Bewerbern wird (hoffentlich) auch der bisherige Berufsweg betrachtet. Sie sollten einen stabilen Lebenslauf vorweisen und nicht zu den »Job-Hoppern« gehören. Wenn ein entscheidungsfreudiger Mensch alle zwei bis drei Jahre den Arbeitgeber wechselt, liegt der Verdacht nahe, daß es sich um eine leichtsinnige Persönlichkeit mit viel Abenteuerlust handelt. Man

152

würde davon ausgehen, daß Sie überall schnell mal eben dieses oder jenes entscheiden und rechtzeitig den Tatort verlassen, bevor die Folgeschäden offensichtlich werden.

Der dritte Aspekt, der bei entscheidungsfreudigen Bewerbern festgestellt werden sollte, ist eine mögliche Neigung zu Fanatismus und Schwarzweißdenken. Man tut sich nämlich leicht mit Entscheidungen, wenn man über eine simple Denkstruktur mit klaren Freund- und Feindbildern und starren Gut- und Böseregeln verfügt.

»Gutes« Entscheidungsverhalten wird im täglichen Arbeitsleben (Probezeit oder diskrete Erkundigungen beim bisherigen Arbeitgeber) an folgenden Merkmalen festgemacht:

> Bereitschaft zu Entscheidungen auch bei unvollständigen Informationen und notfalls auf der Basis von Intuition.
> Bereitschaft, bei Fehlentscheidungen die Schäden schnell zu begrenzen, die Entscheidung zu revidieren und die persönliche Verantwortung zu übernehmen.
> Keine Neigung, anderen notwendige Entscheidungen zuzuschieben.
> Selbständiges Erkennen von Situationen, die Entscheidungen notwendig machen.
> Fähigkeit, die Entscheidung zeitlich richtig zu setzen, weder zu früh noch zu spät.
> Klarsicht bei der zügigen Abwägung von möglichen Risiken und Konsequenzen.
> Offen für alle Informationen zur Entscheidungsfindung und Verzicht auf persönliche »Lieblingslösungen«. Es werden auch die Argumente und Informationen von Gegenparteien und Konkurrenten vorurteilsfrei berücksichtigt.
> Bereitschaft, in Notfällen und bei Zeitdruck auch einmal die eigenen Kompetenzen zu überschreiten im Sinne einer notwendigen Entscheidung.
> Fähigkeit, auch einmal auf eine eigene Entscheidung zu verzichten und die anderer zu akzeptieren.

Das Entscheidungsverhalten eines Bewerbers wird im Interview mit Fragen wie den folgenden erkundet:

> In welchen Zusammenhängen haben Sie sich bisher nur schwer zu Entscheidungen durchringen können? Wie haben Sie das Problem gelöst?
> Wenn Sie mit dem Wissen von heute noch einmal bestimmte Entscheidun-

gen revidieren könnten, welche wären das und warum sehen Sie die Sache heute anders?
> Zu welchen Entscheidungen in Ihrem Aufgabenbereich ziehen Sie Ratgeber hinzu? Welche? Warum?
> Haben Sie bereits einmal eine schwere Fehlentscheidung getroffen? Welche? Was ist dann passiert? Wie haben Sie sich gefühlt?
> Würden Kollegen und Vorgesetzte, die Sie kennen, Ihr Entscheidungsverhalten vermutlich eher positiv oder negativ beurteilen? Warum?
> Welche Entscheidungen in Ihrem heutigen (zukünftigen) Arbeitsbereich würden Sie bewußt allein treffen?
> Was kann Sie veranlassen, eine getroffene Entscheidung zu revidieren? Wie begründen Sie eine solche Meinungsänderung vor anderen?
> Wie kommen Sie eigentlich zu Entscheidungen? Erklären Sie Ihre diesbezüglichen Strategien an Beispielen.
> Sind Sie schon einmal für eine Ihrer Entscheidungen hart kritisiert, angefeindet oder verspottet worden? Wie war das? Wie haben Sie sich in der Situation verhalten?

Im Assessment-Center bekommt der Bewerber – zum Beispiel bei der »Postkorbübung« – Praxisfälle vorgelegt. Er muß diese Fälle selbständig bearbeiten und in einem Abschlußgespräch begründen, warum er was wie entschieden hat. Dabei achten die Beobachter auf folgende Merkmale:
> Der Bewerber wägt Vor- und Nachteile ab, entwickelt und vergleicht Alternativen vor seiner endgültigen Festlegung auf eine Variante.
> Der Bewerber kann seine Entscheidungen nachvollziehbar begründen und erkennt auch mögliche Risiken.
> Der Bewerber behält sich keine Entscheidung vor, die er delegieren sollte.
> Der Bewerber versteckt sich nicht hinter »Unklarheiten« oder »Analysebedarf«, um sich vor einer Entscheidung zu drücken.
> Der Bewerber bearbeitet die Fallstudien des Postkorbs zügig und richtig. Bei seinen anschließenden Erläuterungen verzichtet er auf Entschuldigungen, in »der Kürze der Zeit« leider nicht zu besseren Ergebnissen gekommen zu sein.

Nach Bearbeitung und Besprechung des Postkorbs werden dem Bewerber ein paar weiterführende Fragen zur Fallstudie gestellt:

> Was würden Sie als nächstes tun, wenn Sie die hier beschriebenen Fälle in der Realität zu regeln hätten?
> Wo liegen in Ihren Lösungen vermutlich die größten Risiken für Fehlentscheidungen?
> Was würden Sie tun, wenn sich einige Ihrer Entscheidungen tatsächlich als falsch erwiesen?
> Welche Risiken würden Sie bei vergleichbaren Fällen in der Praxis maximal eingehen? Mit wem würden Sie sich darüber beraten?
> Wie würden Sie in der Praxis sicherstellen, daß Ihre Entscheidungen auch richtig umgesetzt werden?
> Wie würden Sie die Dinge im Auge behalten, um das Eintreten des Risikofalles sofort zu erkennen?

Wenn Sie vor einem Bewerbungsverfahren etwas für Ihr Entscheidungsverhalten tun wollen, lesen Sie die Fachliteratur zu Postkorbübungen und Assessment-Centers und bearbeiten Sie die darin beschriebenen Fälle. Sie werden bei Ihren Bewerbungen zwar auf andere Beispiele treffen, aber Ihre Entscheidungskompetenz können Sie sehr wohl trainieren.

Sollten Sie Zweifel an Ihrer Entscheidungsfähigkeit haben und dennoch unbedingt eine Position anstreben, die diese Fähigkeit voraussetzt, gönnen Sie sich ein Training von mindestens drei Tagen bei einem guten Seminaranbieter. Dort werden Sie auch Tips für mögliche Ursachen Ihrer Entscheidungsschwächen und für deren Überwindung bekommen.

Fragen Sie sich jedoch selbstkritisch, ob Sie wirklich bereit sind, bei Fehlentscheidungen die unvermeidlichen Prügel und das lustvolle Hohngelächter derer, die hinterher immer schlauer gewesen sind, einzustecken.

Unter den Managern gibt es viele heimliche Trinker, Tablettensüchtige und Anhänger von Psycho-Gurus. In vielen Fällen liegen die Probleme darin begründet, daß die Betreffenden sich mit ihren Entscheidungsverantwortungen übernommen haben.

Auch das ist eine Art, das Leben kurz und bündig hinter sich zu bringen.

10. Strategisches Denken

Wir halten uns wohl alle für Strategen, weil wir über die eigene Nasenspitze hinaus denken können. Darum geht es bei Einstellungsverfahren nur begrenzt. Von Bewerbern insbesondere für Führungsfunktionen will man präzise wissen, wie gut sie sich mit strategischen Techniken und Methoden auskennen und welche Erfahrungen sie damit gemacht haben.

Man geht von strategischem Denken aus, wenn der Bewerber

> Planungsmethoden kennt, wie zum Beispiel Portfolio, Stärken-/Schwächen-Analyse, Szenariotechniken. Er sollte praktische Erfahrungen mit diesen Methoden haben und sie kritisch würdigen können.

> Wettbewerbsuntersuchungen, Informationsrecherchen und Management-Benchmarks bisher erfolgreich durchgeführt hat und daraus Strategien für das eigene Unternehmen oder den bisherigen Arbeitsbereich ableiten konnte.

> bisher in seinem Verantwortungsbereich intensiv mit kurz- und mittelfristigen Planungen gearbeitet und dabei systematische Kontrollverfahren angewendet hat.

> auch kritische Langfristplanungen und Szenarienvergleiche durchgeführt hat.

> mit Evaluationstechniken arbeitet, wie zum Beispiel mit Rentabilitätsrechnungen, Investitions-Nutzen-Analysen, Entscheidungs-Controlling, Optimierungsmodellen.

> sich intensiv mit dem Markt, dem Wettbewerb, den Kunden, absehbaren Trends und Entwicklungen befaßt und daraus Strategien zur dauerhaften Sicherung und Verbesserung der Marktposition ableitet.

Wenn Sie zu den genannten Techniken, Methoden und Verfahren keine persönlichen Erfahrungen aufweisen können, sollten Sie sich rechtzeitig zumindest theoretisch in die Thematik einarbeiten. Studieren Sie die Fachliteratur und entsprechende Manager-Zeitschriften. Bis zum 35. Lebensjahr etwa können Sie mit gutem theoretischen Wissen fehlende Erfahrung kompensieren. Danach haben Sie entweder praktische Erfahrung oder man geht – vermutlich zu Recht – davon aus, daß Sie kein Stratege sind. Sie sollten dann auch auf strategisch orientierte Führungspositionen verzichten. Ihre eigenen Mitarbeiter kämen Ihnen schnell auf die Schliche und würden Ihre diesbezüglichen Schwächen wahrscheinlich munter ausnutzen. Sie hätten weder die notwendige Zeit noch ausreichend geistige Beweglichkeit, entsprechende Lücken zu füllen.

Das strategische Denken wird im Interview mit Fragen untersucht wie:
> Welche Planungsmethoden kennen Sie? Für welche Zwecke würden Sie diese einsetzen?
> Wie würden Sie kurz-, mittel- und langfristige Planungen aufeinander abstimmen, und wie verfolgen Sie die Umsetzung der Planungen?
> Wenn Sie die bei uns ausgeschriebene Position übernehmen sollten, wie könnten Sie sich dann ein sinnvolles Benchmarking in Ihrem Bereich vorstellen?
> Wie beurteilen Sie die langfristigen Entwicklungen am Markt? (Man fragt natürlich nach dem Markt, der das Unternehmen betrifft.)
> Wie wollen Sie sichern, daß sich Ihr Bereich auch in fünf, zehn oder zwanzig Jahren erfolgreich am Markt behauptet?
> Welche langfristigen Ziele wollen Sie – sollten Sie den ausgeschriebenen Aufgabenbereich übernehmen – erreichen? Wie werden Sie das tun? Wie sind Ihre Zeithorizonte?

Da in diesem Themenbereich die »Bluff-« und »Schaumschlägerei-Lust« der Bewerber erfahrungsgemäß hoch ist, wird man Sie sehr kritisch beobachten und Ihnen auch immer wieder knallharte Detailfragen stellen. Gehen Sie in solche Gespräche besser nicht unvorbereitet.

11. Ganzheitliches oder vernetztes Denken

Vor einigen Jahren kam das »vernetzte Denken« in Mode. Rechnen Sie damit, daß man Sie danach fragt. Es reicht, wenn Sie sich dazu ein wenig in Fachbüchern schlaumachen. Allzu wichtig ist das Thema heute nicht mehr. Sie sollten jedoch wissen, was unter vernetztem Denken zu verstehen ist und wer die Gurus auf dem Gebiet sind. Wenn man Sie gar nicht darauf anspricht, sollten Sie das Thema auch ruhen lassen.

Gleichwohl müssen Sie vor allem für Management- und Führungsfunktionen ganzheitliches Denken mitbringen. Spezialisten denken eher »in die Tiefe«

und achten weniger auf die großen Zusammenhänge. Letzteres können und wollen Spezialisten oft auch gar nicht. Wer aber in der Unternehmenshierarchie aufsteigen will, muß die Zusammenhänge in ihrer Ganzheitlichkeit erfassen.

Man wird Ihre Fähigkeiten in der Hinsicht vermutlich durch die Postkorbübung testen. Ob das die geeignete Methode ist, mag dahingestellt sein. Im Interview oder gar im Psycho-Test kann man ganzheitliches Denken jedenfalls nicht erkennen. Da bleiben nur der Postkorb und später die Probezeit.

Wenn Sie nach der Postkorbübung Ihr Ergebnis vorstellen und ausführlich begründen, achtet man auf folgendes:

> Kann der Bewerber die fiktiven Vorgänge und Probleme in Beziehung setzen?

> Erkennt der Bewerber mögliche erwünschte und unerwünschte Konsequenzen von Entscheidungen auf zunächst nicht unmittelbar betroffene Randgebiete?

> Kann der Bewerber aus Einzelaspekten Trends ableiten?

> Trifft der Bewerber seine Entscheidungen unter Abwägung der Gesamtzusammenhänge?

Achten Sie darauf, daß Sie wirklich gut erklären, wie Sie zu Ihrem Postkorbergebnis gekommen sind und welche Alternativen Sie noch in Erwägung gezogen haben. Niemand kann in Ihren Kopf hineinschauen. Wenn Sie nicht sagen, was und wie Sie denken, kann auch niemand erkennen, ob Sie ganzheitlich denken können. Da es heute ausreichend eloquente Bewerber gibt, wird sich niemand die Mühe machen, Ihnen notfalls Ihr Wissen aus der Nase zu ziehen.

Merke: Es reicht nicht, daß Sie intelligent sind. Sorgen Sie dafür, daß man es auch merkt. Sie sollten sich dabei nicht auf den arroganten Standpunkt zurückziehen, daß die anderen sich um Sie bemühen müssen. Statt dessen sollten Sie sich die Mühe machen, Ihre geistigen Qualitäten zu zeigen.

12. Konzeptionelles Denken

Ob Sie konzeptionell denken können, stellt man fest, indem man Sie im Rahmen einer Fallstudie ein Konzept allein erarbeiten läßt. Es hängt von Ihrer Branche ab, welcher Art die Studie inhaltlich ist.

Beispiele können sein:

> Entwicklung einer Marketingstrategie für ein neues Produkt, eine neue Zielgruppe oder einen neuen Vertriebsbereich.
> Konzeptionierung eines Projektes zur Reorganisation einer Einheit oder sogar des Gesamtunternehmens.
> Entwicklung eines Vorgehenskonzeptes zur Zusammenlegung zweier bisher eigenständiger Unternehmen.
> Entwicklung eines allgemeinen Vorgehensmodells für firmeninterne Projekte.

Vermutlich wird man Sie auch nach Beispielen konzeptionellen Denkens aus Ihrer Berufspraxis fragen:

> Haben Sie schon einmal maßgeblich an einer Umstrukturierung mitgearbeitet? Wie sind Sie dabei vorgegangen?
> Welche wesentlichen Veränderungen in Ihrem bisherigen Arbeitsumfeld haben Sie veranlaßt oder gesteuert? Schildern Sie Ihr Vorgehen.
> Welche Projekte haben Sie verantwortlich geleitet? Wie haben Sie von Anfang an das Projekt auf Erfolgskurs gebracht?

Falls Sie noch keine größeren Berufserfahrungen nachweisen können, läßt man Sie nach folgenden Fragen fabulieren:

> Wie würden Sie die Fusionierung zweier Unternehmen steuern?
> Stellen Sie sich vor, Sie sollten der Insel Goa ein neues Image verpassen. Wie würden Sie vorgehen?
> Was müßte man tun, um in Deutschland endlich auch eine Dienstleistungsmentalität zu erreichen?
> Wie würden Sie vorgehen, wenn man Sie beauftragt, den deutschen Werften langfristig die Wirtschaftsgrundlage zu sichern?

Entsprechende Fragen werden sich natürlich an Ihrer Branche und an der von Ihnen angestrebten Position orientieren. Wichtig ist, daß Sie zu vorgegebenen Problemen oder Aufgaben möglichst zügig eine logisch nachvollziehbare Strategie oder ein Vorgehenskonzept entwickeln. Verzetteln Sie sich auf keinen Fall in Ursachenanalysen (z.B.: Warum geht es den Werften so schlecht?) oder in Grundsatzfragen (z.B.: Was ist Dienstleistungsmentalität?).

Man will wissen, ob Sie das Wesentliche erkennen, Zusammenhänge durchschauen und schnell zu vernünftigen Handlungsansätzen finden. Konzeptionelles Denken steht in engem Zusammenhang mit Zielorientierung, strategischem Denken, Generalistenorientierung und natürlich dem Problemlösungs-IQ. Dabei sind die Grenzen fließend. Wo hört das eine auf, und wo fängt das andere an? Das ist völlig egal. Wichtig ist, daß Sie Ihre Fähigkeit deutlich zeigen, auch komplexe und große Probleme durch sauber strukturiertes Denken in den Griff bekommen zu können.

13. Zielorientierung

Man sollte meinen, daß Zielorientierung bei einem erfolgswilligen Mitarbeiter selbstverständlich ist. Leider fehlt dennoch vielen die richtige Einstellung dazu. Noch immer gibt es Mitarbeiter, die den Standpunkt vertreten, daß es reicht, wenn ihnen der Chef sagt, was zu tun ist und wie es gemacht werden soll. In sehr untergeordneten Positionen mag das hingenommen werden.

Für Sie ist Ziel- oder auch Ergebnisorientierung unbedingt wichtig! Sie sollten klare Zielvorstellungen für Ihren persönlichen Karriereweg nennen können. Sie sollen jedoch auch bezogen auf die ausgeschriebene Position Zielorientierung zeigen. Fragen Sie nicht, was Sie tun sollen oder wem Sie berichten werden. Fragen Sie konkret nach den Zielen. Machen Sie deutlich, daß Sie nicht wie ein Beamter oder Stechuhrenfetischist denken, der sich dafür bezahlen läßt, daß er sich während der Arbeitszeit am Arbeitsplatz aufhält und in Ruhe abarbeitet, was anfällt. Machen Sie klar, daß Sie Ziele vereinbaren und an deren Erreichung gemessen werden wollen.

Ihre Zielorientierung läßt sich in scheinbar belanglosen Gesprächen oder auch in Rollenspielen beobachten. Verplaudern Sie sich? Lassen Sie sich vom Thema oder vom angestrebten Ergebnis abbringen?

Wenn Sie Ihre Postkorbergebnisse präsentieren, haben Sie die beste Chance, Zielorientierung zu beweisen. Erklären Sie, wie Sie zu Ihren Entscheidungen gekommen sind und welche Ziele Sie damit verfolgen würden, handelte es sich nicht um einen fiktiven Fall. Erklären Sie auch, wie Sie als Führungskraft die Umsetzung Ihrer Entscheidungen sichern und die Erfolge verifizieren würden. Stellen Sie nur pragmatische Lösungen dar. Schweifen Sie nicht in Grundsatzüberlegungen oder Banalitäten ab.

Wenn Sie von Ihrer beruflichen Praxis berichten, sollten Sie nicht sagen, was

Sie getan haben. Heben Sie hervor, was Sie an Zielen für Ihren bisherigen Arbeitgeber erreicht haben. Sagen Sie zum Beispiel nicht, daß Sie für die Neukundengewinnung zuständig waren. Sagen Sie, welche Ziele Sie dabei vor Augen hatten und wie viele Neukunden Sie gewinnen konnten. Nennen Sie dazu auch Auftragsvolumen und Erträge. Wenn Sie bisher Leiter der Buchhaltung waren, dann sagen Sie nicht, was an Aufgaben in Ihren Bereich fiel und wie viele Mitarbeiter Sie führen durften. Sagen Sie, welche Ziele Sie mit Ihrem Bereich verfolgt und erreicht, wie Sie Ihre Mitarbeiter zu ziel- und nicht erledigungsorientiertem Denken geführt haben.

Zielorientierung gehört zu den großen Themen in Managerkreisen. Sie tun gut daran, wenigstens ein Fachbuch dazu zu lesen. Sie sollten sich auskennen mit Zielvereinbarungssystemen, variablen Vergütungsmodellen und zielorientierter Teamarbeit.

Wenn Sie sich für eine Führungsposition beworben haben, sollten Sie klare Vorstellungen mitbringen, wie Sie mit Ihren zukünftigen Mitarbeitern die jeweiligen Zielvereinbarungen durchführen wollen.

Es kann sein, daß man Sie als potentielle Führungskraft ein Rollenspiel zur Zielvereinbarung mit einem widerständigen Mitarbeiter führen lassen wird. Dabei achtet man auf folgende Merkmale:

> führt das Gespräch straff und läßt keine Abschweifungen zu
> geht auf Einwände des Mitarbeiters ein, läßt sich aber nicht von den grundlegenden Zielen abbringen
> formuliert die Zielvorstellungen unmißverständlich und erarbeitet mit dem Gesprächspartner sinnvolle Teil- oder Zwischenziele
> kann den Zielen pragmatische Handlungsansätze zuordnen, gibt jedoch nicht das Wie der Erreichung vor
> läßt den Mitarbeiter selbst erläutern, wie die Ziele zu erreichen sind
> verliert sich nicht in Detailfragen und weist Versuche der Rückdelegation ab
> vereinbart unmißverständliche Beurteilungskriterien für die Zielerreichung
> achtet auf eine angemessene Priorisierung innerhalb des Zielkatalogs
> führt das Gespräch zügig zum Ergebnis.

Vielleicht läßt man Sie auch umgekehrt im Rollenspiel mit Ihrer (fiktiven) Führungskraft über Ihre eigenen Ziele verhandeln. Dann sind folgende Merkmale Beobachtungsschwerpunkte:

> kann selbst klare Ziele für den eigenen Aufgabenbereich nennen und sinn-
  voll in Teil- und Zwischenziele gliedern
> zeigt Begeisterung für die Ziele
> interessiert sich für die Bedeutung der eigenen Ziele im Gesamtgefüge der
  Unternehmensziele
> zeigt die Neigung, sich anspruchsvolle Ziele vorzunehmen
> kann klar die Kriterien für die Beurteilung der Zielerreichung nennen
> thematisiert mögliche Chancen auf Zusatzziele oder Übererfüllung
> thematisiert mögliche Berührungspunkte oder Überschneidungen mit Zie-
  len von Kollegen oder anderen Bereichen
> thematisiert mögliche Hindernisse und ihre Überwindung auf dem Weg zur
  Erreichung, bleibt dabei aber bei einer hohen Erfolgserwartung
> vertieft sich nicht in Detaildiskussionen
> zeigt den Willen, an den Ergebnissen gemessen zu werden und nicht an den
  Bemühungen.

Wenn Sie an einer Gruppenübung – egal zu welchem Thema – teilnehmen,
sollten Sie immer der erste sein, der bei Weitschweifigkeiten oder Detaildiskus-
sionen die Gruppe an die Ziele der Aufgabe gemahnt. Vor allem Damen wird oft
unterstellt, daß sie in Konferenzen entweder gar keinen Einfluß auf die Zielstre-
bigkeit der Gruppe haben oder vor lauter Nettigkeit lieber Geplauder mitmachen, als auf den Tisch zu hauen und an die Tagesordnung zu erinnern. Das wirkt
dann eher sozial- als zielorientiert. Inzwischen, aufgrund harter (Überlebens-)
Kämpfe am Markt, ist das Loben des angeblich »anderen« Führungsstils von
Frauen verstummt. Man will wieder Führungskräfte, die ganz pragmatisch knallharte Ziele erreichen, und keine liebevollen Motivierer »fußlahmer Sozialfälle«
(O-Ton eines Personalchefs).

Bei Gruppenübungen achtet man im Hinblick auf Zielorientierung auf folgendes:
> ergreift schnell die Initiative zum Arbeits- oder Diskussionsstart
> unterstützt schwächere Teilnehmer bei der aktiven Integration in den
  Gruppenprozeß (diese Teilnehmer sind damit natürlich gescheitert)
> macht Vorschläge für das gemeinsame Vorgehen, verzichtet dabei aber auf
  diktatorisches Verhalten
> läßt sich von anderen Gruppenmitgliedern überzeugen, wenn es den Zielen dient
> verbeißt sich nicht in fachliche Detaildiskussionen

> verbeißt sich nicht in scheindemokratische Diskussionen um die gemeinsame Vorgehensweise
> steuert aktiv die Gruppe mit und beeinflußt wesentlich das zügige Erreichen des Gruppenziels
> findet positive Akzeptanz bei den anderen Teilnehmern
> faßt immer wieder Zwischenergebnisse als Basis für die Weiterarbeit zusammen
> erinnert bei Monologen oder Detaildiskussionen anderer an die Zeitgrenze
> erkennt greifbare (Teil-)Ergebnisse und hält sie fest (Pinnwand oder Flip Chart etc.), läßt sich dabei jedoch nicht zum Protokollschreiber machen.

Im Interview sollten Sie mit folgenden Fragen rechnen:
> Woran würden Sie den Erfolg eines Projektes messen? (Die einzig richtige Antwort lautet: »Qualität und Quantität im Rahmen des Budgets zum vereinbarten Termin erreicht. Außerdem sind Auftraggeber und Betroffene mit dem Ergebnis zufrieden.«)
> Wie sichern Sie als Projektleiter die Zielerreichung Ihrer Projekte?
> Was tun Sie als Projektleiter, wenn Sie im Verlauf der Arbeit erkennen, daß die Zielerreichung gefährdet ist? Schildern Sie einen konkreten Fall aus Ihrer Praxis.
> Welche Ziele wollen Sie mit Ihren Mitarbeitern in der von uns ausgeschriebenen Position erreichen?
> Wie wollen Sie Ihre Mitarbeiter zu zielorientiertem Arbeiten führen?
> Schildern Sie Ihre bisherige Vorgehensweise bei der Priorisierung.
> Wie delegieren Sie?
> Welche sind die wichtigsten Ziele in Ihrem bisherigen Aufgabenbereich? Wie sichern Sie Ihren Erfolg?
> Was bedeutet für Sie beruflicher Erfolg? Welche Ziele haben Sie sich für Ihre berufliche Laufbahn gesetzt?
> Was macht es Ihrer Erfahrung nach manchem Mitarbeiter schwer, zielorientiert zu arbeiten?
> Wie stehen Sie zu leistungsgerechter Vergütung? Welches Modell halten Sie für besonders geeignet?
> Wie würden Sie innerhalb Ihres Teams Egoismen bei der individuellen Zielverfolgung verhindern?
> Haben Sie schon einmal Zielkonflikte erlebt? Schildern Sie konkrete Beispiele.

Sie sollten grundsätzlich positiv zu Zielvereinbarungen und leistungsgerechten Vergütungsmodellen stehen. Das gilt auch dann, wenn Sie sich bei einem streng tarifgesteuerten Unternehmen bewerben. Fast überall hat sich die Vorstellung durchgesetzt, daß festgehaltorientierte Mitarbeiter fauler sind als solche mit einer Neigung zu flexiblen Vergütungsformen. Ob das stimmt oder nicht, steht hier nicht zur Debatte.

14. Priorisierungsfähigkeit

Spätestens, wenn ein Mitarbeiter einen eigenen Verantwortungsbereich übernimmt, muß der Blick für Prioritäten klar sein. Wichtiges muß von Unwichtigem unterschieden werden. Dazu gehört auch die richtige Einstellung zur Dringlichkeit und dazu, was man selbst tut und was delegiert werden sollte.

Ihre Priorisierungsfähigkeit stellt man vor allem bei der Postkorbübung fest. Achten Sie bei der Nachbesprechung darauf, daß Sie Ihre Lösung gut erklären. Sagen Sie nicht:»Das habe ich so ... entschieden.« Sagen Sie immer:»Das habe ich so ... entschieden, weil ...« Durch die Begründung erfahren Ihre Gesprächspartner, ob und wie Sie priorisieren. Wenn man nur Ihr Ergebnis sieht, könnte man auch eine richtige Lösung unterbewerten, weil man von einem »Zufallstreffer« oder einer »Bauchentscheidung« ausgeht.

Es gibt typische Rollenspiele mit einem großen und einem kleinen Problemfall. Im Rollenspiel will man erfahren, ob Sie lieber das kleine Problem ungelöst lassen, wenn dadurch langfristige Ziele gefährdet werden könnten.

Zur Veranschaulichung soll an dieser Stelle eines der typischen Rollenspiele beschrieben werden.

Der Fall: Eine deutsche Firma hat zehn russische Geschäftspartner zu einer mehrtägigen Konferenz eingeladen. Man erhofft sich einen Geschäftsabschluß von mehreren Millionen Mark/Euro. Grundsätzlich gilt seit jeher die Regel, daß bei ausländischen Geschäftspartnern die Hotelkosten von der deutschen Firma übernommen werden. Minibar, Telefon, Pay-TV etc. zahlen die Gäste selbst.

Rollenspieler 1: Sie sind Betreuer der Russen. Sie stehen vor Ihrem Vorgesetzten dafür gerade, daß die Gäste sich wohl fühlen und bei allen Problemen einen Ansprechpartner haben. Andererseits wird man Sie dafür verantwortlich machen, wenn die Kostenregelung nicht korrekt eingehalten wurde. Sie haben dem Leiter der russischen Delegation gleich am ersten Tag gesagt, daß Ihr Unternehmen nur für die Hotelkosten – ausschließlich Übernachtung und Frühstück – aufkommt. Offensichtlich haben die Mitglieder der Gruppe diese Regelung nicht verstehen können oder wollen. Bei der Abreise gibt es nun an der Rezeption einen kleinen Tumult, weil das Hotel die Kosten für Alkoholika und Pay-TV den Gästen in Rechnung stellen will. Die Russen bestehen jedoch darauf, daß alles von Ihrem Unternehmen zu zahlen ist. Der Leiter der Gruppe kann sich plötzlich nicht mehr daran erinnern, was Sie ihm zu Beginn erklärt haben.

Rollenspieler 2: Sie sind Vertriebsleiter und Vorgesetzter von Rollenspieler 1. Sie kommen zufällig dazu, als Rollenspieler 1 und der Leiter der russischen Delegation sich an der Hotelrezeption über die Rechnung auseinandersetzen. Da Sie schon öfter mit russischen Geschäftspartnern Konferenzen durchgeführt haben, ist Ihnen sofort klar, worum es geht. Es ist das übliche Theater um die Rechnung für den Suff und die Pornos. Es ärgert Sie, daß Ihr Mitarbeiter diese Dinge noch immer nicht im Griff hat. Das muß er endlich begreifen!

Wenn man Sie den Rollenspieler 1 machen läßt, sind Sie vermutlich als Bewerber aus dem Rennen. Man benutzt Sie für den Rest des Assessment-Centers noch als Gegenspieler für die anderen Bewerber. Die Rolle des Leiters der russischen Delegation läßt der Personalchef einen seiner Mitarbeiter spielen. Vielleicht gibt man die Rolle auch einem anderen Bewerber, der gerade auf Verhandlungsgeschick oder Beharrlichkeit getestet wird. Zum Thema Priorisierung ist nur Rollenspieler 2 wichtig. Hier sind möglichst drei Ziele zu erreichen:

1. Die Russen sollen im Hinblick auf das Millionengeschäft positiv gestimmt bleiben.
2. Die Russen sollen ihre Nebenkostenrechnungen selbst bezahlen. Es handelt sich um einen nicht absetzbaren höheren Betrag. Außerdem werden die Russen noch öfter nach Deutschland kommen. Wehret den Anfängen!
3. Rollenspieler 1 soll endlich begreifen, daß er solche Dinge selbst zu regeln hat.

Außerdem darf sich Rollenspieler 2 nicht für die Zukunft vor seinem Mitarbeiter durch plötzliche Regeländerungen hinsichtlich der Behandlung ausländischer Gäste unglaubwürdig machen.

Bei diesem oder einem ähnlichen Rollenspiel können Sie zeigen, ob Sie dazu in der Lage sind, große Probleme von kleinen zu unterscheiden, und erkennen, was jetzt sofort und was später dauerhaft zu regeln ist.

Im Interview rechnen Sie mit folgenden Fragen:

> Was ist in Ihren Augen im Hinblick auf die zukünftigen Entwicklungen am Markt besonders wichtig?
> Wie werden Sie sich möglichst schnell einarbeiten?
> Wie legen Sie Prioritäten fest?
> Welche Techniken der Priorisierung kennen Sie? Wofür wenden Sie diese an?
> Welches sind für Sie beruflich die wichtigsten Ziele? Wie erreichen Sie diese?
> Wie sorgen Sie dafür, daß Ihre Mitarbeiter sich an Prioritäten orientieren?
> Wie lösen Sie Zielkonflikte auf? Berichten Sie von konkreten Beispielen aus Ihrer Praxis.
> Bezogen auf die von Ihnen angestrebte Position: Wie unterscheiden Sie effizient und effektiv? Was bedeutet das für Ihre Praxis?
> Haben Sie sich schon einmal gründlich in Ihrer Priorisierung geirrt? Wie war das?
> Was tun Sie, wenn Ihnen die Prioritäten einmal nicht klar sind? Können Sie sich einen solchen Fall vorstellen?
> Wo liegen Ihrer Meinung nach unsere Prioritäten im Hinblick auf die von uns ausgeschriebene Position?

Wenn Sie vom Typ her sehr fleißig und gründlich sind, besteht Gefahr, daß Ihnen der Blick für Prioritäten abhanden kommt. Behalten Sie für Ihre Karriere den Merksatz im Kopf: »Manager werden für Entscheidungen bezahlt und nicht fürs Arbeiten.« Detailorientierte Menschen und solche mit »typisch protestantischem Arbeitsethos« haben oft keinen Sinn für wichtig und unwichtig. In ihrer Geschäftigkeit und liebevollen Qualitätssicherung sehen sie oft den Wald vor lauter Bäumen nicht mehr. Für die Fach- und Sacharbeit ist das in Ordnung. Führungskräfte sollten den Blick darüber erheben können.

15. Bereichsübergreifendes Denken

In traditionell organisierten Unternehmen oder Behörden ist bereichsübergreifendes Denken wenig gefragt. Im Gegenteil, jeder soll sich um seine eigenen

Angelegenheiten kümmern, und der Vorstand hat alles im Griff, war lange Zeit die Devise. Diese beruht zu einem Großteil auf dem Gedanken, daß »teile und herrsche« von unten nach oben die Machtbereiche absichert.

Im traditionellen Umfeld bekommt der einzelne Mitarbeiter seine Aufgaben zugeordnet. Der Gruppenleiter wacht darüber, daß die Arbeitsergebnisse der Mitarbeiter »zusammenpassen«. Über den Gruppenleitern wachen die Abteilungsleiter, daß die Gruppenergebnisse »zusammenpassen«. Über den Abteilungsleitern steht der Hauptabteilungsleiter ...

Von oben nach unten wurden die Anweisungen und Aufgaben »durchgereicht«. Von unten nach oben wurde über die Ergebnisse »berichtet«.

In einem solchen Umfeld haben sich Phänomene wie Abteilungsdenken und Bunkermentalität entwickelt. Jede Führungskraft betrachtete den eigenen Bereich als zu verteidigendes und möglichst zu vergrößerndes Fürstentum. In fast jedem Unternehmen kommt es zu typischen internen Frontenbildungen:

> Innendienst gegen Außendienst
> Datenverarbeitung gegen Fachabteilung
> Revision und Buchhaltung gegen alle.

Außerdem haben sich nicht selten verschiedene Außendienstbereiche gegenseitig als Konkurrenten gesehen. Wer hat die meisten Kunden, wer macht den meisten Umsatz?

Abteilungsdenken ist mittlerweile als schädigend erkannt:

> Das Betriebsklima wird vergiftet.
> Kunden, die der Außendienst mühselig geworben hat, werden vom Innendienst wieder vergrault.
> Bereiche arbeiten aneinander vorbei und verursachen dadurch Kosten.
> Bereiche verfolgen ihre Ziele nicht im Sinne des Gesamtunternehmens, sondern auch auf Kosten anderer Bereiche.
> Wissens- und Informationstransfer sind erschwert, wenn nicht sogar unmöglich gemacht. Statt dessen herrschen Geheimniskrämerei und Mißtrauen.

Bereichsübergreifendes Denken ist heute eine der Basisvoraussetzungen für jede Führungskraft und für Mitarbeiter mit anspruchsvollen Aufgaben. Leider fällt dies vielen Menschen nicht leicht. Wir sind wohl alle ein wenig von »Lebensweisheiten« wie folgenden geprägt:

> »Wissen ist Macht.« Wenn ich mehr weiß als andere, habe ich mehr Macht. »Jeder ist sich selbst der Nächste.« Da mir vermutlich auch keiner hilft, halte ich mich meinerseits ebenfalls zurück.

> »Jeder kümmere sich um seine eigenen Angelegenheiten.« Ich lasse mir von anderen nicht in die Karten schauen. Ich interessiere mich auch nicht für das, was andere tun.

> »Wenn man dem Teufel den kleinen Finger reicht, nimmt er die ganze Hand.« Je mehr ich anderen entgegenkomme, desto dreister werden die dann womöglich.

Je stärker im eigenen Arbeitsumfeld der Konkurrenzdruck wird, desto egoistischer werden wir. Abteilungen werden zu »Profit-Centers« und können es sich plötzlich nicht mehr leisten, Zeit und Geld in unprofitable Zusammenarbeit zu stecken. Mitarbeiter bekommen individuelle Leistungsziele, an deren Erreichung die variablen Gehaltsanteile hängen. Da bleiben Neid und Mißgunst untereinander nicht aus. Der allgemeine Leistungsdruck läßt die Nerven blank liegen. Sehr schnell hat man den Eindruck, daß »die anderen« aus anderen Abteilungen für einen Großteil der Belastungen verantwortlich sind. Die Buchhaltung kommt nicht voran, weil die Außendienstmitarbeiter ihre Spesenabrechnungen nicht pünktlich einreichen, diese wiederum fühlen sich durch die komplizierten Formulare der Buchhaltung schikaniert.

Zu all dem prügeln sich die Bereichsleiter um ihre Kostenanteile an zentralen Diensten wie Personalabteilung, Controlling, Reinigung und Kantine. Jeder hat das Gefühl, zu viel vom eigenen Budget dazu berappen zu müssen.

Obwohl oft die Strukturen und Vorgaben der Unternehmensleitung eher gegen eine bereichsübergreifende Zusammenarbeit wirken, sucht man dennoch Bewerber, die zumindest dazu fähig wären – wenn man sie denn ließe!

Bereichsübergreifendes Denken bedeutet:

> Die Auswirkungen des eigenen Handelns auf andere Bereiche werden in die Überlegungen mit einbezogen.

> Auch bei der Verfolgung eigener Ziele werden niemals die des Ganzen aus den Augen verloren.

> Man interessiert sich für die anderen Bereiche und bemüht sich um einen möglichst offenen Informationsaustausch.

> Man informiert andere Bereiche umfassend und rechtzeitig über sie betreffende Auswirkungen des eigenen Handelns.

> Man denkt in Gesamtprozessen und nicht in Einzelvorgängen.

> Man fördert auch bei den Mitarbeitern bereichsübergreifende Zusammenarbeit und Kollegialität.

> Man hegt keine Vorurteile gegenüber anderen Bereichen und bemüht sich

168

an Schnittstellen darum, den anderen die Arbeit nicht unnötig zu erschweren.

> Man verzichtet auf Sturheiten wie: »Dafür sind wir nicht zuständig.«
> Man bemüht sich bei Projekten und Veränderungen (»Change Management«) um Gemeinsamkeit und verzichtet auf egoistische Forderungen.
> Man denkt kostenbewußt auch im Hinblick auf die Budgets anderer Bereiche.

Daß Sie sich bei Ihrer Vorstellung als bereichsübergreifend denkenden Menschen darstellen, gilt als selbstverständlich. Man geht jedoch nicht davon aus, daß Sie wirklich »über den eigenen Tellerrand blicken« können. Deshalb kommen sowohl in Psycho-Tests als auch im Interview wahrscheinlich Fragen zu diesem Thema. Sie sollten sich möglichst aus Ihrer Berufspraxis auf konkrete Beispiele berufen können.

Rechnen Sie mit Fragen wie:

> Wie und mit wem außerhalb Ihres eigenen Bereichs arbeiten Sie in Ihrem bisherigen Unternehmen zusammen?
> Welche anderen Bereiche oder Abteilungen sind für Sie besonders wichtig? Warum?
> Welche Schnittstellenprobleme und Konfliktquellen haben Sie bei der bereichsübergreifenden Arbeit bisher erlebt? Waren Sie selbst dabei betroffen oder waren es Probleme, die Sie als Unbeteiligter beobachtet haben?
> Wie werden Sie in Ihrem neuen Aufgabenfeld die bereichsübergreifende Zusammenarbeit gestalten? Mit wem? Zu welchem Zweck?
> Wie würden Sie Mitarbeiter zur bereichsübergreifenden Zusammenarbeit führen?
> Was sind Ihrer Meinung nach die Ursachen für »Abteilungsdenken« und »Platzhirschverhalten« bei Mitarbeitern und Führungskräften? Wie kann man solches Denken und Verhalten abbauen?
> Mit welchen anderen Abteilungen würden Sie besonders gern zusammenarbeiten? Warum?
> Welche Personen aus anderen Bereichen ziehen Sie gezielt für spezielle Aufgaben, Vorhaben oder Probleme hinzu?
> Wie gestalten Sie den offenen Informationsfluß im Unternehmen mit?
> Wie gehen Sie vor, wenn Sie bei Ihren Versuchen zur bereichsübergreifenden Zusammenarbeit auf Ablehnung und das Phänomen des »Mauerns« stoßen?

> Wenn Sie als Projektleiter die Aufgabe bekämen, die bereichsübergreifen-
de Zusammenarbeit im Unternehmen zu fördern, wie würden Sie vorgehen?

Bei der letzten Frage handelt es sich vermutlich um eine Kombination. Man
wird Ihnen Zeit geben, ein Konzept zu entwickeln, das Sie später präsentieren
müssen. Bei der Gelegenheit läßt sich gleichzeitig feststellen, ob Sie konzeptionell, strategisch und vernetzt denken können, ob Sie die Grundlagen des Projektmanagements kennen, ob Ihnen die psychologischen Aspekte des »Change
Managements« bewußt sind und ob Sie überzeugend präsentieren können.

Zum bereichsübergreifenden Denken ist folgendes noch zu beachten. Es
handelt sich dabei um eine Fähigkeit und auch Tugend, die vielen Unternehmen
dringend fehlt. Vom Verstand her wissen Vorstände wie Führungskräfte um die
Wichtigkeit des bereichsübergreifenden Denkens. Sie appellieren an ihre Mitarbeiter, doch endlich »über den eigenen Tellerrand hinaus zu blicken«. Der Trieb
der »Reviersicherung« mit allen Varianten von Eifersucht, Konkurrenzdenken,
Feindseligkeit, Spionage und Geheimniskrämerei ist jedoch viel stärker als die
vernünftige Einsicht, daß Offenheit und Kooperation dem Unternehmen weit
mehr nutzen. Vor allem aufstiegs- und machtwillige Manager folgen dem Instinkt
der »Reviersicherung« und »-vergrößerung«. Er ist oft die Triebfeder ihrer Karriere. Wenn Sie nun als neuer Kollege einen Bereich übernehmen, die weiße Fah-
ne schwenken und sich um enge Zusammenarbeit bemühen, wird das fast immer
als Schwäche ausgelegt und ausgenutzt.

Vor allem Frauen fallen noch häufig darauf herein, tatsächlich bereichsübergreifend kommunizieren und handeln zu wollen. Liegt es an der weiblichen
Erziehung oder an den Genen, daß sie das Abgrenzungs- und Platzhirschverhal-
ten der Männer unterschätzen und glauben, es durch sachliche Argumente ab-
bauen zu können?

Zwar soll man bereichsübergreifend denken und handeln können. Es nicht
zu können, wäre Inkompetenz. Es jedoch nicht zwangsläufig in die Praxis umzu-
setzen, kann für die eigene Karriere klug sein. Sich mit den Lippen dazu beken-
nen und es anderen Menschen predigen, das gehört sich heute so.

16. Innovationsbereitschaft

Ihre Innovationsbereitschaft wird in zwei Richtungen geprüft:

1. Sind Sie in der Lage, neue Ideen zu entwickeln und sich auch gegen Widerstand und bei Enttäuschungen dafür einzusetzen?
2. Sind Sie bereit, sich schnell an Neuerungen und Umstellungen zu gewöhnen und sich das dafür erforderliche Wissen auch selbständig anzueignen?

Wir alle haben sowohl Lust auf Neues und Ungewohntes, schätzen aber ebenso die Bequemlichkeit des Verharrens im Gewohnten und Vertrauten. Das können Sie bei sich selbst und bei anderen beobachten:

> Kaum gibt es neue technische Entwicklungen in der PC- oder Autowelt, schon wollen wir sie haben.

> Mit Vergnügen kaufen wir neue Kleidung und können über die Scheußlichkeiten der vergangenen Moden nur noch lachen.

> Wir fühlen uns angeödet von den ewigen Wiederholungen im Fernsehen und freuen uns jeden Morgen auf die Zeitung.

Wir sind neugierig und wollen durch Abwechslung der Eintönigkeit des Alltags entfliehen. Heute ist es nicht einmal mehr anstößig, wenn man die Scheidung damit begründet, der Partner sei einem langweilig geworden. Lust auf Herausforderungen steht auch häufig hinter dem Wunsch, sich beruflich zu verändern.

Auf der anderen Seite gibt es auch:

> Jeden Tag sitzen wir in der Kantine am gleichen Tisch. Es ärgert uns, wenn ein Neuer sich dort niedergelassen hat. Wir müssen uns einen anderen Platz suchen, der natürlich nicht so gemütlich ist wie der gewohnte.

> Die neuen Formulare der Reisekostenabrechnung führten zu wütenden Protesten, die Einrichtung neuer DV-Systeme zieht firmeninterne Palastrevolutionen nach sich. Die Einführung eines neuen Zielvereinbarungs- und Beurteilungssystems macht das Chaos perfekt.

> Jedes Jahr gibt es am ersten Weihnachtstag Karpfen. Wehe, wenn man uns eines Tages mit Sauerbraten und Rotkohl überrascht!

> Center Parcs und Ferienclubs erfreuen sich zunehmender Beliebtheit, weil

es so beruhigend ist, immer die gleiche Urlaubswelt vorzufinden, ganz egal, ob man nach Kenia, Schweden oder Friesland fährt.

Die zwei sich oft widersprechenden Sehnsüchte nach Neuem einerseits und nach Vertrautem andererseits haben wenig mit dem Verstand zu tun. Sie entstammen tieferen Schichten unserer Persönlichkeit:

> Wir streben nach Erweiterung des Horizontes und suchen die geistige Anregung durch neue Herausforderungen.

> Wir sind zu faul, uns umzustellen und fürchten uns in einem fremden Umfeld mit noch unbekannten Anforderungen.

> Das Gewohnte und Tradierte ödet uns an und engt uns ein. Das Neue und Unbekannte erfüllt uns mit Mißtrauen, weil wir Nachteile dadurch befürchten.

Jeder hat beide Neigungen – Lust auf Neues, Liebe zum Gewohnten. Man kann jedoch deutlich erkennen, daß manche Menschen traditionalistischer sind als andere. Es gibt seßhafte Typen, die nie oder nur unter großen Trennungsschmerzen umziehen, die sich an traditionellen Werten und Denkmustern orientieren, die sogar bei Frust und Ärger an ihrem Arbeitsplatz von der Lehre bis zur Rente festhalten. Es gibt andererseits die eher nomadisierenden oder abenteuerlustigen Menschen, die öfter mal umziehen, sich neue Jobs suchen, Modenwechsel mitmachen und möglichst dem Zeitgeist auf der Spur bleiben oder sogar selbst neue Trends setzen.

Sie können sich sicherlich vorstellen, welche der obigen Typen besser bei der Post oder im Finanzamt untergebracht sind und welche sich lieber der Werbebranche, den neuen Medien oder der Börse widmen sollten.

Heute verursachen schon allein die neuen Technologien ständig Änderungen an vertrauten Arbeitsabläufen. Kaum hat sich die Aufregung um die Einführung von elektrischen Speicherschreibmaschinen gelegt, da mußten die Sekretariate auf PCs umstellen. Kaum hat das Unternehmen eine gewisse Marktposition erreicht, da drängen schon die neuen Produkte und Leistungen der Konkurrenten nach vorn. Die Erfordernisse des Marktes, die Ansprüche der Kunden, die wirtschaftlichen Verknüpfungen mit anderen Ländern und Erdteilen, die politischen Zusammenhänge, die Fortschritte der Technik ... – alles ändert sich rasant. Wissen, das wir vor zehn Jahren erworben haben, ist uralt und gilt nichts mehr. Erfahrungen älterer Mitarbeiter sind nichts mehr wert, weil heute einfach alles anders ist als damals.

Ein erschreckender Mangel an Innovationsbereitschaft ist in Deutschland

172

offensichtlich. Die Erkenntnis, daß hemmungslose Weiterentwicklung gefährlich für die Umwelt, für Menschen ist, hat dazu geführt, daß wir erst einmal alles ablehnen, was es nicht schon zu Omas Zeiten gegeben hat.

Im Grunde ist es – global betrachtet – nicht sehr schlimm, wenn ein kleines Volk im Herzen Europas den Anschluß an die Zeit verliert. Es gibt allein im asiatischen Raum genügend viele innovative Kulturen.

Dennoch kommt es auch in Deutschland vor, daß Unternehmen gezielt nach zukünftigen Spezialisten und Führungskräften mit hoher Innovationsbereitschaft suchen.

Einen innovativen Menschen stellt man sich mit folgenden Merkmalen vor:

> zeigt sich neuen Trends und Entwicklungen gegenüber interessiert und positiv aufgeschlossen
> kann sich selbst schnell neue Sachgebiete erschließen und neue Arbeitsweisen übernehmen
> verfügt über viele informelle Kontakte zu Menschen aus anderen Bereichen, Kulturen oder mit anderen Interessen
> kann im eigenen Bereich durch neue Ideen und Versuche die Entwicklungen vorantreiben
> ist bereit, auch ungewohnte Dinge zu versuchen, und riskiert dabei Irrtümer und Fehler
> zeigt Interesse an bereichsübergreifender Zusammenarbeit und an der Mitarbeit in Projekten
> produziert neue Ideen und kann Ideen anderer weiterentwickeln
> bezieht neue Methoden und Verfahren, Techniken und Medien in die eigene Arbeit mit ein
> stellt von sich aus traditionelle Werte, Vorgänge und Gewohnheiten in Frage
> interessiert sich für die Ideen anderer und probiert sie aus
> denkt selbstinitiiert über neue Produkte und Dienstleistungen, über neue Märkte und Vermarktungsstrategien nach und entwickelt dabei Ideen
> beobachtet ständig den Markt nach aktuellen Trends und kann auch selbst Trends initiieren
> erkennt neue Ideen anderer und ist bereit, deren Erfahrungen mit Neuem zu nutzen
> ist aufgeschlossen für neue Anforderungen von Kunden und versucht bereitwillig, diesen entgegenzukommen
> kann auch bei schwierigen und komplexen Problemen Phantasie entwickeln und die Dinge von unterschiedlichen Standpunkten aus betrachten

> hat auch schon gegen Widerstand neue Ideen umgesetzt und kann zögerliche Menschen für Neues begeistern
> interessiert sich für unternehmerische Erfolgsfaktoren und kennt Strategien zur Einführung von Neuem und zur Bewältigung von Änderungsanforderungen
> läßt sich von Killerphrasen und Widerständen nicht entmutigen und kann auch allein gegen die Mehrheit der Traditionalisten stehen
> läßt sich von Niederlagen bei der Einführung von Neuem nicht entmutigen
> kennt die typischen Quellen (z.B. bestimmte Universitäten, Forschungslabors oder Meinungsbildner) neuer Trends seines Fachgebietes
> interessiert sich auch für neue Trends und Entwicklungen in anderen Fachgebieten als den eigenen
> rennt nicht blind jeder Modeströmung hinterher.

Im Auswahlverfahren wird Innovationsbereitschaft mit Hilfe von Psycho-Tests oder durch Beobachtungen bei Gruppenübungen im Assessment-Center diagnostiziert.

Bei den Gruppenübungen wird besonders auf folgendes Verhalten geachtet:
> hat Ideen, die über die Aufgabenstellung hinausgehen
> kann Mitspieler der Gruppenübung von eigenen Ideen überzeugen
> kann Ideen der Mitspieler aufgreifen und weiterführen
> packt auch ungewöhnliche Aufgaben forsch an und zieht sich nicht in langwierige Analysen zurück
> läßt sich von den Ideen der Mitspieler überzeugen und begeistern
> verbeißt sich nicht in Details, sondern behält die Gesamtaufgabe im Blick
> ignoriert Killerargumente anderer und verzichtet selbst auf solche oder andere Bremsmanöver
> reagiert positiv unterstützend und nicht eifersüchtig auf bessere Ideen der Mitspieler
> hat einen maßgeblichen Anteil an der gemeinsamen Aufgabenlösung, ohne dabei andere Gruppenmitglieder abzudrängen.

Im Psycho-Test wird die Kreativität festgestellt, die Neigung zur Experimentierbereitschaft, die Schnelligkeit des Erfassens von Zusammenhängen und die Frustrationstoleranz im Hinblick auf Widerstände durch Traditionalisten.

Im Interview wird man nicht nur auf Ihre Antworten und Ausführungen achten, sondern auch auf Körpersignale und auf Ihre Ausstrahlung. Man erwartet von innovativen Menschen eine mutige, zupackende, optimistische und offene Ausstrahlung. Wenn Sie mit zusammengeklemmten Knien und gekrümmten Schultern vor dem Interviewer sitzen und gewissenhaft alle Fragen korrekt beantworten, wird man alles mögliche bei Ihnen vermuten, jedoch nicht das Feuer, das man für Innovationen braucht.

Im Interview rechnen Sie mit folgenden Fragen:
> Wenn Sie die Geschicke dieses (Ihres bisherigen) Unternehmens lenken könnten, was würden Sie ändern? Sofort? Langfristig?
> Was sollte Ihrer Meinung nach getan werden, um unsere Branche für die Zukunft besser zu rüsten?
> Mit welchen Trends und Entwicklungen rechnen Sie in naher oder ferner Zukunft?
> Was käme für Sie als berufliche Aufgabe in Frage, wenn Sie Ihren aktuellen Beruf nicht mehr ausüben könnten?
> Was ist in Ihren Augen bei neuen Mitarbeitern wichtiger: viel Erfahrung oder viele neue Ideen?
> An welchen Traditionen und Gewohnheiten sollte man Ihrer Ansicht nach festhalten?
> Was würden Sie am liebsten von heute auf morgen über Bord werfen?
> Wie würden Sie vorgehen, wenn Sie ein neues System (z.B. Vergütungssystem, Geschäftsprozesse, Managementstrategie) einführen sollten?
> Mit welchen Neuerungen haben Sie sich während Ihrer bisherigen Berufstätigkeit auseinandersetzen müssen? Wie war das?
> Wie würden Sie ein neues Produkt einführen?
> Wie könnte man dem Unternehmen einen kräftigen Push nach vorne geben?
> Wie gehen Sie mit schwerfälligen, langsamen und änderungsscheuen Mitarbeitern oder Kollegen um? Wie überwinden Sie deren Widerstände?
> Woher nehmen Sie immer wieder neue Ideen?
> Wie informieren Sie sich über Trends und Neuerungen?
> An welchen Änderungsprojekten haben Sie in letzter Zeit maßgeblich mitgearbeitet?
> Welche Neuerungen haben Sie eingeführt? Woher hatten Sie die notwendigen Ideen? Wie haben Sie die Realisierung durchgesetzt? Was ist seither mit dem Ergebnis geschehen?
> Für welche Produkte oder Märkte sollte man sich Ihrer Meinung nach mehr interessieren?

> Was kann Menschen daran hindern, sich positiv auf Neues einzustellen?
> Angenommen, Sie bekämen den Freiraum, etwas völlig Neues auf den Markt zu bringen. Was könnte das sein? Woher würden Sie Anregungen erhalten, wenn Ihnen im Moment noch keine Idee dazu kommt?
> Welche Erfahrungen haben Sie bisher mit Change Management gemacht? Wie liegen die Chancen und die Probleme?
> In welchen Bereichen, Branchen oder Märkten passieren heute die spannendsten Entwicklungen? Wenn Sie mitmachen könnten, wie würden Sie das tun?
> Angenommen, Sie sollten in unserem Unternehmen einen neuen Geschäftszweig gründen und aufbauen. Was würden Sie tun?
> Angenommen, Sie sollten in unserem Unternehmen möglichst alle alten Zöpfe abschneiden und es von Grund auf modernisieren. Wie würden Sie vorgehen?

Wenn Sie Ihre Innovationsbereitschaft fördern wollen, dann sollten Sie folgendes tun:

1. Halten Sie sich in Ihrem Fachgebiet up to date und informieren Sie sich über neue Trends und Entwicklungen. Das heißt nicht, daß Sie Neuerungen gegenüber unkritisch sein sollen! Es ist aber falsch, wenn man Neues ablehnt, obwohl man es aus Mangel an Wissen nicht einmal richtig beurteilen kann.

2. Informieren Sie sich zum Thema »Changement« oder »Änderungs-Management«. Unter diesen Begriffen gibt es ständig neue Fachliteratur und Erfahrungsberichte zu den unterschiedlichsten Bereichen. Eignen Sie sich dazu Wissen an und präsentieren Sie es bei Ihrer Vorstellung.

Seien Sie froh, wenn ein Unternehmen auch durch Psycho-Tests Innovationsbereitschaft prüft und sich nicht auf die Aussagen der Bewerber verläßt. Wenn Sie selbst lieber an Gewohntem festhalten, dann wäre ein Arbeitsplatz mit hohen Änderungsanforderungen eine beständige Qual für Sie. Wenn Sie vom Typ her eher innovativ sind, sollten Sie sich nicht mit einem betonierten Arbeitsplatz unglücklich machen.

17. Bildung und Themenwissen

Vor allem, wenn Sie sich für das Unternehmen auf gesellschaftlichem oder diplomatischem Parkett zu bewegen haben, erwartet man über Fachwissen und Small talk-Qualitäten hinaus, was man landläufig als Bildung bezeichnet. Ab einem gewissen Niveau reicht es nicht mehr, daß Sie die Namen der aktuellen Möbeldesigner kennen und wissen, welchen Wein man gerade zu Hühnchen à la Promi-Koch trinkt.

Welche Maler, Baumeister, Dichter und Komponisten kennen Sie eigentlich? Was wissen Sie über deren Werke? Können Sie wenigstens grob die Entwicklung der Baustile einordnen? Was wissen Sie über die deutsche Kolonialgeschichte? Wo lebten die Goten? Würden Sie auf einem Gemälde eine biblische Darstellung von einer der alten Sagen unterscheiden können?

Sie brauchen nicht wie ein Musterschüler aufzutreten. Aber Sie sollten zumindest über eine gewisse Bildung verfügen. Es darf nicht alles vergeblich gewesen sein, was man in der Schule für Sie getan hat.

Zum Themenwissen gehört, daß Sie sich ständig intellektuell auf dem laufenden halten. Sie sollten wissen, was sich politisch und kulturell, in der Wirtschaft und in der Forschung abspielt. Welche Zeitungen lesen Sie? Lesen Sie auch manchmal mehr als nur die Aktienkurse und Fußballergebnisse?

Es kann sein, daß man Sie ganz gezielt nach Ihrer Bildung und Ihren geistigen Interessen fragt. Natürlich ist es kein Examen. Man wird Sie ganz allgemein fragen, was Sie neben dem Beruf noch interessiert, und Sie dann plaudern lassen. Es kann auch sein, daß man Sie während einer Pause zum Beispiel auf Musik anspricht. Wenn das gerade nicht Ihr Gebiet ist, dürfen Sie gern sagen, daß Sie es eher mit der Literatur haben. Dann muß allerdings etwas von Ihnen dazu kommen.

An dieser Stelle muß vermutlich nicht erwähnt werden, daß es bestimmte Zeitungen für bestimmte »Schichten« und »Niveaus« gibt. Sorgen Sie dafür, daß Sie von den »gehobenen« mindestens eine regelmäßig lesen.

Insbesondere technisch orientierte Menschen haben oft keine Lust und angeblich keine Zeit, außer ihren Fachzeitschriften noch etwas anderes zu lesen. Das müssen Sie natürlich selbst entscheiden. Sie sollten sich aber nicht später über ein frühes Ende auf der Karriereleiter beklagen, wenn Sie sich selbst konsequent zum Fachidioten gemacht haben.

Liste 6:
Selbstmanagement

1. Sorgfalt und Qualitätsbewußtsein

Viele Menschen halten sich für sorgfältig und legen großen Wert auf Qualität. Dabei sind sie lediglich Perfektionisten, Nippelvergolder oder Erbsenzähler. Auch solche Leute muß es geben. Man stelle sich eine Bank vor, die nur ganz lässig im Groben unser Geld verwaltet! Auch in der Revision, Steuerfahndung, Spurensicherung, Flugtechnik, Pathologie, Chirurgie, Pharmazie etc. braucht man Menschen mit strengem Blick fürs kleinste Detail.

Manche Menschen sehen allerdings in der Pingeligkeit an sich einen Wert. Sie können einfach nicht beurteilen, wann die letzten Kleinigkeiten mitbedacht werden müssen und wann der Blick fürs »Große Ganze« reicht. Es gibt in jedem Unternehmen Mitarbeiter, die völlig überarbeitet sind, weil sie von zwanghafter Gründlichkeit besessen sind.

Auf der anderen Seite gibt es die Leute, die zu viel schludern und zu großzügig über Details hinweggehen. Hinter ihnen muß man später »Flurschäden« bereinigen, ihre Termine stimmen nur manchmal und ihre Fehler fallen oft erst sehr spät auf.

Nicht immer, aber doch häufig gilt die Regel, daß für anspruchsvolle Spezialistentätigkeiten und für Mitarbeiter in »zuarbeitender« Funktion Sorgfalt und Qualitätsbewußtsein bis ins Detail erforderlich sind. Hingegen sollte bei Führungsfunktionen und in verkäuferischen Aufgabenbereichen der Blick für das »Große Ganze« im Vordergrund stehen.

Beispiele:
Damit sich ein Top-Manager auf die Terminvereinbarungen seiner Sekretärin verlassen kann, muß sie pingelig genau diese abstimmen. Das gleiche gilt für die Unterschriftenmappe. Der Manager haftet mit seiner Unterschrift,

aber er kann unmöglich jeden Brief, der ihm vorgelegt wird, buchstabengenau und hochkonzentriert noch einmal lesen. Das Unterschreiben macht er beim Telefonieren nebenher.

Wenn ein Kreditsachbearbeiter bei der Bank einen Kreditantrag geprüft hat, dann muß die Führungskraft, die laut Empfehlung den Kredit genehmigt, sich auf sorgfältige Prüfung verlassen können.

Wenn ein Vorgesetzter in verkniffener Angst vor Fehlern jeden Handschlag, jedes Protokoll, jedes Arbeitsergebnis aus seinem Bereich persönlich vor der Freigabe seziert, dann ist das falsch.

Es hängt ganz von der Position ab, für die Sie sich bewerben, ob man bei Ihnen eher nach detailorientiertem Qualitätsbewußtsein und großer Sorgfalt fahndet oder mehr nach dem Blick für das »Große Ganze« und der Souveränität, den Kleinkram einfach zu übersehen.

Gerade in diesem Zusammenhang versuchen sich Personalchefs und einstellende Führungskräfte gern als Hobby-Psychologen, wobei sie sich auf ihre Menschenkenntnis (die sich in der Regel aus einer Sammlung von Vorurteilen zusammensetzt) verlassen.

Demnach gelten für manche »Menschenkenner« Personen mit folgenden Merkmalen als sorgfältig und qualitätsorientiert:
> hagere Statur, schmale Lippen, ernstes Gesicht
> konventionelle und makellos gebügelte Kleidung
> leise Stimme, langsames Sprechen, spärliche Gestikulation.

Als eher souverän und strategisch orientiert gelten Personen mit folgenden Merkmalen:
> robuste Statur, festes Auftreten, fester Händedruck, bequeme Sitzhaltung
> ausholende Gestik, stark wechselnde Mimik, laute Stimme, kurze Sätze
> korrekte, aber doch etwas lässig getragene Kleidung.

Als zu wenig sorgfältig und zu wenig qualitätsbewußt gelten Personen mit folgenden Merkmalen:
> schlampige oder zu eng sitzende Kleidung, fettige Haare und andere Anzeichen mangelnder Körperpflege
> nachlässiges Reden und Verplaudern in unwichtigen Details
> Herumfummeln an Haaren, Ohrläppchen oder Stoffalten.

Leider sind Vorurteile in dieser Hinsicht oft noch viel platter: Dicke Menschen und Raucher werden ebenfalls häufig als disziplinlos und nachlässig be-, ver- und abgeurteilt.

Bei einem sorgfältigen und qualitätsorientierten Mitarbeiter wird man im wesentlichen folgendes Verhalten oder folgende Einstellungen erleben:

> erledigt die übertragenen Aufgaben gewissenhaft und liefert fehlerfreie Ergebnisse ab
> kontrolliert selbst, ob Fehler vorhanden sind, und behebt diese in Eigeninitiative
> legt großen Wert darauf, sich genau einzuarbeiten und die relevanten Zusammenhänge zu durchschauen
> kennt mögliche Konsequenzen, die ein Fehler haben könnte
> identifiziert sich persönlich stark mit den eigenen Aufgaben und Verantwortungsbereichen
> muß nicht beaufsichtigt und kontrolliert werden, sondern meldet sich bei Problemen und Fragen selbst
> denkt mit, maßt sich jedoch keine Entscheidungen an
> bevorzugt Aufgaben, die gründlich und konzentriert gemacht werden müssen
> ist zuverlässig bei Zusagen und Vereinbarungen
> hat auch bei komplizierten Problemen die notwendige Geduld, die Zusammenhänge vollständig zu ergründen
> kann auch langweilige und ständig wiederkehrende Routineaufgaben ohne Qualitätsverlust erledigen
> schließt eine Arbeit ab, bevor die nächste begonnen wird
> ist stolz auf die Qualität der eigenen Ergebnisse
> lehnt die Zusammenarbeit mit unzuverlässigen Personen ab
> gibt Ergebnisse erst dann weiter, wenn sie perfekt sind
> pflegt ein ordentliches Arbeitsumfeld mit sauberer Ablage und vollständiger Dokumentation.

Ob Sie im gewünschten Maß Sorgfalt und Qualitätsbewußtsein mitbringen, wird Ihr neuer Chef häufig erst während der Probezeit feststellen. In Psycho-Tests läßt sich zwar die Neigung zu Detailorientierung herausfinden, aber man weiß dann immer noch nicht, ob Sie ein ordentlicher oder ein schlampiger Kleinkrämer sind. Im Interview wird man Ihnen entsprechend ein paar Fragen stellen. Wenn Sie nicht ganz auf den Kopf gefallen sind, werden Sie wissen, wie Sie – im Hinblick auf die angestrebte Position – zu antworten haben.

Man fragt zum Beispiel:

> Wie ist Ihr Arbeitsstil im allgemeinen?
> Welche Routineaufgaben gehören zu Ihren Tätigkeiten? Wie gehen Sie damit um?
> Wie sorgen Sie für Qualität?
> Wie schätzen Sie sich selbst ein? Sind Sie eher pragmatisch oder eher perfektionistisch orientiert?
> Was macht Ihnen mehr Spaß: Konzeptionierung oder Umsetzung?
> Sind Sie in Ihrem Denken eher analytisch-forschend oder eher kreativ-gestaltend?
> Wie stehen Sie zu: Exaktheit, Spontaneität, Schnelligkeit, Präzision, Unkonventionalität ...?
> Wie stellen Sie sicher, daß man sich blind auf Ihre Ergebnisse verlassen kann?

Bei hochkarätigen Spezialisten und bei gehobenen Führungspersönlichkeiten wird man sich ohnehin über Sie erkundigen. Sperrvermerke hin oder her, man wird Leute fragen (oder durch externe Berater fragen lassen), die Sie und Ihren Stil kennen.

In Ihrem eigenen Interesse sollten Sie ehrlich sein, wenn man Ihre Neigung zu Sorgfalt und Qualität prüft. Das Arbeitsleben wird zur täglichen Qual, wenn man in dieser Hinsicht den falschen Job hat.

2. Zuverlässigkeit

Zuverlässig ist, wer Arbeitsergebnisse pünktlich abliefert, versprochene Rückrufe tätigt, vereinbarte Termine einhält und zum eigenen Wort steht. Ein Mangel an Zuverlässigkeit liegt fast nie an Böswilligkeit. Es kann Schusseligkeit sein oder die Unfähigkeit, sich selbst zu managen und Zeit richtig einzuteilen. Streß und Überforderung sind die häufigsten Ursachen für Unzuverlässigkeit im Berufsleben. Sowohl Überforderung als auch Schusseligkeit sind für beruflichen Erfolg jedoch tödlich. In beiden Fällen macht man Sie dafür verantwortlich. Überforderung und Zeitdruck dürfen niemals als Ausrede für mangelnde Zuverlässigkeit hingenommen werden. Man erwartet vielmehr, daß sich ein Mitarbeiter freiwillig von der Position zurückzieht, die die eigenen Kräfte zu sehr strapaziert.

Über Ihre Zuverlässigkeit kann man im Auswahlverfahren nichts feststellen. Das wird sich erst in der Probezeit oder sogar noch später erweisen. Man wird es zur Kenntnis nehmen, verlassen Sie sich darauf.

Im Interview fragt man Sie vielleicht nach Ihrem Zeitmanagementsystem und nach Ihren Erfahrungen in der Anwendung. Man könnte Sie auch nach Ihren Arbeits- und Ablagetechniken befragen und daraus Schlüsse ziehen. Vielleicht bittet man Sie, einen kurzen Blick in Ihren Zeitplaner werfen zu dürfen. Wehe, wenn Sie dann sagen, daß Sie ihn leider ausgerechnet heute nicht dabei haben! Genauso schlimm ist es, wenn Sie einen Mini-PC aus der Tasche kramen und erst minutenlang die Software hochfahren müssen. Da kann man sich schon denken, wie es mit Ihren Terminen und Absprachen aussieht.

Eine andere Möglichkeit ist, daß man Sie bittet, am Donnerstag kurz gegen Mittag anzurufen. Wenn Sie darauf nur zustimmend mit dem Kopf nicken, ist schon klar, daß Sie niemals zuverlässig in Ihren Vereinbarungen sind. Ein Profi zieht statt dessen den handlichen Zeitplaner aus der Tasche, hat mit einem Griff die richtige Seite aufgeschlagen, stellt fest, was bereits für Donnerstag gegen Mittag geplant ist und kann dann zu- oder absagen und sofort den nun endgültig zu vereinbarenden Termin eintragen.

Zeigen Sie, daß Sie sich im Hinblick auf Ihre Zuverlässigkeit nicht auf Ihr Gedächtnis verlassen, sondern auf schriftliche Dokumentationen. Machen Sie allerdings nicht den Eindruck, als sei das Notieren von Terminen und Vereinbarungen eine rituelle Handlung für Sie. Zeitplanung soll Zeit sparen und darf nicht selbst Zeit verbrauchen.

Wer keine Zeitplanung betreibt, gilt entweder als unzuverlässig oder als eine Person, die von der Steuerung anderer abhängig ist. Das kann man sich in sehr untergeordneten oder in sehr hohen Positionen leisten. Solange Sie noch selbständig Ihren Tagesablauf verantworten, benutzen Sie ein Zeitplansystem oder sind unzuverlässig.

3. Selbststeuerung

Selbststeuerung oder Selbstmanagement sind Begriffe für die Kunst, sich im Griff zu haben und zu Zielen zu bringen, die man sich selbst gesetzt hat. Für untergeordnete Mitarbeiter ist Selbststeuerung zwar für die eigenen Lebensziele wichtig, das interessiert jedoch den Arbeitgeber nicht. Ein hohes Maß an Kompetenz im Selbstmanagement erwartet man von Führungskräften und von Personen, die sehr selbständig arbeiten müssen. Es kann sich um Vertriebsbeauftragte oder andere Außendienstmitarbeiter handeln, um Projektleiter oder um Mitarbeiter, die fern des Unternehmens etwas aufbauen sollen.

Die Selbststeuerung beinhaltet:
> die eigene Zielfindung
> Selbstmotivation
> selbständige Priorisierung
> Zeitmanagement
> Planung und Selbstkontrolle
> Aufbau von sinnvollen Beziehungen.

Wer sich nicht zuverlässig selbst steuern kann, braucht immer wieder einen Vorgesetzten, der Aufgaben delegiert, bei Niedergeschlagenheit motiviert und die Leistungen kontrolliert.

Es ist mit der kindlichen Entwicklung vergleichbar. Kinder, deren Eltern nicht darauf achten, ob Schulaufgaben erledigt werden, verlieren den Anschluß. Sie vertrödeln ihre Zeit und stehen am Ende womöglich ohne Abschluß da. Ein Kind kann sich nur begrenzt selbst steuern. Im Grunde muß immer jemand in der Nähe sein und darauf achten, was das Kind tut und wie es sich fühlt.

Die kindliche Einstellung, daß jemand anderes für das eigene Leben zuständig ist, bleibt manchen Leuten bis ins Alter erhalten. Man erkennt dies an Aussagen wie:
> Das muß doch mein Chef wissen, was ich zu tun habe.
> Mein Chef ist dafür verantwortlich, mich zu motivieren.
> Ich kann doch wohl erwarten, daß man für meine gerechte Bezahlung sorgt.
> Wenn mich sowieso keiner lobt, dann mache ich auch nichts mehr.

184

> Ich muß doch der Arbeit nicht hinterherlaufen.
> Ist mir doch egal, wozu das gut ist. Ich tue, was man mir sagt, und damit basta.

Ein Mangel an Selbststeuerung läßt sich auch dann erkennen, wenn es in einer Abteilung drunter und drüber geht, sobald der Vorgesetzte nicht kontrolliert.

Ob Sie sich selbst steuern können oder nicht, läßt sich oft erst nach einigen Monaten im Unternehmen feststellen. Manchmal ist sogar die Probezeit abgelaufen, bis man bemerkt, daß ein Mitarbeiter ständig die »Stimme seines Herrn« braucht.

Im Auswahlverfahren kann man über die innere Haltung zu diesem Thema nur sehr wenig durch Fragen erfahren.

> Was sind Ihrer Meinung nach die wichtigsten Aufgaben einer Führungskraft?
> Was erwarten Sie von Ihrem Vorgesetzten? (Wehe, wenn Sie Motivation erwarten!)
> Wozu braucht man Ihrer Meinung nach überhaupt noch Führungskräfte?
> Was verstehen Sie unter Selbstmanagement?
> Was sollte eine Führungskraft tun, wenn sie feststellt, daß ein Mitarbeiter Probleme hat?
> »Sich selbst im Griff haben«, was verstehen Sie darunter?
> Was tun Sie dafür, daß Sie Ihre beruflichen oder auch privaten Ziele erreichen?
> Wer oder was hat Sie während Ihres Berufslebens gefördert oder behindert? Schildern Sie konkrete Beispiele.
> Sind Sie schon einmal mit einer Sache besonders erfolgreich gewesen oder auch mit einem Vorhaben völlig gescheitert? Schildern Sie die Umstände.
> Was würden Sie einem Berufsanfänger im Hinblick auf Karriere und Erfolg raten?

Wie gesagt, solche Fragen können nur wenig über Ihre Kompetenz zur Selbststeuerung ans Licht bringen. Letztlich wird sich in der Praxis erweisen, ob Sie gesteuert werden müssen oder sich selbst steuern können und wollen.

4. Motivation

Unter »Motivation« wird der Antrieb einer Person verstanden, bestimmte Dinge zu tun oder zu lassen. Es geht dabei um Engagement, Leistungsbereitschaft, Arbeitslust, Verarbeiten von Niederlagen etc.

Im Hinblick auf die Motivation wird bei Bewerbern nach drei Richtungen geforscht:

1. Extrinsische oder intrinsische Motivation
2. Eigenmotivation oder Fremdmotivation
3. Berufsbezogene Struktur der Grundmotivation

Leider ist es so, daß wir oft selbst nicht so genau wissen, was uns eigentlich motiviert. Vielfach haben wir von uns selbst ein geschöntes Bild. Wir möchten von »edlen« Motiven und nicht von »niedrigen Beweggründen« getrieben sein.

Beispiel:

Wenn jemand einem anderen hilft, dann glaubt der Helfer von sich selbst, das Motiv »Nächstenliebe« habe ihn dazu veranlaßt. Was der Helfer nicht weiß und auch energisch bestreiten würde, ist, daß vermutlich das Motiv »Machtstreben« ihn zum Großteil angeregt hat. Helfen ist immer auch Machtausübung. Der Helfer greift in die Belange seines »Opfers« ein und steuert damit dessen Leben.

Wir kennen dieses Phänomen seit unserer Kindheit, nervende Lehrer, Erzieher, Tanten und Eltern, die es »so gut mit uns meinen« und uns »doch nur helfen« wollen.

Stellen Sie sich nun vor, eine soziale Einrichtung für Behinderte sucht neue Mitarbeiter. Vermutlich werden unter den Bewerbern nicht nur Personen sein, denen es einfach Spaß macht, mit Menschen zu arbeiten. Es werden sich ebenso Bewerber melden, die »helfen« wollen. Sie können ihre Machtinstinkte an Behinderten ausleben, da diese auf sie angewiesen sind. Dabei können sie noch das Motiv »Eitelkeit« pflegen, wenn sie sich im Bekannten- und Verwandtenkreis für ihre »guten Werke« bewundern lassen.

In modernen sozialen Einrichtungen läßt man es heute nicht mehr zu, daß Behinderte solche »Helfer« ertragen müssen. Diese Einrichtungen finden zum

Beispiel durch Psycho-Tests heraus, welche Motive wirklich hinter dem Wunsch nach einer Mitarbeit stehen.

Betrachten wir nun die drei Aspekte, die bei der Motivanalyse eine Rolle spielen.

1. Extrinsische oder intrinsische Motivation

Die extrinsische Motivation wird von außen gesteuert. Das kann zum Beispiel die Provision eines Verkäufers sein. Man geht dann davon aus, daß der Verkäufer gut verkauft und sich wirklich ins Zeug legt, wenn man ihm einen hohen Gehaltsanteil als erfolgsabhängige Provision in Aussicht stellt. Er wird andererseits schnell die Lust verlieren, wenn er merkt, daß sich sein Einsatz nicht »lohnt«.

Die intrinsische Motivation kommt aus der Person selbst, zum Beispiel als leidenschaftliche Lust an einer bestimmten Aufgabe. Man spricht dann auch davon, daß der Beruf zur »Berufung« wird.

Beispiel:

Anders als Laien oft vermuten, wird in katholischen Ordensgemeinschaften nicht jeder mit offenen Armen aufgenommen, der den Schutz vor der Welt hinter Klostermauern sucht. Bevor jemand als Ordensschwester oder -bruder die Gelübde ablegen darf, werden knallharte Eignungsanalysen durchgeführt. Abgesehen von der Frage, ob die betreffende Person in die Gemeinschaft paßt, wird intensiv nach den Motiven geforscht. Die sollten intrinsisch sein. Extrinsische Motive wie Stolz auf den exotischen Lebensweg oder der Wunsch, den Eltern »eins auszuwischen«, oder die Hoffnung auf reichlichen Lohn im Himmel (»himmlische Provision« statt irdischer) nutzen sich spätestens nach einigen Jahren ab, vor allem dann, wenn man merkt, daß »die Welt« nicht jenseits der Klostermauern bleibt, sondern jede Nonne und jeden Bruder bis in die Zelle verfolgt.

Die meisten Berufe brauchen sowohl intrinsische als auch extrinsische Motivation. Der Verkäufer braucht neben der Lust auf Provision von sich heraus Freude am Umgang mit Menschen und am Geschäft des Beratens und Überzeugens. Ein ausschließlich intrinsisch motivierter Verkäufer kann zwar an der Theke einer Metzgerei oder im Kaufhaus gute Leistung zeigen, wird jedoch als Versicherungsvertreter oder Vertriebsbeauftragter eines Software-Hauses versagen.

Ob ein Bewerber eher extrinsisch oder intrinsisch motiviert ist, wird einerseits konkret erfragt, andererseits an bestimmten Verhaltensmerkmalen oder aus Selbstbeschreibungen erschlossen.

Extrinsisch Motivierte wollen einen hohen variablen Gehaltsanteil und sind bereit, ein niedriges Festgehalt zu akzeptieren. Sie »wissen«, daß sie davon ohnehin nicht leben müssen. Sie wollen auch bestimmte Statussymbole wie: Dienstwagen, Visitenkarte mit »guter« Positionsangabe, großes Büro mit Prestigeobjekten wie Besucherstühlen etc. Diese Menschen treten statusorientiert und entsprechend gekleidet im Bewerbungsverfahren auf. Sie lassen ihre teuren Schreibgeräte sehen, haben Ledermappen und Spezialhandys.

Intrinsisch orientierte Menschen bekommen »glänzende Augen«, wenn es um die Besprechung der Aufgabeninhalte geht. Sie fragen fachlich und sachlich viel nach und legen Wert darauf, bestimmte Aufgaben zu erhalten, wobei es sich nicht um »Prestige-Jobs« handeln muß.

Hellhörig werden Personalchefs, wenn Bewerber ihre »edlen Werte« herauskehren. Wenn jemand zum Beispiel behauptet, auf keinen Fall »geldgierig« zu sein und deshalb nicht gern auf Provisionsbasis arbeitet. Oder jemand betont im Test, daß er niemals einem Kunden etwas »aufschwatzen« würde.

In der Regel kann man dann davon ausgehen, daß eine solche Person nicht wirklich motiviert ist, später den Job mit Feuereifer zu erledigen. Diese Person sucht nur verzweifelt eine Stelle.

2. Eigenmotivation oder Fremdmotivation

Eigenmotivation ist gegeben, wenn ein Mitarbeiter weitgehend unabhängig von anderen sich selbst anspornen und bei Niederlagen auch ermutigen kann. Wem Eigenmotivation fehlt, der braucht stets Ermutigung, Lob und Bestätigung vom Vorgesetzten. Das sind jene Mitarbeiter, die sich auf den Standpunkt stellen, daß es die Aufgabe ihrer Führungskraft ist, sie zu motivieren.

Eigenmotivierte Menschen kann man auch allein und in abgelegenen Orten arbeiten lassen. Das trifft für Berufe mit hohem Reiseanteil zu, wie für dezentral organisierte Unternehmen, und auch für Jobs, die zu Hause ausgeübt werden. Man muß sich darauf verlassen können, daß die Mitarbeiter bei Problemen nicht in Phlegma oder Niedergeschlagenheit versinken, sondern sich selbst wieder in Schaffenslaune bringen. Entwicklungsdienste und internationale Konzerne suchen gezielt nach diesem Merkmal.

Fremdmotivierte Menschen brauchen den regelmäßigen und positiven Kontakt zum Vorgesetzten. Sie wollen wissen, was der Chef von ihnen hält. Sie legen Wert darauf, daß er wohlwollend zur Kenntnis nimmt, was sie leisten, und sie entsprechend lobt. Er soll auch helfend eingreifen, wenn es Probleme gibt. Solche Mitarbeiter brauchen die räumliche Nähe zum Chef. Er soll auf dem gleichen Flur sein Büro haben und regelmäßig den persönlichen Kontakt suchen.

Beispiel:

Krankenschwestern oder Krankenpfleger mit hoher Eigenmotivation kann man eher nach Pakistan zur Einrichtung einer ländlichen Medizinstation schicken als fremdmotivierte, die im Einflußbereich einer Stationsleitung bleiben sollten.

Fremd- oder Eigenmotivation kann im Interview durch Fragen wie folgende erforscht werden:

> Was tun Sie, wenn Ihnen die Arbeit mal wirklich keinen Spaß mehr macht?
> Welche Ihrer jetzigen Aufgaben motiviert Sie am wenigsten?
> Bei welchen Aufgaben neigen Sie am meisten zu Aufschieberitis?
> Gab es in Ihrem Leben schon mal Phasen der Erfolglosigkeit und Niedergeschlagenheit? Was war die Ursache? Was haben Sie damals getan?
> Wie stellen Sie sich den idealen Vorgesetzten vor?

3. Berufsbezogene Struktur der Grundmotivation

Hier geht es um die Frage, was ein Bewerber zur dauerhaften Motivation und Erhaltung der Arbeitsfreude vom beruflichen Umfeld erwartet. Außerdem interessiert, ob dem Bewerber im Grunde eher an Aufstieg und hierarchischer Karriere gelegen ist oder an der Beschäftigung mit Aufgaben, die ihn fachlich reizen oder ihm einen Sinn geben.

Die Frage ist: Will er ins Management oder strebt er die Expertenlaufbahn an? Interessiert er sich stark für ihn umgebende Menschen und seine Position im Vergleich zu den anderen, oder interessiert er sich mehr für die sachlichen Zusammenhänge seiner Aufgaben?

Man denke zum Beispiel an ein Unternehmen, das die Position des DV-Leiters neu zu besetzen hat. Es wird Bewerber mit DV-Fachwissen einladen. Man darf aber auf keinen Fall einen »Knipser« oder »Bit-Beißer« einstellen. Wer sich am liebsten in die Tiefen von Programmen und Dumps begibt, neue Systeme installiert und nach Fehlern in den Anwendungen forscht, ist als Manager einer DV-Abteilung ungeeignet.

Bei der Grundstruktur der Motivation will man feststellen, was der Bewerber braucht, um sich wohl zu fühlen, und was er langfristig anstrebt. Daraus ergibt sich, ob das Unternehmen ihm dieses in der ausgeschriebenen Position bieten kann. Zur Feststellung der Grundstruktur werden häufig Psycho-Tests herangezogen. Anhand einer langen Liste von Fragen soll herausgefiltert werden, was dem Bewerber – bewußt oder unbewußt – im Zusammenhang mit seiner beruflichen Tätigkeit besonders wichtig ist.

Selbstverständlich lassen sich die meisten der Testfragen leicht durchschauen. Es ist wahrlich keine Kunst, durch Manipulation eine Motivationsstruktur zu produzieren, die nicht stimmt. Davon sollten Sie, liebe Leserin, lieber Leser, jedoch Abstand nehmen. Wenn Sie durch Fälscherei eine Position ergattern, sind Unzufriedenheit, Scheitern, Streß, Burn out, Konflikte etc. so gut wie sicher. Ein Job, der Ihrer Grundstruktur zuwider ist, zehrt an der Substanz. Die Chance ist groß, daß Sie recht bald als Niete, angeblicher Mobbing-Märtyrer oder Querulant auffällig werden. Sie gehören dann mit zu den ersten Opfern einer Verschlankungs-, Rationalisierungs- oder sonstigen Säuberungswelle. Wenn Sie sich anschließend am Arbeitsmarkt erneut um einen neuen Job bemühen, ist kostbare Zeit vergangen, aus der Sie dem neuen Arbeitgeber keine Erfolgsbilanz präsentieren können.

Es gibt unterschiedliche Modelle zur Darstellung der Grundstruktur der Motivation. Meines Erachtens ist das »Rad der Arbeitsmotivation« besonders anschaulich.

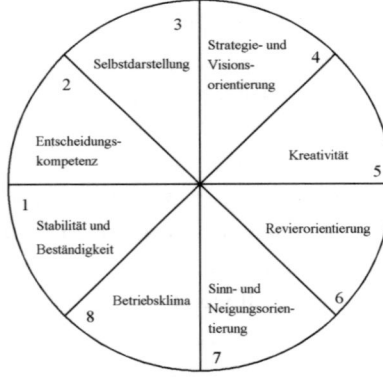

Abb. 16: Motivationsrichtungen

Für jedes der obigen Teilstücke werden im Psycho-Test Punkte ermittelt, die darüber Auskunft geben, wie wichtig dem Bewerber der jeweilige Aspekt ist. Daraus kann man schließen, wie schnell vermutlich die Motivation sinkt, sollte dieser Aspekt in der ausgeschriebenen Position nicht oder nur wenig erfüllt sein.

1. Stabilität und Beständigkeit

Der Bewerber legt Wert auf ein Arbeitsumfeld, das sich wenig ändert. Nach der Phase der Einarbeitung will er wenig räumliche, organisatorische oder sonstige Veränderungen. Morgens soll alles noch so aussehen, wie abends nach Verlassen des Büros, der Werkstatt oder des Geschäfts. Der Bewerber neigt wahrscheinlich dazu, sich seinen Arbeitsplatz persönlich zu gestalten, mit eigenen Bildern, Blumen, einer individuell zugeschnittenen Ablage und eigens entwickelten Arbeitsabläufen.

Er will auch Zuverlässigkeit hinsichtlich festen Arbeitszeiten, Einsatzorten und Kontaktpersonen. Um sich braucht er ein beständiges Team von Kollegen, zu denen er eine gewisse Vertrautheit entwickelt.

Wer in diesem Bereich eine hohe Punktzahl erreicht, sollte nicht in sehr innovativen Unternehmen oder in sich stark verändernden Bereichen eingesetzt werden. Dieser Bewerber wird sich auf Dauer vermutlich gegen Neuerungen sperren und auf Unerwartetes und Ungewohntes zumindest anfangs mit Frust reagieren. Er braucht für jede Veränderung eine lange Gewöhnungszeit.

2. Entscheidungskompetenz

Der Bewerber will sich nicht nur ausführend betätigen, sondern aktiv in Entscheidungsprozesse eingebunden sein. Er will über seinen Arbeitsbereich hinaus die Gesamtzusammenhänge kennen und beeinflussen.

Eine hohe Punktzahl in diesem Bereich läßt auf einen Bewerber mit starkem Macht- und Karriereantrieb schließen. Bei mangelnden Aufstiegs- und Einflußmöglichkeiten könnte er sich auf Dauer zum Rebellen und Quertreiber entwickeln.

Eine geringe Punktzahl kann Phlegma und Desinteresse an allem, was über die persönlichen Aufgaben hinausgeht, vermuten lassen. Es kann auch auf Fügsamkeit und die Bereitschaft zur Unterordnung hinweisen. Ein entsprechender Bewerber könnte sich überfordert fühlen, sollte er mit viel persönlicher Verantwortung betraut werden.

3. Selbstdarstellung

Der Bewerber will seine Leistungen persönlich anerkannt haben. Das Untertauchen in der Masse oder im Team würde ihn frustrieren. Er legt Wert auf seinen guten Ruf und will, daß man ihn im Unternehmen oder auch in Berufsverbänden, in der Presse etc. kennt. Er braucht die Chance zur Selbstdarstellung beispielsweise bei öffentlichen Auftritten wie Kongressen oder Präsentationen.

Eine hohe Punktzahl in diesem Bereich läßt auf eine gewisse Eitelkeit und auf Prestigeorientierung schließen. Der Bewerber wird sich stets dort durch hohe Leistungsmotivation hervortun, wo er sicher sein kann, daß Leistungen ihm auch persönlich zugeschrieben werden. Außerdem läßt hier eine hohe Punktzahl auf Wettbewerbsorientierung schließen. Der Bewerber mißt sich gern mit anderen und bringt vermutlich »Kämpfergeist« mit. Er kann im Vertrieb oder an exponierter Stelle des Unternehmens tätig werden. Es besteht allerdings ebenso die Möglichkeit, daß der Bewerber zu den »schillernden« Gestalten gehört, zu jenen Menschen, die mal hier, mal da auftauchen, für Wirbel sorgen und dann wieder in einem anderen Unternehmen verschwinden.

Eine geringe Punktzahl in diesem Bereich läßt auf Bescheidenheit, mangelndes Selbstbewußtsein oder auch mangelnde Leistungsbereitschaft schließen. Ein solcher Bewerber geht gern in der Menge unter und erledigt unauffällig – wenn auch gewissenhaft – seinen Job. Er gehört eher zu den »grauen Mäusen«. Ein entsprechender Bewerber sollte nicht in provisionsorientierten Berufen tätig werden und nicht in Unternehmen mit starken Machtkämpfen arbeiten. Auf keinen Fall darf er in Öffentlichkeitsarbeiten eingesetzt werden. Sein persönliches »graues Image« könnte auf das Unternehmen zurückschlagen.

4. Strategie- und Visionsorientierung

Dieser Bewerber ist zukunftsorientiert. Er interessiert sich für Neuerungen und Entwicklungen, will an Strategien mitarbeiten und die Zukunft des Unternehmens mitgestalten. Es macht ihm vermutlich auch Spaß, in der »Firmenpolitik« mitzumischen. Unternehmerisches und bereichsübergreifendes Denken sind ihm ein Bedürfnis. Er interessiert sich für die Marktlage und für Trends. Dabei will er sich nicht nur informieren, sondern auch mitgestalten.

Bewerber mit einer hohen Punktzahl in diesem Bereich können ein Unternehmen in die Zukunft oder durch »mangelnde Bodenhaftung« auch ins Chaos führen. Ihre Ungeduld macht sie nicht immer leicht erträglich. So wie sie unter den Bedächtigen und Gründlichen leiden, leiden diese unter ihnen.

Unternehmen, die dringend einen frischen Wind benötigen oder sich in einer Umbruchsphase befinden, brauchen solche Mitarbeiter und Führungskräfte. Traditionalistische Unternehmen, die sich in absehbarer Zeit nicht ändern wollen (z.B. Behörden, Mittelständler unter der Leitung des Gründers, kirchliche Institutionen), sollten auf diese Bewerber lieber verzichten. Das gilt auch umgekehrt. Wer hier eine hohe Punktzahl hat, wird zum Beispiel im Finanzamt, bei der Sparkasse oder der Caritas auch in führender Position unglücklich.

5. Kreativität

Der Bewerber will nicht nur erledigen, analysieren oder produzieren, er will erfinden, experimentieren und forschen.

Wer hier eine hohe Punktzahl erreicht, darf nicht in Routinejobs gesteckt werden. Bei solchen Bewerbern kann man davon ausgehen, daß ihre Leistungen schnell nachlassen, wenn sie ähnliche Dinge immer wieder erledigen sollen. Während man bei vielen Menschen davon ausgehen kann, daß sie durch Erfahrungen besser werden, ist bei diesen Bewerbern eher das Gegenteil anzunehmen. Sie sind dann gut, wenn sie etwas Neues tun können.

Solche Bewerber können im Produktdesign arbeiten, sie können neue Märkte erschließen, neue Vertriebsgebiete aufbauen oder im Bereich Forschung und Entwicklung tätig werden. Routine und Beständigkeit öden sie schnell an. Sie werden auch rebellisch, wenn sie Veränderungen und Neuerungen übernehmen sollen, die andere entwickelt haben.

Vor allem junge Bewerber mit einem hohen Punkteergebnis in diesem Bereich sollten noch einmal kritisch auf die Fähigkeit des wirtschaftlichen Denkens hin überprüft werden. Es besteht sonst die Gefahr, daß sie für ihre Forschungen und Erfindungen beliebig viel Geld, Zeit und Mittel des Unternehmens verschleudern.

Häufig sind sehr kreative Menschen keine guten Führungskräfte in Bereichen, die nicht innovativ ausgerichtet sind. Der Umgang mit langsamen und routineorientierten Mitarbeitern belastet sie. Sie können sich nicht in die Welt unkreativer Menschen hineinversetzen und entpuppen sich schließlich als ungeduldige und reizbare Chefs. Solche Bewerber können jedoch hervorragende Projektleiter abgeben.

6. Revierorientierung

Dieser Begriff ist der Tierpsychologie entlehnt. Damit ist gemeint, daß der Bewerber einen eigenen Bereich braucht, in den ihm »keiner reinquatscht«. Er will klar seine Aufgaben und Zuständigkeiten kennen und von anderen abgegrenzt wissen.

Im positiven Sinn kann eine hohe Punktzahl bedeuten, daß der Bewerber als Mitarbeiter oder Führungskraft verantwortlich seine Aufgaben wahrnimmt und selbständig zum Erfolg führt. Er dominiert andere nicht und läßt sich auch nicht von ihnen dominieren.

Im negativen Sinn kann eine hohe Punktzahl ein Mangel an Bereitschaft zur Zusammenarbeit und zur Kommunikation bedeuten. Der Bewerber »hütet« seinen Bereich und läßt sich »nicht in die Karten sehen«. Es kommt zu »Abteilungsdenken« und vielleicht gar zu »Bunkermentalität«. Als Führungskraft ist einerseits davon auszugehen, daß ein solcher Bewerber »seine« Leute gut führt, er anderseits aber die Führungskräfte und Mitarbeiter anderer Bereiche als »Feinde« oder »Machtkonkurrenten« sieht. Er könnte zu einem autoritären und patriarchalischen Führungsstil neigen. Das ist in traditionellen Unternehmen mit klaren Hierarchien und sauber definierten Einflußbereichen erwünscht. Als untergeordneter Mitarbeiter kann ein solcher Bewerber sehr gut auch ohne ständige Führung und Kontrolle seinen Job machen. Man kann ihn in abgelegene Gegenden – zum Beispiel ins Ausland – schicken und sich auf ihn verlassen. Zu Problemen kommt es erst, wenn er sich mit anderen abstimmen und koordinieren muß und dabei Angst vor Macht- und Einflußverlusten entwickelt.

7. Sinn- und Neigungsorientierung

Der Bewerber legt großen Wert darauf, sinnvolle Aufgaben oder solche, die ihm persönlich liegen, zu erhalten. Typisch ist diese Orientierung bei Künstlern, sozial Engagierten und Top-Experten. Eine gewisse Einseitigkeit des Interesses ist dabei die Regel. Es kann auch zu »Genie-Neigungen« kommen. Die Person geht mit Feuereifer an ihre Aufgaben und wird an ihnen festhalten, selbst wenn Erfolge und Anerkennung zunächst ausbleiben.

Solche Bewerber braucht man in Berufen die
– fachliche Spitzenleistungen verlangen.

Das kann zum Beispiel im Bereich der Softwareentwicklung sein, in der Raumforschung oder Kriminalistik. Spezialisten sind getrieben vom Willen, zu Top-Expertentum zu gelangen und die Entwicklung immer weiter voranzutreiben.

– Sorgfalt und Gründlichkeit verlangen.

Das kann in der Revision oder in der Restaurierung alter Bücher sein. Da den Mitarbeitern die Arbeit großen Spaß macht, werden sie sich ihr mit liebevoller Gründlichkeit und hoher Konzentration widmen.

– hohes Engagement verlangen und wenig materielle Anreize bieten.

Das kann bei Umweltorganisationen, in sozialen Einrichtungen, Rettungsdiensten oder bei der Polizei sein. Die Mitarbeiter sehen in ihrer Arbeit einen Sinn – in der Regel für andere Menschen oder die Gesellschaft – und ziehen daraus ihre Motivation.

Wenn möglich, sollten bei Bewerbern mit hoher Punktzahl in diesem Bereich Beruf und Berufung, Arbeit und Hobby weitgehend deckungsgleich sein.

Wer hier eine hohe Punktzahl erreicht und dann einen Job bekommt, der ihn nicht mit Feuereifer erfüllt, wird bald gefrustet sein.

Oft ist es wenig ratsam, einen entsprechenden Bewerber zur Führungskraft

zu machen. Dann hätte man nämlich schnell das Phänomen, daß der beste Fach-
mann als Chef gar nicht mehr zu den Tätigkeiten käme, zu denen er am meisten
Lust hat. Das sind jene Chefs, die ihre Führungsaufgaben vernachlässigen und
statt dessen mit ihren besten Leuten um die Wette arbeiten.

Eine geringe Punktzahl in diesem Bereich könnte auf die innere Haltung
schließen lassen: »Ist mir egal, was ich mache. Hauptsache die Kohle stimmt.«
Diese Einstellung muß nicht »schlecht« sein. Sie eignet sich für gutbezahlte, aber
unangenehme oder »eklige« Jobs wie Müllabfuhr, Archivierung von Gegenstän-
den (»Stinker«) in Zusammenhang mit Leichenfunden, Gebäudereinigungen
und ähnliches.

Bei Bewerbern mit geringer Punktzahl ist auch mit geringer Unterneh-
mensidentifizierung zu rechnen. Sie gehen, sobald sie woanders mehr Geld oder
bessere Arbeitsbedingungen in Aussicht haben. Auch das muß keine »schlechte«
Einstellung sein. Warum sollte man dort versauern, wo man ohnehin keine »Erfüllung« findet?!

8. Betriebsklima

Wer in diesem Bereich eine hohe Punktzahl erreicht, braucht den positiven
Umgang mit Vorgesetzten und Kollegen. Schlechtes Betriebsklima oder auch
»Isolationsjobs« wirken auf solche Bewerber demotivierend. Wer hier eine geringe Punktzahl erreicht, bringt sich nicht um für das Betriebsklima, schikaniert
aber auch nicht die anderen mit Aufdringlichkeiten, Tratsch und Gruppenterror.

Wer hier viele Punkte erreicht, sollte weder in eine menschenleere Fabrik-
halle, noch als Einzelperson in eine Minifiliale, als einzige Nachtwache ins Alten-
heim oder als einsamer Entwicklungshelfer nach Afrika delegiert werden. Auch
Jobs im Außendienst oder als Fernfahrer könnten diese Menschen ebenso de-
motivieren wie ein Einsatz als Vogelwart auf der Hallig.

Auf keinen Fall sollte man eine Person mit hoher Punktzahl in ein schwieri-
ges Unternehmen mit schwierigen Managern und vielen internen Machtkämpfen holen. Auch als Unternehmensberater könnten sie bei externen Projekten
verkümmern oder im Kundenunternehmen »zu heimisch« werden und ihre
Loyalität dem eigenen Arbeitgeber gegenüber vergessen. Sehr streßbelastete
Berufe – zum Beispiel als Arzt auf der Unfallstation – sind in der Regel ungeeignet. Ein Bewerber, der ein gutes Betriebsklima braucht, würde unter den gereiz-
ten Stimmungen der gestreßten Kollegen viel zu sehr leiden.

Es werden beim Psycho-Test im Hinblick auf die Motivationsstruktur nicht nur die Einzelbereiche untersucht, sondern auch die Kombinationen. In den meisten Fällen kann man davon ausgehen, daß Bewerber mit hohen Punktzahlen in den Bereichen 2 bis 5 persönlichen Aufstieg in der Hierarchie mehr anstreben als solche mit hohen Punktzahlen in den Bereichen 1 bis 6.

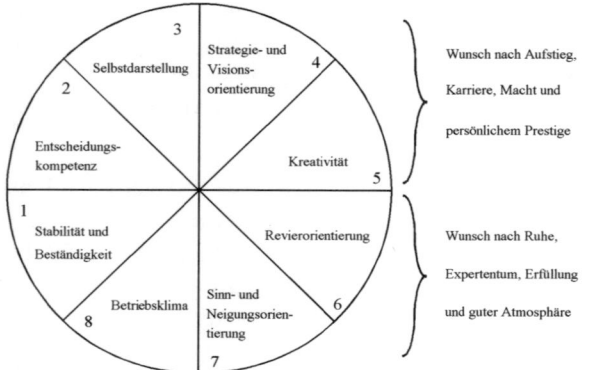

Abb. 17:
Streben nach Aufstieg
oder Expertentum

Es gibt viele Modelle zur Erfassung der Grundstruktur von Motivation. Entsprechend werden Psycho-Tests mit Fragen oder Aussagen entwickelt.

Achten Sie in Ihrem Interesse darauf, daß Sie Tests wahrheitsgemäß ausfüllen. Wer hier manipuliert, riskiert die persönliche Arbeitslust. Diese Tests sind auch nicht mit »Garantie« zu betrachten. Manchmal hängt es von der Tagesform des Bewerbers ab, manchmal von seinen Annahmen, was wohl die »richtige« Antwort ist. Manchmal sind auch die Fragen mißverständlich oder doch nicht ganz so zutreffend. Das wissen die Personalchefs oder Personalberater. Sie werden sich deshalb niemals auf einen Test verlassen, sondern in einem persönlichen Gespräch noch einmal klären, was letztlich Ihre Motivation für eine bestimmte Aufgabe ist.

Für Sie wäre ein Buch zum Thema Psycho- oder Eignungstests ratsam. Gehen Sie die dort angeführten Tests durch. Vielleicht erfahren Sie dann, daß Sie in Ihrem Unterbewußtsein eine ganz andere Motivationsstruktur haben, als Ihnen bisher Ihr »Verstand« oder Ihr »Gewissen« vorgegaukelt haben.

5. Flexibilität

Was genau unter der Flexibilität eines Mitarbeiters verstanden wird, hängt zum Teil auch von der betreffenden Führungskraft ab. »Seien Sie flexibel!« So könnte zum Beispiel ein Chef mahnen, wenn er einen Mitarbeiter dazu veranlassen will, seinen bereits gebuchten Urlaub abzublasen und statt dessen die Planungsfehler der Führungsetage auszugleichen. Es gibt durchaus Chefs, die einen Mitarbeiter dann für flexibel halten, wenn dieser sich willenlos konzeptlosem Handeln unterwirft und wie eine Schachfigur hin- und herschieben läßt. Ob Ihr potentieller nächster Vorgesetzter zu dieser Sorte gehört, können Sie im Bewerbungsverfahren leider nicht feststellen. Das sollten Sie in der Probezeit kritisch prüfen. Für Sie ist die Probezeit ebenfalls die beste Chance, genau zu erfahren, ob der ergatterte Arbeitsplatz Sie auch wirklich für die nächsten Jahre glücklich machen kann. Im Zweifel sollten Sie lieber noch während der Probezeit die Konsequenzen ziehen und sich einen neuen Arbeitgeber suchen. Wenn Sie erst einmal ein Jahr dort sind und dann wechseln, könnte man vermuten, daß Sie im Luschen-Karussell fahren. Für flexibel hält man solche Job-Hopperei nicht.

Haben Sie gern Ihre Abläufe geordnet und vollbringen ihr Tagewerk durchgeplant, sollten Sie sich lieber einen Arbeitgeber suchen, der nicht zu viel an Neuerungen und Änderungen hervorbringt. Behörden, Banken und Traditionskonzerne sind in der Regel für Sie richtig. Auch dort sollten Sie Aufgaben mit zu viel Kundenkontakt meiden. Kundenansprüche sind unberechenbar. Im Innendienst arbeiten Sie viel ruhiger.

Gehören Sie zu jenen Menschen, die Stellenbeschreibungen genau studieren und womöglich einzelne Passagen hinterfragen, liegt die Vermutung nahe, daß Sie ebenfalls nicht sehr flexibel sind.

Erfahrungsgemäß sind Mitarbeiter mit Nähe zu Gewerkschaften und Betriebsräten weniger flexibel. Statt dessen zeichnen sie sich durch Bedenkenträgerei und Neuerungsverhinderungsaktionen aus. Die Zeiten, da Personalvertretungen noch kämpferisch und revolutionär waren, sind längst vorbei. Heute beobachtet man nur noch Pöstchenschieberei, Besitzstandswahrung und Panik vor Veränderungen. Wenn Sie sich dazu zählen, sollten Sie Aufgaben meiden, die zu viele Gewöhnungsprozesse, Umstellungen, Neuplanungen und Reorganisationen erfordern.

Typische Merkmale flexibler Menschen sind:
> Spaß an neuen Aufgaben und geänderten Abläufen
> Hohe Lernbereitschaft und schnelles Begreifen neuer Zusammenhänge
> Kreativität zur Steigerung von Qualität und Leistung
> Kritisches Hinterfragen bisheriger Vorgehensweisen
> Fähigkeit, sich schnell auf andere Menschen und deren Bedürfnisse einzustellen
> Bereitschaft zur Übernahme auch ungewohnter Aufgaben
> Schlagfertigkeit beim Gedankenaustausch und Bereitschaft zur Übernahme von Vorschlägen anderer
> Fähigkeit, sich schnell auf Kundenwünsche oder Umfeldänderungen einzustellen
> Bereitschaft zur Aufgabe von Zielen, Strategien oder Plänen, die von der Realität überholt wurden
> Fähigkeit zur Bearbeitung von mehreren Vorgängen gleichzeitig
> Bevorzugung von abwechslungsreichen Tätigkeiten und von neuen Herausforderungen
> Neuerungen werden nicht abgelehnt, bevor sie nicht zumindest ausprobiert und vollständig verstanden wurden
> Es besteht ein hohes Interesse an neuen Entwicklungen und möglichen Verbesserungen.

Kaum jemand bezeichnet sich selbst als unflexibel. Irgendwie halten sich die meisten für jung, dynamisch und flexibel. Einem Bewerber wird man auf mehreren Wegen seiner Flexibilität auf die Spur zu kommen versuchen. Entweder mit Psycho-Tests oder in größeren Assessment-Centers mit kleinen Spielchen. Das kann beispielsweise die plötzliche Abweichung von der zuvor ausgeteilten Tagesordnung oder Bewerberreihenfolge sein. Hobby-Psychologen unter den Personalchefs achten auch auf Körperhaltung, Kleidung und Verhalten. Wenn Sie wie ein von Loriot dargestellter Buchhalter mit Aktentasche auf den Knien vor dem Interviewer sitzen und manierlich Auskunft geben, wirken Sie einfach nicht flexibel. Läßt man Sie dann spontan eine Tabelle zeichnen und Sie ziehen die Linien mit einem Lineal(-Ersatz), sind Sie im Hinblick auf Flexibilität durchgefallen.

Bei eher professionell durchgeführten Assessment-Centers wird man Sie im

Interview befragen und bei Rollenspielen, Präsentationen und Gruppenübungen beobachten. Dabei achtet man nicht nur auf Ihre Worte, sondern ebenso auf Ihr Verhalten und Ihr Auftreten. Unflexible Menschen können sich in Gesprächssituationen oft nur schwer auf Geistesblitze oder veränderte Verhandlungsstrategien ihrer Gesprächspartner einstellen. Außerdem wirken sie rein äußerlich häufig steif und linkisch oder auch wie erstarrt bei unerwarteten Äußerungen anderer.

Im Interview sollten Sie mit Fragen wie folgenden rechnen:

> Welche Neuerungen und Verbesserungen haben Sie in Ihrem Arbeitsumfeld eingeführt? Warum? Wie sind Sie auf die Ideen dazu gekommen?
> Wenn Sie einen Bereich reorganisieren müßten: Wie würden Sie vorgehen? Mit welchen Problemen würden Sie rechnen?
> Welches Wissen haben Sie sich während der letzten beiden Jahre angeeignet?
> Was möchten Sie in den nächsten Jahren noch lernen?
> Was macht Ihnen mehr Spaß: Erst eine Aufgabe zum Abschluß bringen und danach eine neue beginnen, oder mehrere Dinge parallel zu betreiben?
> Wie würden Sie sich verhalten, wenn Sie mitten in der Projektarbeit erfahren, daß alles nun doch ganz anders gemacht werden soll? Haben Sie das schon einmal erlebt? (Wehe, wenn nicht! Das ist nämlich üblich bei Projekten!)
> Gehören Sie zu den gründlichen Menschen mit hohem Qualitätsanspruch oder sind Sie eher ein Experimentierer?
> Welche Lehre oder Erfahrung hat Sie in jungen Jahren bis heute geprägt?
> Was haben Sie in Ihrem Leben bereits an Wissen und Methoden über Bord werfen müssen? Wie war das für Sie?
> Welche größeren Veränderungen haben Sie in Ihrer beruflichen Laufbahn erlebt? Wie war das für Sie?
> Wenn eine Umstrukturierung ergibt, daß Sie Ihren bisherigen Arbeitsplatz in der gewohnten Form nicht behalten können, was würden Sie tun?
> Wie stellen Sie sich die von uns ausgeschriebene Position vor? Mit welchen Entwicklungen rechnen Sie für die nächsten drei bis fünf Jahre?
> Wie wollen Sie sich für die Zukunft beruflich fit halten?
> Welche Fachzeitschriften lesen Sie? Was interessiert Sie besonders?
> Wie ist Ihr Verhältnis zu technologischen Neuerungen? Arbeiten Sie mit Internet etc.?

Vielleicht läßt man Sie ein Rollenspiel mit einem anderen Bewerber durchführen. Jeder von Ihnen erhält eine Rollenbeschreibung mit einem fiktiven Konfliktfall. Dabei geht es nicht um Streit, sondern um ein gemeinsam zu lösendes Problem mit jeweils unterschiedlichen Ansichten zur »richtigen« Lösung. Versuchen Sie nicht zwingend zu »gewinnen«. Versuchen Sie, mit dem anderen einen Kompromiß zu erarbeiten, der Sie beide zu »Gewinnern« macht. Die Beobachter achten auf folgendes:

> eigene Vorschläge werden zur Diskussion gestellt und bei guten Gegenvorschlägen kritisch hinterfragt
> Argumente der Gegenpartei werden positiv aufgenommen und geschickt in die eigene Gesprächsstrategie eingebaut
> es kommt nicht zu einem starren Festhalten an der vorbereiteten Strategie, wenn diese sich als erfolglos oder sinnlos erwiesen hat
> beobachtet den Gesprächspartner aufmerksam und hört gut zu
> versteht den Gesprächspartner richtig und kann auf dessen Argumente schlagfertig reagieren
> zeigt sich kompromißbereit und in der gemeinsamen Lösungsentwicklung beweglich
> kann sich schnell auf überraschende Strategien und Argumente des Gesprächspartners einstellen
> geht auf Widerstand und Einwände geschmeidig ein und vermeidet Konfrontation
> stellt sich auf den Gesprächsstil des anderen ein und baut dessen Argumente, Wünsche und Erwartungen in die eigene Überzeugungsarbeit ein.

Läßt man Sie eine Präsentation durchführen, müssen Sie mit Zwischenfragen, Einwänden und unvermittelten Zusatzinformationen rechnen. Man beobachtet:

> kann sofort auf Einwände und Fragen aus dem Zuhörerkreis reagieren
> ist bereit, die eigenen Argumente kritisch zu hinterfragen
> kann die geplante Dramaturgie der Präsentation spontan umstellen und den Wünschen der Zuhörer anpassen
> reagiert selbstsicher und schlagfertig auf kritische oder offen negative Einwürfe der Zuhörer
> baut neue Informationen schnell ein und findet trotzdem zum roten Faden zurück
> bleibt während der gesamten Präsentation souverän und anpassungsfähig.

Ebenso wird man bei Gruppenübungen darauf achten, ob Sie starr an Ihrem Konzept festhalten oder ob Sie flexibel auf die anderen Gruppenmitglieder oder auf nachträglich zur Verfügung gestellte Informationen eingehen können.

Da nicht nur Flexibilität geprüft wird, sondern Teamorientierung, Durchsetzungsfähigkeit, Rhetorik etc. sollten Sie diese Aspekte stets parallel im Auge behalten. Wenn Sie das nicht können, sind Sie nicht flexibel. So einfach ist das.

6. Leistungswille

Daß Sie leistungswillig sind, wenn Sie sich einem Auswahlverfahren unterwerfen, ist selbstverständlich. »Normaler« Leistungswille ist jedoch nicht gemeint. Hier geht es um das, was man in Unternehmens- oder Personalberaterkreisen als »hungrig« bezeichnet.

Hungrige Leute braucht man für sehr harte Außendienstjobs, für stark leistungsorientierte Aufgaben in modernen und jungen Branchen wie Datenverarbeitung, Beratungen, Finanzdienstleistungen, neue Medien, Touristik, Strukturvertriebe, neue Dienstleistungen und ähnliches. Bevorzugt werden junge Mitarbeiter eingestellt, die weder familiär noch durch individuelle Hobbys oder außerberufliches Engagement gebunden sind. Sie sollen für einige Jahre Tag und Nacht dem Unternehmen zur Verfügung stehen und dabei vor Arbeitsgier brennen. Dafür wird ein relativ hoher Vergütungsanteil über Prämien und Provisionen realisiert. Fix gibt es nur ein eher geringes Grundgehalt.

Solche Mitarbeiter werden nicht mit der Absicht eingestellt, sie langfristig ans Unternehmen zu binden und aufzubauen. Sie sollen in der Regel drei bis maximal fünf Jahre ausgepowert und dann durch frisches Blut ersetzt werden. Kaum jemand kann diesen Job länger als fünf Jahre machen. Danach ist man ziemlich ausgebrannt. Davon geht der Arbeitgeber auch aus. Aus dem Grunde werden gelegentlich befristete Arbeitsverträge angeboten oder Verträge zur freiberuflichen Mitarbeit vereinbart. Unternehmen, die sich brüsten, ein besonders niedriges Durchschnittsalter ihrer Mitarbeiter vorweisen zu können, suchen fast immer hungrige Leute.

Hungrige Bewerber werden nicht für Führungspositionen gesucht. Sie sollen an exponierter Stelle (Außendienst, Kundenprojekte etc.) möglichst schnell viel Geld einspielen. Sie müssen auch nicht großartig für diese Aufgabe motiviert sein oder Spaß an der Sache haben. Interesse an Geld, seelische Robustheit und körperliche Kondition sind wichtig. Außerdem müssen sie in der Lage sein, sich selbst stets bei Laune zu halten und zu steuern. Sie sollen nicht von Führungskräften betreut und gefördert werden. Sie bekommen ihr Einsatzgebiet und ihre Leistungsziele, und »ab geht die Lucie«.

Ob eine Person »hungrig« ist, wird nicht mühselig in Psycho-Tests erforscht. Im Einstellungsgespräch wird klar darüber gesprochen, was man vom Bewerber erwartet, nämlich daß er erwachsen genug ist, zu wissen, ob er das für ein paar Jahre aushält oder nicht. Außerdem wird bereits in der Probezeit festgestellt, ob der neue Mitarbeiter das schafft. Wenn nicht, wirft man ihn raus. Sollte er gerade noch die Probezeit überleben und danach in der Leistung abfallen, wird er an seinem mickrigen Grundgehalt verhungern. Das sieht der Arbeitgeber ganz locker.

Sie können als junger Mensch (Einstellungsgrenze ist 35 Jahre) in einem entsprechenden Job sehr schnell sehr viel Geld verdienen, sehr viele Erfahrungen sammeln und sehr gute Kontakte für Ihre Zukunft knüpfen. Seien Sie jedoch nicht so dumm, das viele Geld sofort mit Porsche, Sekt und 3tägigen Luxusurlauben auf den Kopf zu hauen. Es gibt viele verbitterte Vierzigjährige, die für den Rest ihres Lebens den schönen, aber für immer vergangenen Jahren als Yuppies und Mitglieder des internationalen Jet-sets nachträumen.

Schon gar nicht sollten Sie einen Job für Hungrige annehmen, wenn Sie eine Familie haben oder gerade gründen wollen, wenn Sie mit Hausbau, Abendstudium oder sonstigem beschäftigt sind.

Die Jahre als hungriger Mitarbeiter können Sie aus Ihrem Leben streichen wie Bauarbeiter ihre Montagejobs in Saudi-Arabien. Das ist nichts als Geldverdienen. Sie verbannen alle berufsfremden Gedanken, Kontakte und Interessen aus Ihrem Leben und arbeiten vierzehn bis achtzehn Stunden am Tag. Wenn Sie nicht arbeiten, schlafen Sie. Nach drei bis vier Jahren müßte die Kohle für Haus, Segelboot und Porsche zusammen sein. Sonst haben Sie etwas falsch gemacht.

In den Jahren als hungriger Mitarbeiter werden Sie sich vielleicht auch charakterlich verändern. Sie werden ungeduldig sein, egoistisch und hektisch. Das verliert sich bei den meisten wieder, die anschließend aus der Tretmühle aussteigen und eine Familie gründen. Sie wachen wie aus einer Trance auf und erkennen plötzlich, wie schön das Leben sein kann, wenn man nicht jede freie Minute vor Erschöpfung in Tiefschlaf sinkt und ganz einfach mal in der Sonne liegt, dabei die

Katze krault und nicht von dem Gedanken beunruhigt wird: Time is money, money is life.

Unter einem hungrigen Mitarbeiter stellen Arbeitgeber sich vor:

> hat ein überdurchschnittliches Leistungsinteresse und strebt extrem hohe (Umsatz-, Provisions-)Ziele an
> ist eher gegenwarts- als zukunftsbezogen
> hat hohes Interesse an Materiellem und Prestige
> kann gut ohne individuelle Führung selbständig seine Ziele verfolgen
> überwindet Probleme und Niederlagen selbständig
> ist körperlich gesund und ausdauernd weit über das übliche Maß hinaus
> zieht seine persönliche Befriedigung aus Leistungserfolgen und erreichten Zielen
> ist stets gutgelaunt und optimistisch
> sucht laufend nach Möglichkeiten der Optimierung und Leistungssteigerung
> sucht selbständig nach neuen Kunden, Aufgabengebieten und Gewinnchancen
> kann gut zwischen wichtigen/gewinnträchtigen und unwichtigen Aufgaben unterscheiden
> verbeißt sich niemals in Details und ist trotzdem ausreichend sorgfältig
> nimmt die Arbeit wichtiger als private Interessen
> begeistert sich schnell für Neuerungen und spontane Ideen
> gibt unrentable Ideen (Kundenkontakte etc.) sofort auf
> begeistert sich an seinen Leistungen und mißt sich gern im Wettbewerb mit Kollegen
> will immer zu den Besten und Erfolgreichsten gehören
> nimmt freiwillig Aufgaben an, die nicht unmittelbar zum eigenen Arbeitsgebiet gehören, jedoch lukrativ sind
> arbeitet schnell und entscheidet spontan
> knüpft schnell Kontakte und ist auch bereit, in der Freizeit nützliche Beziehungen zu pflegen
> ist extrovertiert und grübelt nicht
> findet die Akzeptanz von Kunden und Geschäftspartnern
> richtet seine Zeit flexibel nach beruflichen Erfordernissen ein und ist jederzeit erreichbar und verfügbar
> für lukrative Chancen werden persönliche Opfer gebracht, bis zur Vernachlässigung von Freunden und Angehörigen

> erkennt eigene Fehler sofort und optimiert auf der Stelle das Verhalten, ohne jemals die Schuld auf andere oder auf die Umstände zu schieben
> läßt sich nach Bedarf einsetzen und ist auch räumlich ungebunden
> läßt sich von seinen Erfolgen zu gesteigerten Leistungen motivieren und von Niederlagen zu härteren Anstrengungen antreiben
> zeigt hohes Interesse an Statussymbolen (Dienstwagen etc.)
> steht loyal zum Unternehmen und zum Vorgesetzten, meidet jedoch Kumpanei mit weniger leistungsorientierten Kollegen.

Im Einstellungsinterview rechnen Sie mit folgenden Fragen:
> Was treibt Sie zu Höchstleistungen an?
> Was ist Ihnen außerhalb Ihres Berufs wichtig?
> Was macht Ihnen am meisten Spaß?
> Was wollen Sie im Laufe der nächsten zwei, drei, fünf Jahre erreichen?
> Was bedeutet für Sie »Erfolg«?
> Welche Leistungen bisheriger Vorgesetzter oder Kollegen oder sonstiger Personen bewundern Sie?
> Was glauben Sie, wie sich Ihr Leistungsverhalten von dem anderer Menschen unterscheidet?
> Wie haben Sie bisher einen normalen Arbeitstag verbracht?
> Was tun Sie am liebsten in Ihrer Freizeit?
> Was verstehen Sie unter »internem Wettbewerb«?
> Was bedeutet es für Sie, im Leistungsvergleich mit Kollegen gemessen zu werden?
> Wann haben Sie Ihre größten Erfolge erreicht? Wie war das?
> Was macht Ihnen an Ihrer Arbeit den meisten Spaß?
> Was setzt Sie unter Streß?
> Was macht Ihnen im Berufsleben Angst oder Sorge?
> Welche Tages-, Wochen-, Quartals- oder Jahresziele setzen Sie sich?
> Wie teilen Sie sich die Arbeit ein?
> Haben Sie schon einmal eine Niederlage erlebt? Wie war das? Wie haben Sie sie überwunden?
> Was bedeuten persönliche Verbindungen, Beziehungen und Freundschaften für Sie?
> Wie sieht Ihre langfristige Lebensplanung aus?
> Mit welchen Personen oder Gesellschaftsschichten haben Sie gern Umgang?

> Was bedeutet Geld für Sie?
> Wie halten Sie sich leistungsfähig und fit?
> Was würde Ihnen den Spaß an der Arbeit verderben?

Rechnen Sie auch mit überraschenden Fragen:
> Sind Sie religiös orientiert?
> Möchten Sie Kinder haben? Sind Sie zur Zeit schwanger?
> Haben Sie schwere Krankheiten hinter sich?
> Gibt es in Ihrer Familie Geisteskrankheiten?
> Wären Sie mit einem Bluttest (Schwangerschafts-, Aids-, Drogen-, Krebs- oder Belastungstest) einverstanden?

Diese Fragen sind natürlich nicht korrekt. Man will nur testen, ob Sie darauf empfindlich reagieren oder gar empört darauf verweisen, daß man Sie das nicht fragen darf. Man würde Ihnen sofort recht geben, die Frage zurücknehmen, sich entschuldigen und dann das Gespräch scheinbar nett, aber doch zügig zu Ende bringen.

Hungrige Leute kennen keine Empfindlichkeiten und stören sich nicht an »erlaubten« oder »verbotenen« Fragen. Es ist ihnen völlig eingängig, daß ein Unternehmen, das totale Verfügbarkeit erwartet, auch das Recht auf totale Information hat. Es ist ihnen ebenso vollkommen schnuppe, wer was über sie weiß oder ertestet oder erspitzelt. Wichtig ist, daß die Kohle stimmt.

Überlegen Sie gut, ob Sie den Streß aushalten können und wollen. Ein Job dieser Art kann eine prima Chance sein, sich eine finanzielle Grundlage zu schaffen. Er kann Sie aber auch überfordern und seelisch wie gesundheitlich schädigen. Bedenken Sie bitte, daß Sie einen solchen Job nur für begrenzte Zeit machen können. Dann soll es sich auch gelohnt haben.

7. Tatkraft und Dynamik

Führungskräfte brauchen eine persönliche Ausstrahlung von Tatkraft, Dynamik und zupackendem Wesen. Ab einer bestimmten Stufe auf der Karriereleiter darf man einfach nicht mehr brav oder lahm wirken.

Im Sprachgebrauch der Personalchefs hört man in diesem Zusammenhang die Begriffe »Feuer«, »Pfeffer«, »Power« oder »missionarischer Eifer«. Man will wissen, ob Sie vor Begeisterung »brennen« und andere »anstecken« können.

Tatkraft und Dynamik versucht man während der gesamten Übungen und Interviews des Auswahlverfahrens zu erkennen. Es hat sehr viel mit optimistischer Ausstrahlung, robustem Auftreten, engagiertem Sprechen, festem Blickkontakt und lebhafter Körpersprache zu tun.

Man wird Sie unter folgenden Gesichtspunkten beobachten und in dieser Hinsicht beurteilen:

> klare Sprache mit gut verständlicher Stimme und prägnantem Satzbau
> behält die Gesprächsführung in der Hand oder kann sie leicht zurückgewinnen
> ergreift von sich aus die Initiative zu Kontakten auch während der Pausen
> festes Auftreten und dynamische Gestik
> hält offenen Blickkontakt
> begreift offensichtlich schnell und kann schlagfertig reagieren
> vermittelt eigene Ansichten überzeugend und mit Engagement
> kann in Überzeugungsgesprächen die eigene Begeisterung zeigen und auf den Gesprächspartner übertragen
> fasziniert andere
> wirkt selbstbewußt und optimistisch
> kann im Gespräch Verhalten und Stimme anpassen (Schnelligkeit, Lautstärke etc.)
> spricht eher schnell als langsam, ohne sich jedoch zu verhaspeln oder gehetzt zu wirken
> spricht eher laut als leise, ohne durch Lautstärke inhaltliche Mängel zu überdecken oder Gegenmeinungen niederzubrüllen
> geht zügig an Aufgaben heran
> hat bei überraschenden Problemen schnell einen Lösungsansatz vor Augen
> erklärt engagiert die eigenen Ergebnisse und muß nicht »die Würmer aus der Nase gezogen« bekommen
> fragt von sich aus nach Unklarheiten oder nach Feedback
> interessiert sich über die eigenen Übungen hinaus für das Verfahren
> kann sich schnell und umfassend auch in unübersichtliche Unterlagen (z.B. Postkorb) einarbeiten und sich einen gut strukturierten Überblick verschaffen
> vertritt bei Konfliktgesprächen die eigenen Ansichten engagiert und verzichtet auf faule Kompromisse, ohne den Gegner dabei unter Druck zu setzen oder in die Enge zu treiben

> zeigt in den Präsentationen »missionarischen Eifer« und läßt vermuten, daß später in der Berufspraxis ebenfalls der Überzeugungswille zum Zuge kommen wird
> zeigt eine stark ausgeprägte, jedoch immer angemessene Körpersprache
> wirkt körperlich gesund und robust
> nimmt Kritik positiv entgegen und nennt von sich aus Verbesserungsmöglichkeiten
> reagiert positiv und schlagfertig auch auf Fragen, die über den bisherigen Erfahrungshorizont hinausgehen
> zeigt bei Fehlern und Unwissenheit keine Angst
> sucht in Gruppengesprächen den gleichmäßigen Blickkontakt zu allen Mitgliedern der Runde und orientiert sich offensichtlich nicht am »Ranghöchsten«
> zeigt höhergestellten Personen gegenüber weder Unterwürfigkeit noch Dreistigkeit
> hört den Gesprächspartnern gut zu und fragt nach
> steuert in allen Gesprächen den Verlauf aktiv mit und beeinflußt maßgeblich das gemeinsame Ergebnis
> präsentiert prägnant und mit deutlicher Herausstellung von Kernpunkten
> verliert sich weder in Gesprächen noch bei Präsentationen, noch bei Einzelübungen in Nebensächlichkeiten oder Details
> kann sich seinen Gesprächspartnern in Wortwahl, Stimmführung, Schnelligkeit und Gesprächsstil anpassen
> kann für sich selbst klare berufliche Ziele benennen
> fragt von sich aus nach dem Unternehmen und nach Besonderheiten der ausgeschriebenen Position und entwickelt spontan eigene Verbesserungsideen
> weicht bei schwierigen Themen (z.B. Gehaltsverhandlung) nicht aus und wird auch nicht vorsichtig taktierend
> reagiert bei ungerechtfertigten Fragen weder beleidigt noch empört oder gar ängstlich. (Vielleicht stellt man Ihnen absichtlich Fragen, die man eigentlich nicht fragen darf!)

Es wird immer auch darauf geachtet, ob Sie eher raumeinnehmend sind oder dazu neigen, sich »dünn zu machen«. Sorgen Sie deshalb dafür, daß Sie Ihre Präsentationen stehend und mit lebhafter Gestik ausführen. Setzen Sie sich bei Gruppenübungen nicht bescheiden in die Ecke, sondern »erobern« Sie sich einen ausreichend großen Anteil an Ellenbogenfreiheit und Platz auf dem Konferenztisch. Achten Sie bei Rollenspielen darauf, daß Sie nicht mit zusammengezwängten Beinen und angepreßten Armen sitzen. Legen Sie Ihre Unterarme auf den Tisch und weichen Sie auch nicht sofort zurück, wenn sich Ihr Gesprächspartner vorbeugt. Sprechen Sie immer laut und gut artikuliert.

Insgesamt sollten Sie nicht wirken wie ein Mensch, dessen oberste Maxime Bescheidenheit, Zurückhaltung und Unterordnung sind. Gleichzeitig dürfen Sie jedoch nicht dreist oder aufdringlich erscheinen. Sie sollen robust auftreten, aber nicht wie ein Elefant im Porzellanladen. Sie dürfen nicht wie eine Mimose, ein vergeistigter Theoretiker oder gar wie ein Nervenbündel daherkommen. Jedoch sollen Sie auch nicht dickfellig, plump und intellektuell übersichtlich strukturiert wirken.

Niemand hat Lust, später im Härtetest des Berufslebens auf Ihre Sensibilitäten Rücksicht zu nehmen. Man will auch keinen »Buchhaltertypen« im Chefsessel Akten studieren sehen. Und schon gar nicht hat man das Bedürfnis, Sie später immer zu einer zügigeren Gangart im Arbeiten und Entscheiden anzutreiben.

8. EQ – Emotionale Intelligenz

Unter EQ versteht man das Maß an Intelligenz im Umgang mit Gefühlen. Es gibt dabei eine gewisse Überschneidung mit der sozialen Intelligenz. Man weiß heute, daß Menschen auch bei scheinbar rein rational zu lösenden Problemen oder rein logisch zu beurteilenden Entscheidungen viel stärker von Gefühlen gesteuert sind als vom Verstand. Denken Sie nur an die »Psycho-Schwankungen« der Börse, an die Choleriker in den Chefetagen und an mißlungene Verkaufsverhandlungen, wenn die Chemie zwischen Kunde und Verkäufer nicht stimmt. Wissen Sie, welche Unmengen an Psychopharmaka Manager schlucken? Haben Sie in einer Konferenz der Führungselite schon einmal bewußt darauf geachtet, wer dort mit abgekauten Nägeln sitzt, wer in jeder Pause mit zittrigen Fingern nach der Zigarette greift, wer ständig im Gesicht zuckt oder nervös am Kragen nestelt, und wer schon mit einer Cognacfahne hereinkam? Können Sie sich vorstellen, wie viele Feiglinge in Chefsesseln sich hinter zum Teil blutjungen Unternehmensberatern verstecken aus kalter Furcht, man könne sonst sie für Fehlentscheidungen haftbar machen? Viele dieser Probleme liegen darin begründet, daß wir unsere eigenen Gefühle nicht verstehen, nicht wahrhaben wollen oder sogar fürchten.

In Ansätzen werden die für die Unternehmen oft teuren Folgen inzwischen erkannt. Ob der EQ das Heilmittel ist, mag man so oder anders sehen. Ein wichtiges Thema ist es zur Zeit auf jeden Fall. Ob Sie über emotionale Intelligenz verfügen, kann man erst nach einiger Zeit der Zusammenarbeit feststellen. Sie sollten sich auf jeden Fall darauf vorbereiten, etwas zu diesem Thema sagen zu können. Sie sollten wissen, was unter EQ verstanden wird und welche Bedeutung diese Intelligenz für die angestrebte Position haben kann.

Als Frau sollten Sie von sich aus das Thema auf keinen Fall ansprechen. Falls es zur Sprache kommt, sollten Sie betont kühl und sachlich bleiben. Als Frau stellt man Sie zu gern in die gewohnte »Frauenecke« voller Gefühl. Man betont zwar seit einigen Jahren euphorisch, wie wichtig und positiv es für Unternehmen sei, wenn Frauen in Managerpositionen ihren »anderen« Führungsstil einbringen, aber bislang ging es für Frauen nie gut aus, lobte man ihre »anderen« oder gar »höheren« Werte. Das höhere Gehalt und die größere Macht blieben doch immer den Männern.

Als Mann mit auch nur latenter »Softie-Ausstrahlung« sollten Sie ebenfalls das Thema EQ gar nicht ansprechen oder sehr distanziert abhandeln. Man betont zwar mittlerweile, daß auch Männer endlich von ihrer bisher ausschließlich geförderten Rationalität weg- und zur Emotionalität hinkommen sollen, aber tief in sich hegen viele Personalchefs und andere Führungskräfte immer noch ein böses Mißtrauen und karrierevernichtende Vorurteile gegen »weiche« Männer.

9. Streßresistenz

Für bestimmte Aufgaben braucht man souveräne und in sich ruhende Menschen. Große Arbeitsbelastung verursacht fast nie Streß. Was wirklich an den Nerven zerrt, sind Hektik, chaotische Zustände, permanente Wechsel in den Anforderungen, ungewöhnlich hohe Verantwortung mit starkem Risiko, Umgang mit schwierigen Menschen und das Bemühen, eigene Schwächen zu kaschieren.

Wer oft hohem Erfolgs- und Zeitdruck, den Launen von Vorgesetzten oder den emotionalen Ausbrüchen von Kunden ausgesetzt ist, braucht eine gewisse

Dickfelligkeit. Wer sich immer wieder an exponierter Stelle beweisen oder persönliche Angriffe auf die eigene Kompetenz aushalten muß, sollte ebenfalls ein ruhiges Gemüt haben.

Leider läßt sich in einem Assessment-Center die tatsächliche Streßstabilität nicht feststellen. Nervenbündel erkennt man natürlich schon während des Auswahlverfahrens. Dabei ist eine gewisse Nervosität durchaus erwünscht. Wer keinerlei Anspannung zeigt, könnte als phlegmatisch eingeschätzt werden. Das ist eine eher unerwünschte Form der Streßresistenz.

Ob Sie zumindest dem Druck des Assessment-Centers souverän gewachsen sind und trotz aller Nervosität noch klar denken und sich selbstbewußt darstellen können, wird vor allem bei der Postkorbübung (Zeitdruck und chaotische Unterlagen) und bei der Präsentation (Lampenfieber) beobachtet.

Vermeiden Sie bitte irgendwelche Hinweise auf »die Kürze der Zeit«. Man weiß, wieviel Zeit zur Bearbeitung und zur Vorbereitung Sie hatten. Man weiß auch aus Erfahrung, wieviel ein Bewerber im vorgegebenen Zeitrahmen leisten kann. Wenn Sie dann anmerken, leider nicht so viel geschafft zu haben, wie Sie gern geschafft hätten, sieht das sehr nach Überforderung und Nervosität aus. Sie sollten sich überhaupt niemals während des Assessment-Centers für Ihre Arbeitsergebnisse entschuldigen. Das macht immer einen ängstlichen Eindruck.

Die Beobachter notieren in ihren Unterlagen Hinweise zu folgenden Merkmalen:

> kann sich auch unter Zeitdruck konzentrieren und läßt sich durch nachträgliche Aufgabenänderungen nicht aus der Ruhe bringen
> wirkt ruhig und souverän bei Präsentationsauftritten und bei den Erklärungen der eigenen Ergebnisse
> kann Kritik und negatives Feedback gelassen annehmen und fragt detailliert nach
> läßt sich von negativer Kritik nicht beirren, sondern kann sofort konzentriert an die nächste Aufgabe herangehen
> läßt sich auch bei bohrenden Fachfragen und harten Diskussionen nicht aus der Ruhe bringen
> zeigt keine körperlichen Anzeichen für innere Unruhe oder Angst
> resigniert auch bei Fehlern oder der Bloßstellung von Wissenslücken nicht
> redet sich nicht durch Verweis auf mangelnde Vorbereitungszeiten heraus
> betont nicht, daß im »normalen Leben« ein anderes Verhalten gezeigt wird, als im Rollenspiel zu sehen war

> kann auf Wortspielereien und Ironie blitzschnell reagieren und zeigt bei un-
erwarteten Äußerungen des Gesprächspartners keine Verwirrung
> präsentiert ruhig und läßt sich auch durch Zwischenfragen oder Probleme
mit den Medien nicht in Hektik bringen
> zeigt eine selbstsichere Körperhaltung, nimmt offenen Blickkontakt auf
und gestikuliert angemessen
> bleibt ruhig und humorvoll.

Man wird immer auf Signale Ihrer Körpersprache achten. Sie wirken ge-
streßt, wenn Sie
> zittrige oder feuchte Hände bekommen
> an den Fingernägeln oder an der Nagelhaut knibbeln
> an Ihrer Kleidung oder Frisur herumzupfen
> schwitzen oder frösteln
> auffallend leise sprechen
> auffallend laut sprechen und zu viel lachen
> hüsteln oder sich immer wieder räuspern
> demonstrativ lässig auftreten oder sich auf den Stuhl flegeln
> zu oft den Augenkontakt zum Ranghöchsten suchen
> Augenkontakt meiden
> körperlich steif und verklemmt wirken
> übertrieben lebhaft gestikulieren
> offensichtlich keinen Blick für die anderen Bewerber haben
> in den Pausen nicht auf Small talk locker reagieren können
> hektisch atmen und demonstrativ lässig gähnen
> hektisch in den Unterlagen herumsuchen
> sich ruckartig bewegen und bemüht diensteifrig wirken.

Vor allem junge Bewerber sollten nicht demonstrativ streßfrei auftreten.
Das vermittelt ganz schnell den Eindruck pubertärer Schnoddrigkeit.

Wenn Sie Ihre zittrigen Hände zum Beispiel während der Präsentation gar
nicht zur Ruhe bekommen, sollten Sie auf alle Versuche, dies zu verbergen, verzichten. Gehen Sie lieber humorvoll in die Offensive. Verweisen Sie notfalls mit
einem lockeren Spruch darauf: »Den Zeigestock lasse ich lieber liegen, sonst bre-
che ich ihn vor Aufregung noch durch.«

Die eigene Nervosität gelassen hinnehmen zu können, wirkt immer streß-
stabiler als verzweifelte Überspielungsversuche.

10. Abgrenzungsfähigkeit

Ihre Abgrenzungsfähigkeit kann man erst in der Probezeit feststellen. Einige Hinweise ergeben sich eventuell aus Ihren Antworten auf Fragen wie:

> Wie ist Ihr Verhältnis zu Ihren bisherigen Arbeitskollegen?
> Mit welchen Kollegen pflegen Sie auch private Kontakte?
> Wie ist Ihr persönliches Verhältnis zu Kunden? Mit welchem Ihrer Kunden verstehen Sie sich menschlich besonders gut?
> Wie pflegen Sie über den rein geschäftlichen Kontakt hinaus die Beziehungen zu Kunden?
> Können Sie sich vorstellen, daß zwischen Ihnen und einem der Kunden einmal die Beziehung eng genug auch für eine private Freundschaft wird?
> Mit wem duzen Sie sich?

Ob man ein hohes oder ein geringes Abgrenzungsvermögen von Ihnen erwartet, hängt von den Absichten Ihres zukünftigen Arbeitgebers ab. Unter Abgrenzungsfähigkeit versteht man die Kunst, sich trotz aller Verbindlichkeit, Teamorientierung, Kooperationsbereitschaft und Partnerschaftlichkeit innerlich von anderen distanzieren zu können. Bei aller Liebe zu den Kollegen sollten Sie nicht vergessen, daß Berufsbeziehungen anders sind als private Freundschaften. Bei aller Herzlichkeit im Umgang mit Kunden sollte Ihnen immer bewußt sein, daß es sich letztlich um eine Geschäftsverbindung handelt.

Banken und Sparkassen haben inzwischen erkannt, daß mangelnde Abgrenzungsfähigkeit ihrer Mitarbeiter von »netten« Kunden ausgenutzt wird. Der »nette« Kunde baut sich eine sehr enge Beziehung zum Bankberater auf. Man trifft sich gelegentlich bei Partys oder im Tennisclub. Man stellt einander die Ehegatten vor und geht auch mal zusammen essen ... Und irgendwann hat die Bank oder Sparkasse die Staatsanwaltschaft im Haus. Dann werden Unterlagen gesucht, ob etwa bei Steuerhinterziehungen oder Geldwäschegeschäften geholfen wurde.

Unternehmensberatungen legen Wert darauf, daß ein Berater, der vielleicht wochen- und monatelang beim Kunden vor Ort eingesetzt wird, letztlich nie vergißt, wo sein »Futternapf« steht. Er soll natürlich versuchen, sich möglichst dauerhaft beim Kunden einzunisten und Platz für weitere Berater zu schaffen, aber er soll niemals in eine Kumpanei mit dem Kunden oder mit dessen Mitarbeitern geraten.

In manchen Unternehmen hat man schlechte Erfahrungen mit Nachwuchsführungskräften gemacht, die sich zuvor mit ihren Kollegen geduzt haben. Werden die Kollegen auf einmal zu untergeordneten Mitarbeitern, tut sich der neue »Chef« schwer, den eigenen Führungsanspruch durchzusetzen. In vielen Fällen hält man deshalb stillschweigend die Regel, daß niemand zum Vorgesetzten befördert wird, der sich mit Kollegen duzt. Das bedenken vor allem junge Karrieristen nicht. Auch sehr harmoniebedürftige Menschen meinen, das Arbeitsklima bessere sich, wenn sich alle gut verstehen und mit dem Vornamen anreden.

Verbauen Sie sich nicht Ihre Aufstiegschancen, indem Sie voreilig mit »netten« und »modernen« Kollegen »lockere« Beziehungen eingehen. Halten Sie sich vor allem dann zurück, wenn Sie am neuen Arbeitsplatz auf politisch oder weltanschaulich Gleichgesinnte treffen. Schon mancher Möchtegernaufsteiger hat sich bereits in der Probezeit von der Nestwärme des »Clubs der Versager« auffangen lassen.

Auf der anderen Seite kann Ihr Arbeitgeber Wert darauf legen, daß der neue Mitarbeiter sich möglichst wenig abzugrenzen versteht. Dahinter steckt in der Regel ein besonders perfider Ausbeutungswille. Insbesondere junge und dynamische Unternehmen suchen Mitarbeiter, die klaglos zehn, zwölf und mehr Arbeitsstunden leisten, auch am Wochenende zur Verfügung stehen und sich Unterlagen mit in den Urlaub nehmen. Das geht am einfachsten, wenn der Vorgesetzte ein »Freund« ist, man sich zu privaten Anlässen trifft, die Ehepartner einbezieht und ein besonders flockig-fröhliches Verhältnis untereinander pflegt. Solche Unternehmen sind voller junger Aufsteiger, die mit glänzenden Augen erzählen, daß sie früher Sport getrieben oder andere Hobbys gepflegt haben, seit Eintritt in dieses Unternehmen aber leider nicht mehr dazu kommen. Dabei sehen sie überaus glücklich aus. Sie fühlen sich als Teil einer Elite, weil sie sich vom dreißigjährigen und bereits steinreichen Vorgesetzten als persönliche Freunde geliebt wissen und sich von ihrer leistungsabhängigen Vergütung schon nach zwei Jahren einen Porsche leisten können. Nicht bewußt ist diesen Scheinkarrieristen die Tatsache, daß sie von den angeblichen Freunden in der Führungsriege ganz schnell abgestoßen werden, wenn sie »ihre Zahlen nicht mehr bringen«. Kein Wunder also, daß in entsprechenden Unternehmen das Durchschnittsalter so niedrig ist.

Mangelnde Abgrenzungsfähigkeit ist für Sie immer ein Nachteil. Sie sind besonders dann gefährdet, wenn Sie harmoniebedürftig sind und gern »lockeren« Umgang mit anderen Menschen pflegen. Kunden, Kollegen oder Vorgesetzte erkennen diese Schwäche und nutzen sie schamlos aus.

11. Lernbereitschaft

Lernbereitschaft ist auch eine Tugend, die jeder zu besitzen glaubt. Damit ist aber nicht nur die Bereitschaft gemeint, an Seminaren teilzunehmen und Bücher zu lesen. Unter einem lernbereiten Menschen verstehen Personalchefs eine Person, die sich selbst und ihr Verhalten in Frage stellt, ihre bisherigen Strategien ändert, wenn diese nicht erfolgreich sind, eigene Fehler und Mißerfolge reflektiert und daraus Konsequenzen zieht.

Gerade das Lernen aus eigenen Fehlern fällt vielen schwer. Lieber üben sie sich in der Kunst der Rechthaberei und streiten darum, daß sie trotz Mißerfolg alles richtig gemacht haben. Sie glauben einfach, andere Menschen oder die allgemeinen Umstände tragen die Schuld an der Niederlage.

Das Gegenteil von Lernbereitschaft ist Rechthaberei gepaart mit Sturheit. Da diese Eigenschaften häufig mit Arroganz einhergehen, kann mancher Personalchef oder Vorgesetzte sich schon von einem arrogant auftretenden Bewerber abwenden, noch bevor die Lernbereitschaft untersucht wurde. Man weiß einfach, daß später in der Zusammenarbeit der Arrogante niemals Kritik annehmen und aus seinen Fehlern lernen wird. Statt dessen wird er jede Kritik als Anlaß zu einem Wortgemetzel mit dem Vorgesetzten nehmen. Wer will sich diese Mühe machen?

Lernbereitschaft hängt immer mit Flexibilität zusammen. Bei beiden Merkmalen ist die Lust am Neuen, am Ausprobieren, am Umstellen gegeben. Es gibt allerdings auch flexible Menschen, die nicht lernen wollen, sondern nur blitzschnell ihre Taktik ändern können.

Lernbereite Menschen erkennt man daran, daß sie mit dreißig anders denken als mit zwanzig, mit vierzig anders als mit dreißig, mit siebzig anders als mit sechzig. Das bedeutet nicht, daß sie ständig ihre Grundsätze über Bord werfen und opportunistisch immer das denken, was »man« erwartet. Es bedeutet, daß sie niemals aufhören, ihre Erfahrungen zu reflektieren, anderen aufmerksam zuhören, sich stets für Informationen und Wissen interessieren und sich von

Denkgewohnheiten und liebgewordenen Meinungen verabschieden, wenn neue Erkenntnisse dies erforderlich machen.

Hingegen sind starre religiöse oder politische Fundamentalisten nicht lernbereit. Sie betrachten alles als »Sünde« oder »Verrat«, was gegen ihre Denkmodelle spricht. Niemand will einen Mitarbeiter einstellen, der stur an seinen einmal erworbenen Erkenntnissen festhält und glaubt, die ganze Welt müsse sich in sein betoniertes Denkgebäude zwingen lassen.

Personalchefs dürfen zwar nicht direkt nach religiösen oder politischen Überzeugungen fragen, wollen aber dennoch wissen, ob ein Bewerber durch Denkblockaden behindert ist. Man versucht dann durchs Hintertürchen an die Informationen zu kommen: »Welche Zeitungen lesen Sie?« »Arbeiten Sie in Ihrer Freizeit in Gruppen mit?«

Unter einem lernbereiten Menschen versteht man eine Person mit folgenden Merkmalen:

> kann sich neuen Anforderungen schnell anpassen und engagiert sich selbst beim Erwerb neuen Wissens
> besucht außerhalb der Arbeitszeit Weiterbildungsveranstaltungen und liest Fachliteratur
> verfügt über ein breites Interessenfeld über das eigene Fachgebiet hinaus
> kennt das eigene Stärken- und Schwächenprofil und bemüht sich in Eigeninitiative um persönliche Weiterentwicklung
> kann theoretisch erworbenes Wissen in die eigene Arbeitspraxis übertragen und damit nutzbar machen
> bildet sich aus Freude am Lernen über das notwendige Maß hinaus auch in Gebieten weiter, die sich beruflich nicht nutzen lassen
> zeigt Bereitschaft, eigene Fehler und Schwächen zu erkennen und gezielt abzubauen
> hat seit der Jugend einen nachweislich lernfördernden Lebensweg mit unterschiedlichen Erfahrungen vorzuweisen
> kann Erfahrungen aus bisherigen Aufgaben und Positionen klar zum Ausdruck bringen und Lernerfolge auch aus persönlichen Niederlagen nachweisen
> reflektiert Vorgänge und Prozesse des eigenen Arbeitsbereiches kritisch und entwickelt dazu Ideen und Verbesserungsvorschläge
> verschafft sich bewußt Wissen und Informationen über angrenzende Unternehmensbereiche und entwickelt Ideen zur Verbesserung der bereichsübergreifenden Zusammenarbeit

> hält sich beständig informiert über Tendenzen und Trends am Markt und in der technischen Entwicklung

> nimmt Anregungen von anderen positiv auf und läßt sich belehren.

Im Interview rechnen Sie mit Fragen wie:

> Welche Lernerfolge können Sie aus Ihrem bisherigen Berufsleben nachweisen?

> Was haben Sie während der letzten zwei Jahre hinzugelernt?

> Wie halten Sie Ihren Wissensstand aktuell?

> Welche Verbesserungen haben Sie in Ihren bisherigen Arbeitsbereich eingebracht? Wie kamen Sie auf die Ideen?

> Wie können Sie Ihre Stärken weiter ausbauen und Ihre Schwächen weiter ausgleichen?

> Was möchten Sie in der nächsten Zeit noch lernen?

> Welche Interessengebiete haben Sie über Ihren Beruf hinaus?

> Welche aktuellen Managementkonzepte kennen Sie? Wie stehen Sie dazu?

> Wie lernen Sie?

> Wie verschaffen Sie sich Informationen? Wo informieren Sie sich?

> Welche Seminare haben Sie während der letzten beiden Jahre besucht? Wie haben Sie das dort erworbene Wissen praktisch genutzt?

> Welche Fachbücher lesen Sie? Wie setzen Sie dieses Wissen um?

> Sind Sie schon einmal mit einem Projekt oder sonstigem Vorhaben gescheitert? Wie war das? Wie haben Sie die Niederlage persönlich verarbeitet?

Achten Sie bitte darauf, daß man Ihre Lernbereitschaft auch an Ihren Reaktionen im Assessment-Center erkennt. Nach Rollenspielen, Gruppenaufgaben und dem Postkorb wird man mit Ihnen Nachbesprechungen durchführen. Wenn Sie sich als eine Person zeigen, die nur wissen will, ob die Übung »gut« oder »richtig« lief, wirkt das wenig lernbereit. Wenn Sie womöglich rechthaberisch herumstreiten, warum Ihr Verhalten im Spiel entgegen der Ansicht der Beobachter doch optimal war, sind Sie als Lernverweigerer geoutet. Rechthaberei und Lernbereitschaft schließen sich aus. Man wird Sie vielleicht auch hart kritisieren. Das kann ebenfalls ein Versuch sein, Ihre Lernbereitschaft auf die Probe zu stellen.

Nach jeder Übung sollten Sie deutlich Ihr positives Interesse am Feedback zeigen. Sie sollten auch selbst Ihre Stärken und Schwächen erkannt haben und differenziert kommentieren. Sagen Sie, wie Ihnen im nachhinein klar wurde, was Sie hätten besser machen können.

Fachidioten sind aus der Mode. Es macht sich immer gut, wenn Sie im Verlauf des Auswahlverfahrens die Botschaft unterbringen können, welche Wissensgebiete Sie außerhalb Ihres Berufslebens haben. Achten Sie auf Fragen nach Ihrer Freizeit. Wenn Sie dann nur auf Kinder, Sport und Garten verweisen können, macht Sie das vielleicht sympathisch. Kompetent wirkt es nicht. Es macht auch keinen guten Eindruck, wenn Sie sagen, daß Sie vor lauter Überarbeitung leider nicht mehr zur Weiterbildung kommen. Daraus schließt man zwar, daß Sie fleißig sind und sich engagieren, aber auch, daß Sie nach spätestens zwei Jahren fachlich ausgelutscht und für eine weitere Karriere unbrauchbar sind. Wollen Sie das?

12. Veränderungsbereitschaft

Die persönliche Veränderungsbereitschaft steht in engem Verhältnis zur Lernbereitschaft. Es handelt sich grundsätzlich um eine Offenheit für Neues und um die Bereitschaft, alte Wege auch einmal hinter sich zu lassen.

Über die Lernbereitschaft hinaus beinhaltet die Veränderungsbereitschaft die Offenheit zur Veränderung des eigenen Verhaltens, zur Übernahme neuer Aufgaben und zur Mitarbeit an neuen Strategien im Unternehmen.

Unter den Stichworten »Changement« oder »Change Management« tut sich heute in Unternehmen viel an Umwälzungen und Neuerungen. Pflegeheime wollen kundenorientiertes Verhalten einführen und kämpfen gegen aufopferungsvolle Oberschwestern, die einfach nicht begreifen, daß man nicht ohne anzuklopfen plötzlich im Zimmer eines Patienten steht. Stadtverwaltungen wollen bürgernahen Service bieten und quälen sich mit ihren zwar zuverlässigen, aber ebenso obrigkeitsorientierten Beamten herum. Konzerne suchen nach Wegen aus vernageltem Abteilungsdenken und können einfach nicht die Mauern in den Köpfen der Bereichsfürsten niederreißen. Sparkassen und Banken wollen durch leistungsgerechte Vergütung ihre Mitarbeiter aus dem Sparbuchverwaltungs-Phlegma hin zu verkäuferischem Engagement führen, aber die Filialleiter fürchten um ihre Beliebtheit als »motivierende« und »väterliche« Vorgesetzte, wenn sie Leistungsunterschiede sanktionieren sollen. Unternehmensgründer der Nachkriegszeit gehen in den Ruhestand und hinterlassen den Nachfolgern eine auf sie persönlich eingeschworene Belegschaft, die keinerlei Modernisierung duldet.

Überall ist Bewegung, Änderung, Optimierung und Neuerung im Spiel. Und überall kämpfen die Neuerer gegen Bewahrer, Besitzstandverteidiger, Zweifler und Begriffsstutzige. Es ist erstaunlich, daß Menschen, die sich während der letzten Jahre im Privatleben mit den kompliziertesten technischen Neuerungen vertraut gemacht haben, stets den Moden und Trends folgen, im Berufsleben verlangen, daß sich zwischen Examen und Rente nichts ändern darf. Und schon gar nicht wollen sie ihr eigenes Leistungs- oder Sozialverhalten in Frage gestellt sehen.

Um nicht unnötig viele Betonköpfe im Unternehmen anzusammeln, bemüht man sich gleich bei der Einstellung um eine möglichst sichere Diagnose der Veränderungsbereitschaft. Dazu kann man einiges im Psycho-Test erfragen oder im Interview heraushören.

Rechnen Sie mit folgenden Fragen:
> Hat es in Ihrem Leben schon größere Umbrüche und wesentliche Änderungen gegeben? Schildern Sie Situationen.
> Welche Entwicklungsziele haben Sie für sich selbst?
> Was tun Sie, wenn Sie erkennen, daß sich Ihre Ziele am Ende nicht erreichen lassen?
> Aus welchen schlechten Erfahrungen, persönlichen Niederlagen oder Rückschlägen haben Sie Lehren gezogen? Welche?
> Wie verhindern Sie bei sich selbst ein Einschleifen schlechter Arbeits- oder Verhaltensgewohnheiten?
> Wie prüfen Sie, ob Ihre bisherigen Vorgehensweisen noch angemessen sind?
> Was tun Sie, um sich und Ihre Mitarbeiter für abzusehende Trends und Neuerungen fit zu machen?
> Wofür haben Sie persönlich in der letzten Zeit kritisches Feedback bekommen? Wie sind Sie damit umgegangen?
> Haben Sie in letzter Zeit Änderungen durchzusetzen versucht? Welche? Wie sind Sie vorgegangen? Worin lagen die größten Schwierigkeiten bei der Umsetzung?
> Was sollte sich Ihrer Meinung nach in unserer Branche (oder Gesellschaft) ändern? Was sollte bleiben?
> Wie würden Sie Widerstände von Mitarbeitern und Kollegen gegen Änderungsprozesse zu überwinden versuchen?

218

- Haben Sie in Ihrer Berufspraxis größere Umwälzungen erlebt? Schildern Sie Vorgänge.
- Welche wesentlichen Änderungen haben Sie in Ihrem Aufgabenbereich initiiert?
- Wie orientieren Sie sich, um nötigen Änderungsbedarf möglichst schnell zu erkennen?
- Haben Sie bereits Änderungsprozesse erlebt, die Ihrer Meinung nach nicht notwendig waren oder zum falschen Zeitpunkt kamen? Schildern Sie Beispiele.
- Welche Trends der aktuellen Managementdiskussionen sollten Ihrer Meinung nach bei uns umgesetzt werden? Wie würden Sie die Änderungsprozesse fördern?
- Haben Sie schon einmal grundlegend Ihre Meinung zu einem bestimmten Sachverhalt ändern müssen? Wie kam es dazu?
- Von welchen Personen und bei welchen Anlässen holen Sie sich persönliche Rückmeldung?
- Von welchen Personen oder Fachpublikationen holen Sie sich andere Meinungen hinzu?
- Wie kontrollieren Sie den Erfolg der von Ihnen initiierten Änderungsprozesse?
- Mit welchen Themen beschäftigen Sie sich außerhalb Ihrer beruflichen Interessen?
- Was sind Ihre größten Stärken und Schwächen? Welche Konsequenzen ziehen Sie aus Ihrer Selbsterkenntnis?
- In welchen Bereichen sind Sie besonders experimentierfreudig?
- In welchen Bereichen würden Sie niemals eine Entscheidung ohne Rücksprache treffen?
- Welche möglichen Änderungen in unserem Unternehmen würden Sie nicht begrüßen?
- Wenn Sie das Arbeiten und Geldverdienen nicht mehr nötig hätten, was würden Sie tun? (Nennen Sie daraufhin unbedingt etwas Geistiges!)

Bedenken Sie bitte, daß Sie zwar änderungsbereit sein sollen, man von Ihnen dennoch eine gewisse Festigkeit und Stabilität verlangt. Blindes Mitmachen aller Moden oder braves Gehorchen der eigenen Vorgesetzten wirkt nicht änderungsbereit, sondern willensschwach.

13. Beharrlichkeit

Man spricht auch von Ausdauer oder »Terrier-Mentalität«. Terrier, so heißt es, verfolgen ihre Opfer unaufhaltsam und verbeißen sich dann in sie wie Ratten. Sie lassen einfach nicht mehr los.

Strukturvertriebe mit Drückerkolonnen, Versicherungen, Pharmaunternehmen und einige Sekten erwarten von ihren Außendienstmitarbeitern Terrier-Mentalität. Wenn die Verkäufer oder Missionare durch die eine Tür rausgeschmissen werden, müssen sie sofort mit strahlendem Lächeln zur anderen Tür wieder hineinspazieren.

Auch wenn Sie nicht das Geschwader eines aggressiven Vertriebs vergrößern sollen, erwartet man von Ihnen Beharrlichkeit, Geduld und langen Atem. Sie müssen bei ständigen Enttäuschungen von sich aus die Kraft finden, weiterzumachen. Sie dürfen nie die Ziele aus den Augen verlieren. Auch schwierige Projekte gegen den Widerstand von Personen oder gegen widrige Umstände müssen von Ihnen beharrlich vorangetrieben werden. Sie müssen in zähen Verhandlungen stets neue Ansätze finden, den Gesprächspartner doch noch zu überzeugen.

Beharrlichkeit und Ausdauer erwartet man natürlich von Führungskräften, aber auch von Mitarbeitern, die sehr selbständig und unter schwierigen Bedingungen ihre Aufgaben zu erfüllen haben.

Ein beharrlicher Mensch kann sich lange konzentrieren, sich selbst immer wieder neu motivieren und hat Erfolgswillen bis zur Verbissenheit (Terrier!).

Ein wenig beharrlicher Mensch läßt sich schnell ablenken, fängt bei ersten Ermüdungserscheinungen etwas anderes an, gibt schwierige Ziele auf, legt sich Entschuldigungen zurecht, macht zwei Versuche und erklärt dann ein Problem für unlösbar, wirft bei Niederlagen die Sache hin und braucht immer wieder einen Vorgesetzten, der ihn neu aufbaut.

Ob Sie wirklich beharrlich sind, kann man erst in der beruflichen Praxis erkennen. Manchem Bewerber gelingt es unter den »Spielbedingungen« des Assessment-Centers sehr wohl, sich in eine Übung zu verbeißen. In der täglichen Praxis und unter dem Druck realer Widerstände sieht das dann ganz anders aus.

Rechnen Sie im Interview mit folgenden Fragen:
> Haben Sie in Ihrer Berufspraxis schon einmal erkennen müssen, daß Ihre Ziele tatsächlich gar nicht zu erreichen waren? Schildern Sie die Situation.
> Hätten Sie schon einmal am liebsten alles hingeschmissen? (Antworten Sie mit ja und beschreiben Sie, wie Sie die Sache dann doch weitergeführt haben.)
> Welcher Typ von Verhandlungspartner geht Ihnen am meisten auf die Nerven?
> Ist es Ihnen schon einmal sehr schwer gefallen, etwas Neues zu lernen? Wie schaffen Sie es, sich in solchen Situationen dann doch aufzuraffen?
> Was sind für Sie typische Situationen, in denen Sie die Geduld verlieren könnten?
> Liegt es Ihnen mehr, eine Sache bis zum bitteren Ende durchzuziehen oder an vielen Dingen parallel zu arbeiten und notfalls einiges auch wieder aufzugeben? (Die erste Variante zeugt von Beharrlichkeit, die zweite von Experimentierfreude. – Wonach sucht Ihr Interviewer?)
> Welche Ihrer beruflichen Vorhaben oder Projekte waren besonders zäh? Wie sind Sie dennoch zum Ziel gekommen?
> Wie gehen Sie mit einem hartleibigen Verhandlungspartner um? Ab wann würden Sie eine Verhandlung lieber abbrechen, als sie weiter zu verfolgen?
> Welche Ziele haben Sie in Ihrem Leben über sehr lange Zeit verfolgt? Von welchen Zielen haben Sie sich nach einiger Zeit wieder verabschiedet?
> Haben Sie schon einmal unter schwierigen Bedingungen im Außendienst gearbeitet? Schildern Sie die Schwierigkeiten.
> Haben Sie schon einmal trotz größter Mühen am Ende erfolglos aufgeben müssen? Wie und wo war das?

Eine gewisse Beharrlichkeit kann man während schwieriger Verhandlungen in Rollenspielen oder während der Gruppenübungen beobachten. Man achtet auf folgendes:
> Auch bei langwierigen Verhandlungen werden Ziele verfolgt und die eigenen Argumente wiederholt.
> Ablenkungsmanöver und Themenwechsel der Gegenseite laufen ins Leere.
> Faule Kompromisse werden nicht akzeptiert.
> Das Gespräch wird fortgesetzt, bis ein sinnvolles Ergebnis zustande kommt.
> Der Bewerber zeigt keine Ermüdungserscheinungen und wirkt auch nach längeren Verhandlungen nicht gereizt oder unkonzentriert.
> Der Bewerber verliert auch bei beharrlichen Widerständen nicht die Geduld. Er bleibt bei den eigenen Argumenten oder formuliert sie neu.

> Die Verhandlungsstrategie wird beibehalten oder nach kurzen Abweichungen konsequent wiederaufgenommen.
> Die eigenen Ziele werden nicht reduziert, um (endlich) zu einem Ergebnis zu kommen.
> Auch verbale Angriffe oder Manipulationsversuche können nicht entmutigen.
> Der Bewerber kann sich selbst nach längeren und harten Verhandlungen noch gut konzentrieren und erkennt Durchsetzungschancen oder mögliche eigene Schwächen sofort und kann darauf reagieren.

Ihre Beharrlichkeit und Ausdauer wird man ebenso bei der Fallstudie oder bei der Bearbeitung des Postkorbs zu prüfen versuchen. Seien Sie sicher, daß man sich für Sie ein paar verzwickte Probleme ausgedacht hat. Man will sehen, ob Sie die Geduld aufbringen, sich auch in komplexe und unübersichtliche Dinge hineinzuversetzen.

Bedenken Sie bitte, daß es bei der Fallstudie oder beim Postkorb nicht auf Geschwindigkeit ankommt. Sie gewinnen nichts, wenn Sie vorzeitig fertig sind. Sollte man Ihnen einen bestimmten Zeitrahmen vorgeben, nutzen Sie diesen voll aus. Wenn kein Zeitlimit gegeben ist, sollten Sie sich in Ruhe zunächst einen groben Überblick verschaffen und dann ins Detail gehen. Es ist natürlich schwierig, den Mittelweg zu finden. Wenn Sie in den Augen der Beobachter zu schnell fertig sind, wirken Sie ungeduldig und wenig ausdauernd. Wenn Sie zu lange an der Arbeit herumpolieren, könnte man Sie für einen unwirtschaftlich arbeitenden »Erbsensezierer« halten.

Sie sollten sich vor dem Assessment-Center oder Vorstellungsinterview darüber informieren, wie wichtig Ihrem potentiellen Arbeitgeber Beharrlichkeit ist. Manchmal wird diese Tugend auch mit uneinsichtiger Sturheit verwechselt. Es kommt immer auf den Job an, wo Beharrlichkeit und Ausdauer aufhören und unbelehrbare Verbohrtheit oder Aufdringlichkeit anfangen. Bewerben Sie sich für eine Managementfunktion oder zum Beispiel als Spezialist in der Systemprogrammierung? In manchen Positionen wird man lieber ungeduldige Draufgänger sehen, in anderen hingegen sollte der Bewerber eher sture Gründlichkeit und Eselsgeduld aufweisen.

14. Selbstreflexion

Entwicklungsfähig sind im Grunde nur Menschen, die zu sich selbst und ihrem Verhalten eine kritische Distanz einnehmen können. Wer über sich selbst nicht nachdenkt und sich nicht richtig einschätzen kann, wird sich auch kaum verändern oder neuen Anforderungen anpassen.

Persönlichkeiten mit guter Selbstreflexion verfügen über folgende Merkmale und Verhaltensweisen:

> denken über ihre eigenen Stärken und Schwächen nach und können diese auch realistisch einschätzen
> erkennen die Ursachen für ihre Erfolge oder Mißerfolge in ihrem eigenen Verhalten und können es aufgrund von Erfahrungen verändern
> wissen um ihre persönliche Ausstrahlung und Wirkung auf andere
> erkennen bei sich selbst Änderungs-, Weiterbildungs- und Entwicklungsbedarf
> stellen ihre eigene Meinung kritisch in Frage und lassen sich auf Diskussionen mit Andersdenkenden ein
> kennen die Grenzen ihrer Menschenkenntnis und die richtige Einschätzung von Situationen
> sind offen für Tips und Hinweise von anderen
> sind an Feedback interessiert, nehmen Kritik positiv auf und übernehmen davon das, was sie in ihrer Entwicklung weiterbringt
> setzen sich mit Kritik am eigenen Verhalten auseinander und suchen nach Wegen zur persönlichen Weiterentwicklung
> erkennen ihre eigenen Motive realistisch und täuschen sich nicht selbst durch vorgeschobene »bessere« Motive (Beispiel: Sie wissen, daß sie anderen nicht deshalb »helfen«, weil sie »gut« sind, sondern weil sie Macht über Hilfsbedürftige ausüben oder den Geholfenen zu späterer Gegenleistung verpflichten wollen.)
> erkennen rechtzeitig die Grenzen ihrer Belastbarkeit und können gegebenenfalls gegensteuern, bevor es zu Überforderung oder emotionalen Ausbrüchen kommt
> übernehmen selbst die Verantwortung für eigene Mißerfolge und suchen nicht die Schuld bei anderen

> übernehmen selbst die Verantwortung für eigene Erfolge und erwarten nicht die Förderung von anderen.

Vor allem in Führungspositionen will man niemanden einstellen, der sich selbst nicht begriffen hat und auch nicht weiß, wie er auf andere wirkt. Man will keine »Blindgänger«, die bei Fehlern und Mißerfolgen stets die Ursachen des Problems bei anderen oder in den »ungünstigen Umständen« suchen.

Wer sich selbst nicht kennt, kann auch andere nicht verstehen. Wer nicht kritisch zu sich selbst steht, wird niemals aus eigenen Fehlern lernen. Ganz sicher will man keine Personen an strategisch wichtiger Stelle ins Unternehmen holen, die bei Kritik rechthaberische Streitereien anfangen.

Im Interview sollten Sie mit folgenden Fragen rechnen:
> Wo liegen Ihre größten Stärken und Schwächen?
> Welchen Umständen haben Sie Ihren beruflichen Erfolg zu verdanken?
> In welche Richtung möchten Sie sich persönlich weiterentwickeln?
> Wie werden Sie Ihrer Meinung nach von anderen Menschen gesehen?
> Welche Ausstrahlung haben Sie auf Kunden?
> Wie und worin haben Sie sich in den letzten Jahren persönlich weitergebildet?
> Wenn Sie die Chance zu einem Verhaltenstraining hätten, in welche Richtung sollte das gehen?
> Mit welchem Kundentyp kommen Sie gut oder weniger gut klar?
> Was mögen Ihre Kollegen und Vorgesetzten an Ihnen? Was mögen sie weniger?
> Mit welchen Ihrer Verhaltens- und Vorgehensweisen haben Sie sich bisher die meisten Probleme oder gar Niederlagen eingehandelt?
> Wie verarbeiten Sie persönliche Niederlagen? Schildern Sie ein konkretes Beispiel.
> Wann waren Sie einmal besonders erfolgreich? Schildern Sie ein konkretes Beispiel.
> Was erwarten Sie im Hinblick auf Ihre berufliche Entwicklung vom Vorgesetzten und vom Unternehmen?
> Welche äußeren Umstände behindern Sie in Ihrer Zielerreichung?

Vermitteln Sie immer deutlich, daß Sie Ihre Erfolge und Mißerfolge reflektieren und daraus lernen. Man will wissen, ob Ihnen die Vorkommnisse im Berufsleben nur »passieren« oder ob Sie daraus Konsequenzen ziehen.

Bei Rollenspielen beobachtet man, ob Sie sich nur sachlich am Thema der jeweiligen Aufgabe orientieren oder ob Ihnen auch anzumerken ist, daß Sie Ihre Wirkung auf andere kennen und dies bewußt einsetzen.

Nach dem Rollenspiel erwartet man, daß Sie erklären können, warum sich das Spiel in die eine oder andere Richtung bewegt hat und wie sich Ihr Verhalten und Ihre Worte auf die oder den Gesprächspartner ausgewirkt haben.

Gehen Sie davon aus, daß man sehr bewußt Ihre Reaktionen auf kritisches Feedback wahrnimmt. Wenn Sie sich in endlosen Erklärungen ergehen, daß Sie sich »normal« ganz anders als im Rollenspiel oder bei der Gruppenübung verhalten, oder endlos begründen, warum Sie ein spezielles Verhalten gezeigt haben, dann wird man Ihnen ganz ruhig zuhören und dabei denken: »Nimmt keine Kritik an.« Und das war es dann zum Thema Selbstreflexion.

15. Belastbarkeit

Ob Sie belastbar sind, läßt sich im Grunde nicht im Rahmen eines Auswahlverfahrens feststellen. Das wird sich erst in der Probezeit erweisen. In Ihrem eigenen Interesse sollten Sie Ihre Belastbarkeit richtig einschätzen können. Das gilt körperlich wie seelisch. Sehr belastend sind Berufe

> mit einem hohen Anteil an Kundenkontakten: Kundenberater bei der Bank, Betreuer und Pfleger in Heimen, Berater, Lehrer (Schüler sind Kunden!) etc.

Man muß sich schnell auf Kundenwünsche einstellen und kann kaum den eigenen Tag planen. In der Regel befindet man sich zwischen den Kunden einerseits und dem nach sturen Regeln arbeitenden Innendienst andererseits. Stets muß man mit Kritik und Vorwürfen der Kunden rechnen und hat niemals Anspruch auf »Gerechtigkeit«.

> mit einem hohen Anteil an vorprogrammierten Konflikten: Polizeibeamte, Bearbeiter von Reklamationen, Sozialarbeiter, Gemeindepfarrer, Eheberater, Schulpsychologen, Ärzte in der Notfallstation etc.

Man bekommt immer nur die negativen Dinge zu sehen und ist oft der erste Adressat für den Frust anderer Leute. Gleichzeitig erwartet der Arbeitgeber oder die Gesellschaft, daß man für alle Probleme auf der Stelle ein Patentrezept aus dem Ärmel zieht.

> mit unregelmäßigen Zeiten: Schichtarbeiter, Außendienstmitarbeiter, Krisenmanager, Trouble Shooter in verschiedenen Branchen.

Man kommt aus dem gesunden Rhythmus von An- und Entspannung heraus, kann nur schwer mit Freunden und Familie Termine planen. Zeiten von Überarbeitung und Hektik wechseln mit Zeiten von öder Langeweile.

> mit hohem Leistungsdruck: Vertriebsbeauftragte und Vertreter, Führungskräfte mit harten Zielvorgaben, Projektleiter, Profisportler, Einsatzleiter bei der Polizei oder Feuerwehr, Produktionsleiter etc.

Man kann nie wirklich entspannen und zufrieden auf die geleistete Arbeit schauen. Immer droht die nächste Zahl, die nächste Zielvorgabe oder der nächste Termin. Der Job ist ein ständiger Kampf um Sieg oder Niederlage. Daran können Bezahlung, persönliches Ansehen oder auch der ganze Job hängen.

> mit starken körperlichen Anforderungen. Dabei kann es sich um Lärmbelastung, Hitze oder Kälte handeln, um schweres Heben oder um stundenlanges Autofahren unter Zeitdruck.

Besonders belastend sind Arbeitsplätze in Unternehmen mit schlechtem Betriebsklima oder in Unternehmen, die ums Überleben kämpfen. Probleme dieser Art wird man Bewerbern in der Regel nicht auf die Nase binden. Sie tun gut daran, sich möglichst immer über die Stimmung in dem von Ihnen angestrebten Unternehmen zu erkundigen. Vielleicht kennen Sie einen, der einen kennt, der darüber etwas sagen kann und will. Notfalls finden Sie erst in der Probezeit heraus, daß Sie in einer Brutstätte von Frust und Traurigkeit gelandet sind. Geben Sie alle Hoffnungen auf, daß Sie daran etwas ändern können. Ein vergiftetes Klima ist fast immer unheilbar und ganz bestimmt gegen die Bemühungen eines »Neulings« resistent. Suchen Sie sich lieber etwas anderes. Hart arbeiten ist niemals so belastend wie hart ärgern.

Unter einem belastbaren Mitarbeiter stellt man sich folgendes vor:

> zeigt auch in Streßsituationen keine Hektik oder Nervosität
> bleibt bei ungerechtfertigten Angriffen souverän und ruhig
> behält im Chaos von Problemen den Überblick
> kann sich nach Überbeanspruchung schnell wieder erholen
> belastet sich nicht mit übermäßigen Sorgen und Grübeleien
> reagiert unempfindlich auf Kritik und emotionale Ausbrüche anderer
> kann beherzt zupacken und die Dinge in den Griff bekommen

> bleibt hellwach und konzentriert auch in stressigen Situationen
> läßt sich von Mißerfolgen nicht entmutigen
> kann das eigene Verhalten auch unter Druck gut kontrollieren und wird nicht ausfällig, kopflos oder chaotisch
> zeigt keine Nerven und nervt andere nicht
> wird bei Erkältungen und ähnlichen Befindlichkeiten nicht gleich arbeitsunfähig und hat keine Neigungen zu schwer definierbaren Krankheiten wie Kopfschmerzen, Kreislaufproblemen oder Schwindelanfällen.

Zur Belastbarkeit gehört eine gewisse Dickfelligkeit. Zarte Seelen mit starker Neigung zu Nabelschau oder sensibler Reflexion sind meistens nicht sehr belastbar. Sie sollten weder zu viel über mögliche Krisen noch über Ihre eigene Befindlichkeit oder das Elend dieser Welt nachdenken. Schon gar nicht sollten Sie zu »problembewußt« sein.

Im Psycho-Test wird man eventuell nach Ihrem Selbstbewußtsein forschen. Wenn das nicht sehr gut ausgeprägt ist, sind Sie nicht belastbar. Im Assessment-Center könnte man Sie auch durch Zeitdruck, chaotische Anweisungen oder harte Kritik unter Streß setzen und dann Ihre Denkfähigkeit kontrollieren. Allerdings weiß man dann immer noch nicht, wie Sie auf Dauerbelastungen reagieren.

Rein äußerlich erwartet man robustes Auftreten, feste Stimme, selbstbewußte Haltung und gesunde Ausstrahlung. Sollten Sie zu den eher mageren Menschen mit blasser Hautfarbe zählen, kaufen Sie sich am besten ein Buch über Körpersprache. Dort erfahren Sie, wie Sie durch Gestik, Haltung und Einnahme von Raum robuster wirken können.

16. Mobilität

Internationale Konzerne erwarten von ihrem Führungsnachwuchs die Bereitschaft, auch einmal für ein paar Jahre im Ausland tätig zu sein. Softwarefirmen, Unternehmensberatungen und ähnliche Arbeitgeber pflegen ihre Mitarbeiter häufig auf Dienstreisen zu schicken oder für Wochen und Monate bei entfernten Kunden einzusetzen. Wachsende Unternehmen senden mit Vorliebe erfahrene Mitarbeiter und Führungskräfte als Startmannschaft in neue Geschäftsstellen und Filialen.

Sind Sie gegebenenfalls bereit, einen Umzug hinzunehmen? Könnten Sie sich einen Aufenthalt – auch für die Familie – im Ausland vorstellen? Wie steht Ihr Partner dazu, wenn Sie für die gemeinsamen Kinder nur noch am Wochenende verfügbar sind? Was soll aus Ihrer Mitgliedschaft im Kirchenchor, Fitneßclub oder dem Parteiklüngel werden? Haben Sie eine Vorstellung davon, was Sie abends in fremden Städten treiben? Wollen Sie um die Ecken ziehen oder im Hotel vor dem Fernseher liegen? Können Sie sich abends allein beschäftigen?

In vielen Unternehmen hat man die Erfahrung gemacht, daß Bewerber beim Auswahlverfahren mit glänzenden Augen ihre Mobilität beteuern und sich auf die Vielfliegerei und tollen Hotels freuen. Nach einem Jahr sieht das dann anders aus. Die Partnerschaft kriselt und die schicken Hotels werden öder. Von den fremden Städten bekommt man nichts zu sehen, und das Fliegen langweilt am Ende genauso wie das U-Bahnfahren. Das ewige Ein- und Auspacken geht auf die Nerven, und die letzten fünf Partys im Freundeskreis konnte man auch nicht besuchen. Es macht ganz schnell überhaupt keinen Spaß mehr, mit Handy vom wichtigen Termin zum bedeutsamen Meeting zu eilen. Die wundervollen Frühstücksbüfetts nutzt man schon bei der dritten Reise nicht mehr aus, und die angeblich so verlockenden Hotelbars gibt es offensichtlich nur noch in alten Filmen.

Wer eben noch glücklich zum Auslandsaufenthalt abgereist ist, stellt schon nach kurzer Zeit fest, daß die große weite Welt in einem amerikanischen oder polnischen Vorort mindestens so langweilig ist wie an der Endstation des Bielefelder Stadtbusses.

Die meisten Menschen sind viel seßhafter, als sie es sich selbst eingestehen. Viele Menschen haben keine blasse Ahnung, was sie nach Feierabend ohne Freunde oder Familie eigentlich tun sollen. Lesen ist nicht jedermanns Sache, in den Städten sind abends die Bürgersteige hochgeklappt, das TV-Programm ist im Tophotel auch nicht besser als zu Hause. Die karrierefördernden Fachzeitungen bieten auch immer nur die gleichen Artikel. Was tun? Eine Weile kann man sich vielleicht noch damit amüsieren, daß man abends rote Lampen suchen geht und sich verrucht fühlt. Aber dann wird das zum bedenklichen Kostenfaktor, und man will doch Häuschen bauen, Designerklamotten tragen und Mitglied im Golfclub sein. Soviel Kohle gibt der Yuppie-Job auch nicht her.

Das Elend mit den sich in ihrer eigenen Mobilität selbst überschätzenden Bewerbern kostet die Unternehmen viel Geld. Fehlbesetzungen möchte man tunlichst vermeiden. Man wird Sie nicht nur nach Ihrer Reise- und Umzugsbereitschaft fragen, sondern sich auch nach Ihren bisherigen Beweisen für Mobilität erkundigen. Urlaubsreisen und Studententrips um die Welt zählen nicht. Auslandsaufenthalte als Au-pair oder Praktikant sind da schon besser. Sie sollten auch nicht zu nahe am Wohnort der Eltern studiert haben. Wenn möglich, sind Sie schon mindestens einmal umgezogen.

Auch sollten Sie klare Vorstellungen davon besitzen, wie Sie Reisetätigkeiten mit privaten Interessen und den Anforderungen der Familie in Einklang bringen wollen.

Außerdem sollten Sie mindestens eine Fremdsprache fließend beherrschen. Es macht nichts aus, wenn es sich dabei nicht um die Sprache des Ziellandes handelt. Wer eine Fremdsprache lernen kann, kann sich auch mit einer zweiten vertraut machen. Wenn Sie über Schulgestammel in Englisch oder Französisch nie hinausgekommen sind, fragt man sich sehr wohl, welches Interesse Sie haben, mit Menschen anderer Kulturen zu kommunizieren. Und wer dazu keine Lust hat, sollte lieber im Land bleiben und sich dort redlich nähren.

17. Frustrationstoleranz

Erinnern Sie sich noch an die Formulierung »das Leben ist ein Jammertal«? Zwar sind wir heute alle auf dem Optimismustrip und beschwingt vom Geist des positiven Denkens, können aber nicht immer verhindern, daß uns Niederlagen, persönliche Enttäuschungen und Konflikte die Laune verderben.

Das Berufsleben ist voller Frust. Wir erreichen die nächste Sprosse der Karriereleiter nicht schnell genug, fühlen uns unterbezahlt und an Arbeit überlastet, plagen uns mit widerborstigen Mitarbeitern, tückischen Vorgesetzten, sturen Kunden, lästigen Vorschriften, knappen Ressourcen, bedrohlich heranrückenden Terminen und eigenen Qualifikationsschwächen.

In jedem Projekt gibt es nach der ersten Euphorie unweigerlich die typische Frust- oder sogar »Nahkampfphase«. Im Vertrieb läuft man sich die Hacken ab und erntet viel zu oft: »Wir kaufen nicht.« Wenn man sich im Außendienst endlich gute Kundenkontakte aufgebaut hat, verhaut einem der sture Innendienst die Erfolge, und man hat als Unschuldiger auch noch die Reklamationen abzufangen. Man tut von Tag zu Tag seine Pflicht, macht dann einmal einen Fehler und kann sich vom Chef Tiraden anhören, als habe man noch nie etwas zum Wohle des Unternehmens geleistet. Man hat sich als Führungskraft vorgenommen, die Mitarbeiter partnerschaftlich zu behandeln und stets zu motivieren, und findet sich schließlich mit mindestens einem vorsätzlichen Frustbolzen im Team wieder oder mit einem Sensibelchen, das rücksichtslos darauf besteht, von allen mit Samthandschuhen angefaßt zu werden.

Ein großer Frust wartet auf fast jeden Bewerber schon bald nach der Einstellung. Es wird nämlich schnell deutlich, daß auch am neuen Arbeitsplatz nicht alles so rosig ist, wie es der Personalchef beim Auswahlverfahren geschildert hat. Außerdem wird es mit den versprochenen tollen Aufstiegschancen nicht ganz so rasch gehen, wie erwartet. Und die neuen Chefs werden auch bald merken, daß sich der Bewerber nicht wahrheitsgemäß, sondern extrem geschönt dargestellt hat. Schon ist das erste als »Information« oder »Hinweis« getarnte Kritikgespräch fällig.

Menschen reagieren unterschiedlich auf Frust. Während der eine sich in stilles Leiden zurückzieht, greift der andere aggressiv an. Mancher wird so ärgerlich, daß er gar nicht konzentriert denken kann, ein anderer wird hingegen bei Frust besonders kalt und heckt zynische Pläne aus. Den einen treibt der Frust zu Höchstleistungen nach der Devise »jetzt erst recht«, der andere schmeißt die Brocken ganz hin oder zieht sich in die innere Kündigung zurück.

In vielen Unternehmen wird bei der Bewerberauswahl zwischen Frustrationstoleranz und Streßresistenz nicht unterschieden. Frust ist stressig, und Streß frustet ganz ungemein.

Rechnen Sie im Interview mit folgenden Fragen:
> Was empfinden Sie, wenn Sie hart kritisiert werden?
> Wie reagieren Sie auf ungerechtfertigte Kritik?
> Nennen Sie konkrete Beispiele für berufliche Rückschläge und Enttäuschungen. Wie haben Sie diese verarbeitet?
> Was tun Sie, wenn ein Kunde Ihnen gegenüber laut und ausfällig wird?
> Haben Sie schon einmal mit einem Mitarbeiter oder einer Führungskraft eine große persönliche Enttäuschung erlebt? Schildern Sie einen konkreten Fall.
> Was kann Sie auf die Palme bringen?
> Was tun Sie, wenn Sie sich aus einer Fruststimmung wieder herausarbeiten wollen?
> Gehen Sie leicht hoch oder sind Sie eher äußerlich ruhig und dafür innerlich lange mit einem ärgerlichen Vorfall beschäftigt?

Man wird Sie auch bei Rollenspielen beobachten und Sie vielleicht während des Assessment-Centers absichtlich frustrieren. Bleiben Sie cool!

Bei den Rollenspielen und Nachbesprechungen der Übungen achtet man auf folgendes Verhalten:

> versucht auch bei zähen Verhandlungen und einem sturen Gesprächspartner immer wieder einen neuen Ansatzpunkt zu finden
> bleibt auch nach vergeblichen Versuchen, zu einer Einigung zu kommen, verbindlich und freundlich
> steckt negative Rückmeldungen ohne körperliche Anzeichen von Belastung weg
> kann auch hart formulierte Kritik ruhig annehmen
> reagiert nicht gereizt oder launisch, wenn das Auswahlverfahren einen anderen Verlauf nimmt, als angekündigt
> bleibt auch bei Widerständen und bei offen gezeigter Ablehnung selbstsicher und souverän
> reagiert auf unsachliche Angriffe nicht irritiert
> läßt sich nicht entmutigen, auch gegen die Mehrzahl der anderen die eigenen Ideen zu verteidigen
> gibt bei Problemen in der Aufgabenbearbeitung nicht auf, sondern sucht einen neuen Ansatz
> läßt sich bei Präsentationen durch Störmanöver aus dem Zuhörerkreis nicht aus der Ruhe bringen.

Insbesondere Hobby-Psychologen unter den Personalchefs folgen gern unter dem Vorwand, die Frustrationstoleranz oder Streßresistenz oder Belastbarkeit testen zu müssen, ihren sadistischen Neigungen. Man läßt Sie zum Beispiel lange warten. Für diesen Fall sollten Sie eine Managerzeitung in der Aktentasche haben und dann ganz geruhsam lesen. Man könnte auch auf den boshaften Einfall kommen, Sie mit zynischen Bemerkungen zu quälen. Das macht man vor allem bei Karrierefrauen und kleinen Männern. Man könnte zum Beispiel andeuten, daß Sie leider im Vergleich zu den anderen bisher recht enttäuschend aufgetreten sind.

Über solche Gemeinheiten können Sie sich natürlich empören. Aber vielleicht sollten Sie auch ganz ruhig bleiben. Denken Sie immer daran, daß in den meisten Unternehmen der Personalchef unter den Managern die kleinste Nummer ist. Sein Bereich kostet Geld, bringt aber keinen Umsatz. Das ist für einen Manager nie eine gute Position. Auswahlverfahren sind deshalb seine Sternstunden von Macht über andere. Seien Sie gnädig, und verzeihen Sie.

18. Kritikfähigkeit

Ihre Kritikfähigkeit wird unter zwei Aspekten betrachtet:
1. Können Sie Kritik annehmen?
2. Können Sie Kritik äußern?

Ob Sie Kritik annehmen können, wird man während des Auswahlverfahrens feststellen. Man wird Sie sowohl berechtigt als auch mindestens einmal unberechtigt kritisieren. Wie reagieren Sie darauf? Sind Sie beleidigt oder eingeschüchtert? Werden Sie rechthaberisch? Nehmen Sie demütig unberechtigte Kritik hin? Schlagen Sie zurück? Sind Sie im Moment erbost oder langfristig verärgert? Zeigen Sie sich angespornt, es besser zu machen, oder verläßt Sie der Mut? Bleiben Sie bei der Sache oder greifen Sie den Kritisierer persönlich an?

Ob Sie kritisieren können, wird man – falls Sie für eine Führungsposition in Frage kommen – durch Rollenspiele herausfinden. Reden Sie um den heißen Brei herum? Lassen Sie sich auf Wortgefechte und Rechthaberei ein? Drücken Sie Kritik unmißverständlich aus oder verklausulieren Sie die negative Botschaft? Geben Sie dem Kritisierten die Möglichkeit, sich zur Sache zu äußern? Ist die Kritik so formuliert, daß der Kritisierte daraus sinnvolle Schlüsse ziehen kann?

Wenn Sie eine Führungsposition anstreben, sollten Sie sich auch theoretisch mit Kritik (und Lob) befaßt haben. Studieren Sie dazu die Fachliteratur. Das Thema ist zu kompliziert, um es »aus dem Bauch heraus« zu behandeln.

> Warum und wozu kritisieren Sie Ihre Mitarbeiter?
> Wie stellen Sie fest, ob Ihr Mitarbeiter die Kritik richtig verstanden hat?
> Wie kontrollieren Sie, ob Ihre Kritik zu einer Verhaltensänderung geführt hat?
> Was fällt Ihnen beim Kritisieren besonders schwer?
> Unter welchen Umständen würden Sie auf ein Kritikgespräch verzichten? Schildern Sie ein konkretes Beispiel.
> Wie fühlen Sie sich, wenn Sie einen Mitarbeiter kritisieren müssen?
> Wie sorgen Sie dafür, daß sich durch Ihre Kritik nicht das Arbeitsklima verschlechtert?

> Wie bereiten Sie sich auf ein Kritikgespräch vor?

> Welche sind die Grundregeln des Kritisierens?

> Würden Sie einen Mitarbeiter sofort beim ersten Fehler kritisieren oder lieber prüfen, ob dem Ausrutscher ein weiterer folgt?

> Wie begegnen Sie der Gefahr, daß Sie Mitarbeiter, die Ihnen persönlich nicht liegen, kritischer sehen als andere?

> Bei welchen Mitarbeitern fällt Ihnen Kritik besonders schwer?

> Wie kritisieren Sie gleichrangige Kollegen?

> Würden Sie einen Vorgesetzten kritisieren? Wenn ja: wie?

> Ziehen Sie es vor, einen Fehler sofort anzusprechen, oder warten Sie, bis Sie über die richtigen Worte nachgedacht haben?

> Was halten Sie davon, eine Kritik mit einem Lob zu kombinieren?

> Mit welcher Erkenntnis soll Ihr Mitarbeiter aus einem Kritikgespräch herausgehen?

> Welches sind die typischen Ablenkungs- und Ausweichmanöver kritisierter Mitarbeiter? Wie gehen Sie damit um?

> Nennen Sie die Eskalationsstufen von Lob und Kritik.

> Hatten Sie schon einmal einen Mitarbeiter, bei dem Kritik nichts bewirkte? Wie sind Sie damit umgegangen?

> Was tun Sie, wenn Sie erfahren, daß eine andere Führungskraft einen Ihrer Mitarbeiter kritisiert?

> Was verstehen Sie unter dem Begriff »kritikfähig«?

Es gibt den Merksatz, daß immer nur die Sache, nie die Person kritisiert werden darf. Theoretisch ist das in Ordnung. Was aber tun Sie, wenn Sie einen Mitarbeiter haben, der sich nicht ausreichend wäscht? Wie kritisieren Sie einen Mitarbeiter, der durch asoziales Verhalten Kollegen anekelt oder Kunden vertreibt? Schicken Sie etwa die Sekretärin los, um solche Unannehmlichkeiten für Sie zu regeln? »Sagen Sie doch dem Müller mal, er soll darauf achten, daß er vor Kundenbesuchen die Schuppen von den Schultern bürstet.« »Können Sie Meier mal darauf aufmerksam machen, daß er nicht mit vollem Mund spricht?« Oder ignorieren Sie solche Dinge und hoffen, daß das irgendwer dem betreffenden Mitarbeiter sagt? Sind Sie etwa der Meinung, daß man solche Dinge tolerieren soll? Geht das überhaupt den Vorgesetzten etwas an?

Rechnen Sie damit, daß man diese kniffligen Themen mit Ihnen bespricht.

19. Verantwortungsbewußtsein

Verantwortungsbewußtsein wird natürlich vom Vorstand bis zur Putzkolonne von jedem Mitarbeiter erwartet. Man weiß aber auch, daß manche Leute einfach nie die nötige Reife oder das notwendige Interesse entwickeln, um sich für das Unternehmen und seine Belange verantwortlich zu fühlen. Man erkennt es am lieblosen Umgang mit Firmeneigentum, an Vergeudung von Material und Zeit, an unkollegialem Verhalten und an der Achtlosigkeit den Kunden gegenüber.

Vor allem beim Führungsnachwuchs will man gezielt verantwortungsbewußte Menschen und nicht nur Karrieristen auswählen. Verantwortung soll übernommen und gleichzeitig verantwortliches Handeln vorgelebt werden.

Unter einer verantwortungsbewußten Führungskraft stellt man sich eine Persönlichkeit mit folgenden Merkmalen vor:

> versteht sich selbst als Förderer und Coach der eigenen Mitarbeiter im Interesse ihrer beruflichen Entwicklung
> achtet auf persönliche Begabungen, Neigungen und besondere Fähigkeiten
> achtet auf Anzeichen von Überforderung und Selbstüberschätzung bei den Mitarbeitern und greift in angemessener Form ein
> fühlt sich für die Leistungsbereitschaft der Mitarbeiter zuständig
> läßt weder Mobbing noch gegenseitige Schikanen zu
> achtet darauf, daß Mitarbeiter nicht über das Maß hinaus beruflich belastet werden und familiäre Interessen vernachlässigen
> nimmt Rücksicht auf Mitarbeiter mit akuten persönlichen Belastungen
> beschränkt sich nicht nur auf den eigenen Zuständigkeitsbereich, sondern denkt bereichsübergreifend im Interesse des Unternehmens
> sucht stets nach Möglichkeiten der Verbesserung und regt auch die Mitarbeiter dazu an
> trägt im Interesse des Unternehmens auch Entscheidungen mit, die nicht unbedingt im eigenen Interesse liegen oder der eigenen Meinung zuwiderlaufen
> wartet nicht auf Anweisungen von der Geschäftsführung, sondern agiert selbstinitiiert, ohne jedoch die eigenen Kompetenzen zu überschreiten
> arbeitet aktiv an der Überwindung von Bereichs- oder Abteilungsdenken

234

> führt die eigenen Mitarbeiter gezielt zu kundenorientiertem, wirtschaftlichem und kollegialem Verhalten
> läßt nicht zu, daß sich Leistungsverweigerer auf Kosten des Unternehmens oder der Kollegen ein bequemes Leben machen
> geht bewußt in notwendige Konfliktsituationen hinein und setzt sich engagiert für die Interessen des Unternehmens ein
> delegiert zielorientiert, packt im Bedarfsfall aber auch selbst mit an
> erkennt Probleme und engagiert sich selbstinitiiert für Lösungen
> sorgt für einen reibungslosen Wissens- und Erfahrungsfluß im Unternehmen
> trifft Entscheidungen im Interesse des Unternehmens und nicht im Interesse des eigenen Machtausbaus
> arbeitet auch ohne Kontrolle durch Vorgesetzte auf gleichbleibend hohem Niveau
> achtet darauf, daß Unfallschutzbestimmungen eingehalten werden
> achtet auf Risiken und mögliche Gefahren für das Unternehmen
> denkt umweltbewußt und fördert auch bei den Mitarbeitern umweltbewußtes Verhalten
> ist zuverlässig und hält sich an Vereinbarungen
> orientiert sich sichtbar am Leitbild des Unternehmens und an den Führungsgrundsätzen
> nimmt bewußt die eigene Rolle als Vorbild für die Mitarbeiter an.

Man wird vermutlich über Fragen im Psycho-Test Ihre Verantwortungsbereitschaft festzustellen versuchen. Für gehobene Positionen sind diskrete Nachfragen beim bisherigen Arbeitgeber üblich. Sperrvermerk oder nicht, geschickte Personalberater haben überall die Möglichkeit, sich nach Ihrem Verhalten und Ihren Leistungen zu erkundigen.

Im Interview sollten Sie mit folgenden Fragen rechnen:
> Was bedeutet Ihnen die Rolle als Führungskraft? Wie wollen Sie diese leben?
> Wie definieren Sie Ihr Verhältnis zu Mitarbeitern?
> Haben Sie schon einmal schwierige Führungssituationen erlebt? Schildern Sie konkrete Beispiele.
> Wie sorgen Sie für ständige Verbesserungen? Welche Schwerpunkte interessieren Sie dabei speziell?
> Wie sorgen Sie für ein leistungsförderndes Klima in Ihrem Bereich?

> Wie kontrollieren Sie das Arbeitsverhalten Ihrer Mitarbeiter? Worauf legen Sie besonderen Wert?
> Was bedeutet Ethik in der Führung für Sie?
> Wie wird man in der Praxis verantwortungsvolles Führen bei Ihnen erkennen können?
> Wie sorgen Sie dafür, daß Ihr Verhalten für Mitarbeiter vorbildlich wirkt?
> Wofür wollen Sie Vorbild sein?
> Mit welchen Zielkonflikten haben Sie in letzter Zeit zu tun gehabt? Wie haben Sie entschieden? Wie kamen Sie zu Ihrer Entscheidung?
> Wie sorgen Sie dafür, daß in Ihrem Bereich ein hohes Leistungs- und Qualitätsniveau erreicht wird?
> Was tun Sie außerhalb Ihres Berufes?
> Wie sehen Sie Ihre Rolle innerhalb der Gesellschaft?
> Wie fördern Sie die Verantwortungsbereitschaft Ihrer Mitarbeiter?
> Wo und wann fällt es Ihnen schwer, Aufgaben und Kompetenzen zu delegieren? Wie gehen Sie mit solchen Situationen um?
> Wie sorgen Sie für das Wohlbefinden Ihrer Mitarbeiter?
> Was tun Sie über Ihren Bereich hinaus im Interesse des Unternehmens?
> Was tun Sie, wenn die Geschäftsleitung eine Entscheidung trifft, die Sie für falsch halten?
> Schildern Sie aus Ihrer Berufspraxis konkrete Vorfälle, die es für Sie notwendig machten, eigene Interessen zurückzustellen.
> Wie vermitteln Sie den Mitarbeitern Entscheidungen, die Sie anders getroffen hätten?
> Was liegt zur Zeit in Ihrem Verantwortungsbereich?
> Wofür werden Sie sich in unserem Unternehmen verantwortlich fühlen? Wie werden Sie das in der Praxis umsetzen?

Man wird Sie vermutlich auch Rollenspiele durchführen lassen. Typisch ist ein fiktives Gespräch mit der Aufgabe, dem Mitarbeiter eine für Sie beide unangenehme Entscheidung zu vermitteln. Ebenso typisch ist auch ein Kritikgespräch mit einem Mitarbeiter, der sich durch Nachlässigkeit schuldig gemacht hat. Ein anderes Beispiel ist ein Verkaufsgespräch mit einem fiktiven Kunden, der aus Mangel an Sachverstand bereit wäre, Ihnen ein für ihn nutzloses Produkt abzukaufen. Vielleicht läßt man auch einen fiktiven Vorgesetzten mit Ihnen darüber verhandeln, daß Sie im Interesse des Unternehmens zurückstecken. Dabei dürfen Sie weder egoistisch und stur noch nachgiebig und weich erscheinen.

236

Bei den Rollenspielen achten die Beobachter auf folgendes Verhalten:
> gibt dem Gesprächspartner unaufgefordert wichtige Informationen
> kann das Interesse des Unternehmens überzeugend vertreten und findet damit beim Gesprächspartner Akzeptanz
> läßt sich nicht manipulieren oder umschmeicheln
> erkennt auch an unklaren Hinweisen die Prioritäten oder Schwierigkeiten des anderen und entscheidet verantwortungsbewußt
> läßt sich nicht zu unrealistischen Versprechen hinreißen und geht keine schlechten Kompromisse ein
> behält bei Konflikten die langfristigen Ziele im Auge und verzichtet auf kleinliche Rechthaberei
> begründet die zu vermittelnde Entscheidung oder Botschaft überzeugend
> verzichtet auf kurzfristige Erfolge, wenn dadurch langfristig die Kundenbeziehung gestört werden könnte.

Im Hinblick auf Ihr Verantwortungsbewußtsein wird man sich auch mit den Motiven Ihrer Bewerbung beschäftigen. Wenn Sie lediglich an einem höheren Gehalt oder an einer gehobeneren Position interessiert sind, wird das kritisch gesehen. Man könnte Sie für einen Job-Hopper halten, der sich jederzeit für eine bessere Kondition kaufen läßt. Ihr Lebenslauf ist dabei ebenfalls interessant. Wechseln Sie zu oft? Wenn Sie schon fünfmal innerhalb der letzten zehn bis fünfzehn Jahre gewechselt haben, könnte man Sie für einen Windhund halten. Wenn Sie nach zwanzig Berufsjahren zum ersten Mal wechseln, sollten Sie auch dafür einen guten Grund haben. Das gilt vor allem, wenn Sie von einem eher traditionell geführten Unternehmen kommen, das gerade eine Entlassungswelle mitmacht. Niemand will die woanders entsorgten Nieten übernehmen.

Ihr Verantwortungsbewußtsein steht auch in Zusammenhang mit Ihrer fachlichen Einstellung. Wenn Sie zum Typ »Fachidiot« gehören, wird man eher nicht von Verantwortungsbewußtsein ausgehen. Fachidioten interessieren sich weder für andere Menschen noch für wirtschaftliche Überlegungen, noch für Dinge jenseits des eigenen Aufgabenbereichs.

Zunehmend erkennt man auch, daß verantwortungsbewußte Menschen diese Tugend nicht nur während der Arbeitszeit pflegen. Vielleicht fragt man Sie im Rahmen netter Plauderei so ganz nebenbei, ob Sie eigentlich die Lehrer und Spielkameraden Ihrer Kinder kennen, ob Sie sich sozial oder politisch engagieren ... Das wäre natürlich gut.

20. Zivilcourage

Zivilcourage ist der Mut im Alltag. Wer würde sich gegen Zivilcourage aussprechen? Niemand. Wenn man Personalchefs fragen würde, ob sie von Bewerbern Zivilcourage erwarten, bejahen sie vermutlich.

Tatsächlich wird heute in den meisten Unternehmen Zivilcourage nicht so gern gesehen. Welche Bank legt Wert darauf, daß ein couragierter Mitarbeiter den Mund aufmacht und sich gegen Geldschiebereien wendet? Welcher Lebensmittelkonzern will mutige Chemiker haben, die sich gegen unerlaubte Manipulationen an den Waren und gegen die Verwendung illegaler Zusätze wehren? Welcher Pharma- oder Chemiekonzern will wirklich, daß aus den eigenen Reihen der Finger in die Wunde gelegt wird, wenn heimlich Gifte in die Abwässer geleitet werden? Welche Unternehmensberatung legt Wert darauf, daß einer der eigenen Berater die geschenkeorientierte Praxis der Auftragsgewinnung als Korruption bezeichnet?

Was immer Sie an Schiebereien, an Umgehungen von Umweltgesetzen, an illegalen Auslandsgeschäften oder ähnlichem sehen, sollen Sie für sich behalten.

Zivilcourage und Nestbeschmutzung werden oft synonym betrachtet und sind der Karriere eher abträglich. Es kann als mangelnde Loyalität oder auch als Querulantentum ausgelegt werden.

Man könnte versuchen, Sie im Rahmen des Auswahlverfahrens auf Ihre Verschwiegenheit und Loyalität hin zu prüfen. Eventuell stellt man Fragen wie:

> Können Sie sich vorstellen, daß Sie auch einmal aus Gewissensgründen einen Arbeitsauftrag ablehnen? Schildern Sie mögliche Beispiele.
> Was würden Sie tun, wenn Sie bei Kollegen oder Vorgesetzten illegale Handlungen feststellten?
> Sind Sie schon einmal bei einer Ihrer bisherigen beruflichen Tätigkeiten in einen Gewissenskonflikt geraten? Wie sind Sie mit der Situation umgegangen?

Man will wissen, ob durch Sie jemals Informationen aus dem Unternehmen heraussickern könnten. Man will auch wissen, ob Sie ein starres Recht-Unrecht-Bewußtsein haben und sich womöglich bei Aufgaben, die ein flexibleres Gewissen notwendig machen, stur stellen.

Wenn Sie Pech haben, stehen Sie am Ende tatsächlich vor der Wahl: reines Gewissen oder lukrativer Job.

Auf der anderen Seite gibt es Querulanten und Rechthaber, die sich selbst Zivilcourage bescheinigen, in Wirklichkeit aber sozial unverträglich und verbittert sind. Mancher entwickelt Zivilcourage erst dann, wenn persönlicher Mißerfolg und berufliche wie menschliche Niederlagen ein Knäuel an Mißmut gegen »die da oben« und an Neid gegen »die anderen« ergeben.

Auch das versucht man im Auswahlverfahren festzustellen. Lassen Sie niemals erkennen, daß Sie im Streit von Ihrem bisherigen Arbeitgeber scheiden, mit ehemaligen Kollegen oder Vorgesetzten Probleme hatten oder bestimmte Aufgaben nicht leiden konnten. Auch wenn Sie an Ihr Recht glauben, wird man Ihnen das nur als Stänkerei auslegen. Was man selbst noch für Zivilcourage halten mag, wirkt auf andere oft bloß streitsüchtig.

Liste 7:
Einstellungen und Orientierungen

1. Kundenorientierung

Es wird die »Service-Wüste Deutschland« beklagt. Viele Konsumenten fühlen sich in Geschäften schlecht beraten, von aufdringlichen Verkäufern belästigt oder ganz einfach ignoriert. Man steht im Laden herum und sucht verzweifelt nach Personal. Mangelnde Kundenorientierung begegnet uns als Patienten ebenfalls im Krankenhaus. Zu den sonderbarsten Zeiten muß man das Frühstück oder Abendessen einnehmen. Niemand fragt, ob das für die Patienten angenehm ist. Hauptsache, es paßt dem Personal in die internen Abläufe.

Behörden, behördenähnliche Unternehmen und Monopolisten nehmen sich ihrer Kundschaft gegenüber Dinge heraus, die den Betroffenen die Nerven rauben und den Kabarettisten die besten Ideen geben.

Wenn man als Trainer beispielsweise den Mitarbeitern der Post oder Bahn, der Sparkasse oder Krankenkasse kundenorientiertes Denken nahebringen soll, stößt man auf heftigste Gegenwehr. Man werde niemals vor den Kunden kriechen! Manche tun sich tatsächlich schwer damit, Freundlichkeit Kunden gegenüber von Kriecherei zu unterscheiden.

Da können die Vorstände und Marketingleute von Telecom, der Deutschen Bahn AG oder sonstwem öffentlich viel erzählen, wenn ihre Mitarbeiter Kunden als Störfaktor betrachten und zu ihrer persönlichen Befriedigung Arroganz und pampiges Verhalten brauchen.

In vielen Unternehmen schult man zumindest den Außendienst. Aber wehe, wenn ein Kunde einmal aus Versehen an jemanden vom Innendienst gerät! Denn meistens gibt es höchst unerfreuliche Reibungsflächen zwischen Vertrieb und Innendienst. Es liegt oft daran, daß der Innendienst einfach keine Lust hat, sich in seinen Abläufen nach dem zu richten, was der Außendienst zur Kundenbetreuung braucht.

240

Zur Kundenorientierung gehören auch Unterlagen, die der Kunde lesen und verstehen muß. Es kann sich um Kreditantragsformulare der Bank handeln, um die Klauseln im Versicherungsvertrag, um die Rechnung der Wasserwerke oder um die Gebrauchsanleitung des PC-Druckers. Denjenigen, die das schreiben, ist offensichtlich die Idee fremd, sich am Kunden zu orientieren.

Zur Kundenorientierung gehört die zügige Bearbeitung von Kundenanliegen. Man wundert sich, wie schnell eine Versicherung oder Bank die Aufnahme neuer Mitglieder geregelt bekommt, und wie langsam man später bei Schadensfällen oder Finanzierungsprüfungen ist.

Zunehmend wird in Unternehmen auch der Begriff »interner Kunde« wichtig. Darunter versteht man innerhalb des Unternehmens jene Personen, die Leistungen zu bekommen haben. Die »internen Kunden« der Kantine sind Mitarbeiter, die dort essen. Die »internen Kunden« der DV-Abteilung sind Benutzer von Soft- und Hardware, vom Management bis in die Sekretariate. Die »internen Kunden« des Controlling sind ... Im Grunde hat jeder Unternehmensbereich seine »internen Kunden«. Wer die nicht hat, wird nicht mehr gebraucht.

Es gibt Unternehmen, die den Ärger mit den internen Leistungsanbietern irgendwann leid waren und sich diese durch Outsourcing vom Hals geschafft haben. Häufig hat man erst dann brauchbare DV bekommen, als man endlich die Halbgötter an den Rechnern als eigene DV-Beratungs GmbH vor die Tür gesetzt hat. Der Trend geht dahin, daß man Personalabteilungen, Controlling, Buchhaltung etc. zu internen Profit-Centers umbaut. Da wird sich bei den Kollegen einiges im Hinblick auf Kundenorientierung ändern müssen.

Bei der Bewerberauswahl wird heute sehr genau auf Kundenorientierung geachtet. Wenn Sie dabei Lücken aufweisen, wird man lieber auf Sie verzichten. Sie mögen als Spezialist oder Manager hervorragend qualifiziert und nachweislich erfolgreich sein, ohne Kundenorientierung ist das aber nicht viel wert. Wenn Sie im Eignungstest oder im Interview täuschen, wird man während der Probezeit diesbezügliche Mängel erkennen und daraus Konsequenzen ziehen. Die Unternehmen haben große Probleme, ihre bisherige Mannschaft zu kundenorientiertem Verhalten zu führen. Von neuen Leuten erwartet man, daß sie Kundenorientierung mitbringen oder wegbleiben.

Ein kundenorientierter Mitarbeiter zeichnet sich durch folgendes Denken und Handeln aus:
> zeigt starke Serviceorientierung und bietet über die vertraglich vereinbarten Leistungen Hilfe und Entgegenkommen an

> sorgt für zuverlässige und schnelle Erledigung von Kundenwünschen, versprochenen Rückrufen etc.
> findet bei externen und internen Kunden fachliche wie persönliche Akzeptanz
> wird häufig namentlich von Kunden nachgefragt
> kennt die Bedarfe interner und externer Kunden und bemüht sich stets, sie zu erfüllen
> kennt mögliche Kritikpunkte der Kunden an den Leistungen des eigenen Bereichs und bemüht sich um kundenbezogene Verbesserungen
> sucht den ständigen Austausch mit internen und externen Kunden und nutzt die erworbenen Informationen zur Leistungs- und Qualitätssteigerung im eigenen Bereich
> gilt bei Kunden als sympathisch, zuvorkommend und zuverlässig
> kann sich in der Kommunikation von der eigenen Fachsprache lösen und den Kunden verständliche und überzeugende Beratungen und Erklärungen bieten
> kann Engpässe und Pannen den Kunden gegenüber positiv vertreten und bemüht sich sofort um Behebung der Probleme
> schickt nicht den Kunden weiter, sondern ist auch über den eigenen Aufgabenbereich hinaus bereit, Kundenwünsche anzunehmen und diese selbst zu bearbeiten oder an den zuständigen Kollegen weiterzuleiten
> baut in Eigeninitiative neue Kundenkontakte auf
> pflegt bestehende Kundenkontakte in Eigeninitiative und erkennt mögliche Abwanderungstendenzen sofort
> läßt sich niemals mit Kunden in Rechthaberei oder Diskussionen ein
> bleibt auch bei schwierigen und emotional erregten Kunden (z.B. Reklamation) ruhig und freundlich
> unterstützt aktiv die eigenen Kollegen in kundenorientiertem Verhalten
> engagiert sich sehr für die Kunden und ist auch zu Mühen und Zusatzleistungen bereit
> sieht sich selbst als »Dienstleister« und nicht als »Verwalter«, »Verkäufer« oder »Fachprofi«
> belehrt die Kunden nicht herablassend, ordnet Kundenwünsche nicht den eigenen Arbeitsgängen unter und schwatzt niemandem etwas Nutzloses auf
> will offensichtlich die Zufriedenheit der Kunden erreichen und fragt von sich aus den Kunden nach Beurteilung der eigenen Leistungen
> versucht auch ungewöhnliche Kundenwünsche zu befriedigen

242

> achtet auf die Qualität der eigenen Leistungen und Produkte auch dann, wenn der Kunde eventuelle Mängel gar nicht bemerken würde
> spricht niemals abfällig über interne oder externe Kunden und läßt auch nicht zu, daß Kollegen dies tun
> vergißt auch bei hoher Kundenorientierung nicht, daß letztlich der Profit des eigenen Unternehmens oder Bereichs gesichert sein muß.

Ob Sie auch unter Zeitdruck noch kundenorientiert sind und mit schwierigen Kunden einen positiven Umgangston finden, wird sich erst in der Arbeitspraxis zeigen.

Im Interview sollten Sie mit folgenden Fragen rechnen:
> Wie binden Sie Ihre Kunden an das Unternehmen?
> Mit welchen internen Kunden arbeiten Sie viel zusammen? Wie sehen Sie die Zusammenarbeit?
> Wie erfahren Sie mögliche Bedarfs- oder Anspruchsänderungen der Kunden?
> Haben Sie schon einmal eine sehr schwierige Situation mit einem unangenehmen Kunden erlebt? Schildern Sie den Vorfall.
> Mit welchen Trends der Kundenwünsche werden wir uns zukünftig in unserer Branche verstärkt auseinandersetzen müssen?
> Wie erfahren Sie, ob Kunden mit Ihrer Leistung zufrieden sind?
> Wo ziehen Sie die Grenze bei »der Kunde hat immer recht« oder »der Kunde ist König«?
> Wie setzen Sie in Ihrer täglichen Arbeit »Kundenorientierung« um?
> Wie fördern Sie bei Ihren Mitarbeitern und Kollegen kundenorientiertes Denken und Handeln?
> Wie sollte Ihrer Meinung nach eine unternehmensweite Strategie zur stetigen Verbesserung des Kundenservice aussehen?
> Welche möglichen Mängel in der Kundenorientierung sind Ihnen in Ihrem Bereich bekannt? (Vorsicht! Keine Schwächen des bisherigen Arbeitgebers ausplaudern!)
> Wo sehen Sie die typischen Probleme interner Lieferanten-Kunden-Beziehungen?
> Woran würden Sie bei einem Mitarbeiter kundenorientiertes Verhalten erkennen?
> Warum fällt es Ihrer Ansicht nach manchem Mitarbeiter schwer, sich in die Wünsche und Bedarfe von Kunden hineinzuversetzen?

> Was kann eine Führungskraft zur Verbesserung der Dienstleistungsqualität im eigenen Bereich tun?
> Wo sehen Sie die Ursachen der typischen Probleme zwischen Innen- und Außendienst? Wie könnte man ihnen entgegenwirken?
> Wo sehen Sie Ansatzpunkte in der internen Organisation zur Verbesserung der Kundenorientierung?
> Was könnte Ihrer Meinung nach einen Stammkunden zur Abwanderung veranlassen?
> Wie würden Sie einen zufriedenen Kunden des Wettbewerbers von den Leistungen Ihres Unternehmens überzeugen?
> Was tun Sie persönlich zur Erweiterung des Kundenstamms und zum Erhalt bestehender Kundenbeziehungen?
> Wie handhaben Sie Reklamationen Ihrer internen Kunden?
> Mit welchen Instrumenten messen Sie die Zufriedenheit Ihrer Kunden?
> Mit welchen Instrumenten ermitteln Sie aktuelle Wünsche und Bedarfe oder auch Trends?
> Haben Sie schon einmal erlebt, daß Sie einen Kundenwunsch nicht erfüllen konnten oder wollten? Schildern Sie den Vorfall.
> Wie würden Sie Total Customer Care in Ihrem Bereich umsetzen?
> Wie sollte man mit Mitarbeitern verfahren, denen Kundenorientierung schwerfällt?
> Haben Sie schon einmal in einem Streit zwischen einem Ihrer Mitarbeiter und einem Kunden schlichten müssen? Schildern Sie den Vorfall.
> Was würden Sie tun, wenn ein Kunde Ihnen in aggressiver Form einen Fehler oder Mangel vorwirft, den Sie nicht zu vertreten haben?
> Haben Sie schon einmal Kunden erlebt, die Sie lieber nicht gehabt hätten? Schildern Sie Beispiele.

Vermutlich läßt man Sie Ihre Kundenorientierung auch in Rollenspielen beweisen. Typisch sind dabei:
> Verkaufsgespräch mit schwieriger Einwandbehandlung
> Annahme einer Reklamation
> Erklären eines anspruchsvollen Produktes
> Behandlung eines Konfliktes mit einem Kunden
> Gespräch mit einem wenig kundenorientierten Mitarbeiter
> Behandlung eines nicht zu erfüllenden Kundenwunsches.

Die Beobachter achten dabei sehr genau auf Ihre Worte und auf Ihre Körpersprache. Man fragt sich weniger, ob Ihre Worte »richtig« sind, sondern vielmehr, ob sie beim Kunden »richtig ankommen«. Man will wissen, ob Sie als Mitarbeiter oder Führungskraft dem Unternehmen weitere Kunden zuführen und bestehende Kunden erhalten, oder ob Sie eher eine Persönlichkeit sind, die sich nur dann an Kundenwünschen orientiert, wenn es die internen Abläufe nicht stört.

Bei Ihren Worten achtet man auf folgendes:

> argumentiert nicht produkt- oder leistungsbezogen, sondern nutzenbezogen
> kann Bedarfe, Wünsche und Motive der Kunden erfragen und auf diese direkt eingehen
> federt Einwände und negative Äußerungen ab und argumentiert ohne Neigung zu Rechthaberei oder Belehrung
> läßt dem Gesprächspartner ausreichend Redezeit und zeigt keine Ungeduld bei Monologen oder Angriffen
> nimmt Einwände und Beschwerden ernst
> vergewissert sich, das Kundenanliegen richtig verstanden zu haben
> bezieht den Kunden in eine gemeinsame Problemlösung mit ein.

Auch wenn Sie nie im Vertrieb oder Verkauf arbeiten wollen, sollten Sie sich mit Fachliteratur zu diesem Thema befassen. Das sensible Erkennen von Wünschen anderer Menschen ist die Basis kundenorientierten Verhaltens. Die kundenorientierte Gesprächsführung ist eine anspruchsvolle Kunst, die von reinen Innendienstlern oft viel zu gering geachtet wird.

Wenn Sie grundsätzlich eine negative Einstellung zu Kunden haben, die Kollegen vom Außendienst als »Klinkenputzer« betrachten oder innerhalb des Unternehmens zu Abteilungsdenken neigen, wird es Zeit, daß Sie einmal über Ihr Menschenbild nachdenken.

2. Ethisches Verhalten und Werteorientierung

In den letzten Jahren haben sich Unternehmen mit Unterstützung von Unternehmensberatern oder, angeregt durch Fachbücher, Leitlinien, Leitbilder oder »Ethics« zugelegt. Bestimmte Werte sollen darin für alle Führungskräfte und Mitarbeiter verbindlich gelten. Häufig handelt es sich um Regeln für den Umgang miteinander oder mit Kunden. Fairneß, Offenheit, Ehrlichkeit, Rücksichtnahme, soziale Verantwortung, Umweltbewußtsein, (multi)kulturelle Orientierung ...

Die meisten dieser Leitlinien oder Leitbilder hören sich wunderbar an und sind auch sicherlich aus edelsten Absichten entstanden. Ihnen zufolge gibt es im Unternehmen nur Frieden und Harmonie. Als existierten Mobbing, Karrierekämpfe, frisierte Bilanzen, getäuschte Kunden oder sich selbst bereichernde Manager überhaupt nicht.

Prüft man Sie auf Werteorientierung, will man natürlich sehr wohl, daß Leitlinien für Sie Gültigkeit besitzen und sich in Ihrem Verhalten spiegeln. Auf der anderen Seite sollten Sie nicht allzu heftig Werte vertreten. Man könnte Sie für naiv halten oder für einen Sektierer mit rigiden Vorstellungen.

Im Hinblick auf ethisches Verhalten oder Werteorientierung erwartet man, daß Sie

> das Leitbild Ihres bisherigen Arbeitgebers kennen und reflektiert haben
> sich über das Leitbild Ihres potentiellen Arbeitgebers informiert haben (Falls man es Ihnen nicht mit der Einladung geschickt hat, sollten Sie von sich aus danach fragen!)
> wissen, wie Sie Ihr Handeln an den Ideen des Leitbildes in der Praxis orientieren wollen
> fähig sind, die Ideen des Leitbildes Ihren Mitarbeitern für deren tägliche Arbeitspraxis zu vermitteln
> für sich grundlegende Werte haben und sich daran orientieren
> sich nicht stur nach Regeln richten, sondern die Leitlinien als dynamische Größe betrachten
> zu den Grundwerten Ihres bisherigen Arbeitgebers gestanden haben und sich bei einem Wechsel an den Werten des neuen Arbeitgebers identifizieren

246

> die Wertvorstellungen des Unternehmens auch gegen Widerstand vertreten
> glaubhaft sind in Ihrer Werteorientierung
> auf manipulative Tricks im Umgang mit anderen verzichten
> mit Ihrem Verhalten den Mitarbeitern ein Vorbild im Sinne des Unternehmens sind
> den Kunden des Unternehmens ein fairer Geschäftspartner sind
> auch über Ihr Arbeitsverhältnis mit dem Unternehmen hinaus zuverlässig, verschwiegen und fair bleiben.

Lassen Sie sich niemals dazu hinreißen, in einem Interview etwas Negatives über Ihren bisherigen Arbeitgeber zu sagen. Ganz egal, unter welchen Umständen Sie dort gegangen sind, niemand legt Wert auf einen neuen Mitarbeiter, der mit Dreck nach seinem alten Arbeitgeber wirft. Man könnte versuchen, Sie auf ein solches Gleis zu lenken. Das ist immer eine Falle! Plaudern Sie auch keine Geheimnisse aus dem bisherigen Job aus und schleppen Sie keine Unterlagen mit. Man wird es vielleicht sogar gern von Ihnen annehmen, aber man weiß dann auch, daß Sie sich die gleichen Dinge beim nächsten Jobwechsel wieder erlauben werden.

Im Interview rechnen Sie mit folgenden Fragen:
> Welche ethischen oder moralischen Werte sind für Sie maßgeblich?
> Ist es schon einmal vorgekommen, daß Sie im Rahmen Ihres Berufslebens in einen Gewissenskonflikt geraten sind? Wie haben Sie das Problem gelöst?
> Können Sie sich vorstellen, im Berufsleben mit Werten konfrontiert zu werden, mit denen Sie sich nicht identifizieren können?
> Wie haben Sie bisher die Leitlinien oder das Leitbild des Unternehmens in die Praxis umgesetzt?
> Wie führen Sie die Mitarbeiter dahin, sich an den Werten des Unternehmens zu orientieren?
> Haben sich Ihre persönlichen Werte schon einmal verändert? Woran lag das?
> Was verstehen Sie unter »Werteorientierung« im Berufsleben?

Es kann sein, daß man Sie ein Rollenspiel mit einem fiktiven Mitarbeiter zum Thema Leitbild führen läßt. Sie müssen dem Mitarbeiter die Werte so vermitteln, daß der sie konkret umsetzen kann und auch umsetzen will. Man wird auf folgende Merkmale und Verhaltensweisen achten:

> kann Werte verständlich und praxisorientiert darstellen
> vergewissert sich, daß der Mitarbeiter die Darstellung richtig verstanden hat und in der täglichen Arbeit umzusetzen weiß
> motiviert und begeistert den Mitarbeiter für die Werte
> geht fair auf die Bedenken und Einwände des Gesprächspartners ein
> betont überzeugend die Wichtigkeit eines gemeinsamen Leitbildes für das ganze Unternehmen
> wirkt überzeugend und glaubhaft im Gespräch.

Grundsätzlich bei allen Rollenspielen und auch im Geplauder der Pausen wird man darauf schauen, ob Sie Ihren Gesprächspartnern gegenüber immer ein faires Verhalten zeigen und anderen Wertschätzung entgegenbringen. Das gilt auch dann, wenn Sie ein hartes Gespräch zu führen haben und gegen Widerstände ankämpfen müssen. Niemals dürfen Sie sich vergessen und den »Gegner« persönlich in Frage stellen. Profilierungssucht, abfälliges Verhalten, Kälte und Wortgefechte wirken sehr negativ im Hinblick auf Ihre Werteorientierung. Man will durchsetzungsfähige und selbstbewußte Menschen, aber keine Stinkstiefel.

Während des gesamten Auswahlverfahrens wird auch darauf geachtet, ob Sie »echt« oder »authentisch« wirken. Wenn man das Gefühl hat, daß Sie für das Assessment-Center oder Vorstellungsgespräch eine Maske aufgezogen haben, dann macht das nur mißtrauisch. Sie wollen und sollen sich natürlich von Ihrer besten Seite zeigen. Davon gehen der Personalchef und die anderen Beobachter aus. Sie dürfen jedoch nicht den Eindruck erwecken, daß Sie sich verstellen und eine schauspielerische Leistung zum besten geben.

3. Interkulturelles Denken

Je größer ein Unternehmen ist, desto internationaler die eigene Belegschaft und globaler der Geschäftsradius. Heute kann man es sich kaum noch leisten, mit Selbstverständlichkeit davon auszugehen, daß in Deutschland Qualität und in Korea oder Pakistan Schrott produziert wird. Auch kann man sich keine Führungskräfte mehr leisten, die die Ansicht vertreten, daß Deutsche zuverlässig und fleißig, Italiener lebenslustig und faul, Türken fundamentalistisch und rückständig sind.

Man braucht an strategisch wichtigen Positionen Führungskräfte, die global die Chancen des internationalen Marktes erkennen und sich auch im Einzelfall nicht von Vorurteilen lenken lassen. Man muß im persönlichen Kontakt mit Menschen anderer Kulturen reibungsfrei arbeiten und sich gesellschaftlich geschmeidig bewegen können.

Eine »interkulturell denkende« Persönlichkeit zeichnet sich im wesentlichen durch folgende Merkmale aus:

> interessiert sich für andere Kulturen und verfügt in diesem Bereich über ein gutes Grundwissen

> kann auch kleinere Staaten geographisch richtig zuordnen (vermutet Brunei nicht in Afrika und hält Amsterdam nicht für die Hauptstadt von Holland)

> verfügt über ein gutes Grundwissen zur aktuellen Weltpolitik

> zeigt keine Tendenzen zur Abwertung anderer Kulturen, verfällt aber auch nicht in kritiklose Bewunderung für alles, was anders ist als in Deutschland (»Gutmenschen-Mentalität«)

> sieht persönliche Entwicklungschancen durch den Umgang mit Menschen anderer Kulturen

> informiert sich über andere Kulturen und nutzt Reisen ins Ausland zum Kennenlernen der dortigen Gegebenheiten

> zeigt keine Akzeptanzprobleme, wenn der eigene Vorgesetzte (ehemaliger) Ausländer ist

> ist sensibel für Verhaltensregeln, die in anderen Kulturen gelten, ohne dabei in blinde Nachahmung (»Gutmenschen-Mentalität«) zu verfallen

> ist bereit, sich bei Auslandseinsätzen den Gegebenheiten seines Gastlandes anzupassen

> ist bereit, ausländische Kollegen während ihres Deutschlandeinsatzes gastfreundlich zu integrieren.

Interkulturelles Denken wird nicht nur von Bewerbern verlangt, deren Vorfahren seit Kaisers Zeiten in Deutschland leben, sondern auch von Bewerbern, deren Eltern als Gastarbeiter, Aussiedler oder ähnliches eingewandert sind. Es geht nicht an, daß ein Mitarbeiter mit griechischen Großeltern die Zusammenarbeit mit einem Kollegen ablehnt, dessen Oma in der Türkei wohnt. Es geht auch nicht an, daß ein Bewerber aus einer ausländischen Familie sich in Haß gegen »die Deutschen« steigert und ständig Rassismus und Zurücksetzung wittert und damit auf Dauer im Team zum Störfaktor wird.

Abb. 18: Interkulturelles Denken?

Von interkulturellem Denken kann ebenfalls keine Rede sein, wenn immer noch an der Ossi-Wessi-Mauer im Kopf festgehalten wird.

Im Zusammenhang mit interkulturellem Denken wird sowohl nach der Fähigkeit zu globalem und langfristigem Denken als auch zur vorurteilsfreien täglichen Zusammenarbeit mit unmittelbaren Kollegen und Geschäftspartnern geforscht.

Rechnen Sie mit Fragen wie:
> Wie sehen Sie Chancen und Gefahren in der Globalisierung der Märkte?
> Wie unterscheiden sich Ihrer Ansicht nach die Asiaten (oder Amerikaner, Franzosen, Polen etc.) in ihrer Arbeitsethik von den Deutschen?
> Haben Sie persönlichen Kontakt zu Ausländern? Welche?
> Was hält Sie eigentlich in Deutschland?
> Welche Zeitungen lesen Sie?
> Welche Kulturen interessieren Sie persönlich am meisten?
> In welchen Ländern würden Sie gern (lieber nicht so gern) einige Jahre arbeiten?
> Welche Chancen und welche Probleme sehen Sie in einer multikulturellen Gesellschaft?
> Was ist Ihrer Ansicht nach für Menschen aus anderen Kulturen in Deutschland angenehm? Was überraschend? Was ist vermutlich problematisch?
> Welche Fähigkeiten sollte Ihrer Meinung nach jemand mitbringen, der sich geschäftlich in verschiedenen Kulturen bewegen muß?
> Was würden Sie bei einem mehrjährigen Einsatz im Ausland am meisten vermissen?
> Was würde Ihnen bei häufigen Dienstreisen in andere Länder und Erdteile besonders gut gefallen? Mit welchen Problemen rechnen Sie für sich selbst?
> Wie würden Sie sich selbst (und Ihre Familie) auf einen längeren Aufenthalt in Japan (Griechenland, USA, Brasilien etc.) vorbereiten?

250

> Welche Chancen sehen Sie langfristig für Ihre Branche im globalen Wettbewerb? Welche Gefahren?
> Wie halten Sie sich persönlich fit, um auch im nächsten Jahrzehnt und darüber hinaus im Vergleich zu Fachleuten aus anderen Kulturen mithalten zu können?
> Wenn Sie unser Unternehmen in Pakistan repräsentieren sollten: Wie würden Sie sich auf die Aufgabe vorbereiten?
> Wie werden sich Ihrer Ansicht nach langfristig die Staaten des Ostens entwickeln?
> Wenn Sie für einige Jahre im Ausland tätig sein müßten, wie würden Sie sich in Ihr Gastland integrieren? Wie würden Sie den Kontakt zu Deutschland halten?
> Wie halten Sie Kontakt zu Ihrem Herkunftsland?
> Wenn Sie von dem, was in Ihrem Herkunftsland üblich ist, einiges auf deutsche Verhältnisse (Lebensstil, Kultur, Traditionen, Gesetze etc.) übertragen könnten, was wäre das?

Im Grunde sollte der Bewerber positiv zur eigenen Herkunft oder zu der seiner Eltern/Großeltern stehen und gleichzeitig in der Lage sein, mit Menschen anderer Herkunft gut auszukommen. Weder die eigene Kultur noch eine fremde sollte unangemessen und ausgrenzend verherrlicht oder verachtet werden.

In einigen Fällen kann geprüft werden, ob der Bewerber auch innerhalb der eigenen Kultur mit Menschen anderer Schichten positiv umgehen kann. Das kann zum Beispiel für Sozialarbeiter gelten, die aus behüteten Familien kommen und sich für eine Position in der Drogenberatung bewerben. Das kann auch für Unternehmensberater gelten, die als Akademiker und gut bezahlte Yuppies vielleicht Probleme bekommen, wenn Sie Beratungsaufträge mit engem Kontakt zur »arbeitenden« Belegschaft wahrnehmen sollen.

Wenn Sie am liebsten mit Menschen zu tun haben, die so leben und denken wie Sie, für die die gleichen Werte gültig sind wie für Sie, dann sollten Sie die Finger von Jobs lassen, die interkulturelles Denken verlangen. Interkulturelles Denken hat eigentlich wenig mit Verstand zu tun. Es geht vielmehr um die innere Bereitschaft, Grenzen zu überwinden. Vor allem Bewerber, die eine Tendenz zum »Gutmenschen« erkennen lassen, werden kritisch betrachtet. Deren häufig sehr naives Weltbild paßt nicht zur harten Realität eines Auslandsjobs oder auch nur zur engen Zusammenarbeit in einem internationalen Team.

Es wird ebenso kritisch hinterfragt, ob der Bewerber wirklich positiv zur

Globalisierung steht. Ob man sie nun gut findet oder nicht, spielt keine Rolle. Tatsache ist, daß die Welt zusammenwächst und Wirtschaftsbeziehungen kaum noch Grenzen kennen. Wer das nicht begreift, kann unmöglich wach auf Chancen oder Gefahren für das eigene Unternehmen reagieren.

4. Loyalität

Sie sollen loyal zum Unternehmen stehen. Das kann man nicht im Bewerbungsverfahren feststellen. Ersatzweise wird man herauszufinden versuchen, ob Sie Ihrem bisherigen Arbeitgeber gegenüber loyal sind.

Rechnen Sie mit Fragen wie:

> Warum möchten Sie sich verändern?
> Was hat Ihnen in Ihrer bisherigen Position am wenigsten gefallen?
> Was hätten Sie gern verändert? Warum ging das nicht?
> Glauben Sie, daß Sie sich in unserem Unternehmen wohler fühlen werden als bei Ihrem bisherigen Arbeitgeber?
> Können Sie interessante Geschäftskontakte mitbringen?
> Was war beruflich bisher Ihre größte Enttäuschung?
> Warum sind Sie an Ihrem bisherigen Arbeitsplatz in der Karriere nicht weitergekommen?
> Was sehen Sie bei Ihrem bisherigen Vorgesetzten als die größten Schwächen und Stärken?
> Warum haben Sie sich nicht schon damals bei uns beworben? Was hat Sie zur Firma XY gezogen? Wie beurteilen Sie heute Ihre damalige Entscheidung?

Es können auch ganz andere mehr oder weniger hintergründige Fragen kommen. Sie sagen grundsätzlich, daß es Ihnen an Ihrem bisherigen Arbeitsplatz fachlich und menschlich gut gefallen hat, dort nur nette und kompetente Leute arbeiten und die Qualität perfekt ist. Sie würden nie ein schlechtes Wort über Ihren bisherigen Arbeitgeber äußern können und werden selbstverständlich keine vertraulichen Unterlagen mitnehmen. Basta.

Vielleicht macht Ihr Gesprächspartner auch ein paar zynische Bemerkungen über die Firma. Das passiert besonders dann, wenn es sich um einen Konkurrenten handelt. Fallen Sie darauf nicht herein. Man registriert es sehr kritisch, wenn Sie einen Mangel an Loyalität zeigen. Wenn Sie gegenüber Arbeitgeber A nicht loyal sind, dann will B Sie vorsichtshalber gar nicht haben.

5. Qualitätsorientierung

Unter Qualitätsorientierung wird nicht verstanden, daß ein Mitarbeiter sich ohne Rücksicht auf wirschaftliche Überlegungen darin auslebt, ständig persönliche Spitzenleistungen zu bringen. Das kann man zum Beispiel in DV-Projekten oft erleben. Mit dem Kunden oder Auftraggeber wird eine bestimmte Leistung zu einem bestimmten Preis und einem bestimmten Termin vereinbart. Und dann verwirklicht sich ein Mitarbeiter unter unglaublicher Verschwendung von Zeit und Mitteln bei der Erstellung seines Meisterwerks. Damit entsteht etwas, das niemand so will und der Kunde sich letztlich nicht leisten kann, oder es kostet das Unternehmen mehr, als es einbringt.

Qualitätsorientierung muß immer wirtschaftliche Überlegungen miteinbeziehen. Die Unternehmensbereiche werden zunehmend als Profit-Center geführt. Das gilt inzwischen häufig auch für interne Leistungsanbieter wie Personalbereich, Controlling und natürlich DV. Den internen Kunden müssen qualitativ hochwertige Leistungen zu marktgerechten Preisen auf Anforderung zügig geboten werden. Das hat noch längst nicht jeder begriffen.

Da es oft recht schwer ist, altgediente Mitarbeiter aus ihrem Trott zu reißen, achtet man besonders bei Neueinstellungen auf eine wirtschaftlich geprägte Qualitätsorientierung. Man versteht darunter im wesentlichen folgende Denk- und Handlungsweisen:

> starkes Streben nach qualitativ einwandfreien Arbeitsergebnissen
> Bereitschaft zu kundenorientiertem Qualitätsdenken
> Bereitschaft zur ständigen Verbesserung der eigenen Leistung und der Abläufe
> beständiges Streben nach Weiterbildung und stetiges Aktualisieren des Wissensstandes und der eigenen Fähigkeiten
> Förderung einer Qualitätsmentalität im Team
> ein hoher Qualitätsanspruch an die eigene Person
> Abneigung gegen Oberflächlichkeit und nachlässiges Arbeiten

> zuverlässiges und pünktliches Abliefern von fehlerfreien Ergebnissen, de-
ren Qualität – unter Beachtung von wirtschaftlichen Gesichtspunkten –
stets über dem Standard liegt.

Rechnen Sie im Interview mit Fragen wie den folgenden:
> Welche Maßstäbe legen Sie an Ihre Arbeit?
> Wann halten Sie rein pragmatisches Vorgehen für das beste?
> Zeit, Mitteleinsatz und Qualität – wie bringen Sie diese Komponenten in
Einklang?
> Wenn Sie an Ihren bisherigen Aufgabenbereich denken, wo und wie hätten
Sie dort gern die Qualität gesteigert?
> Wie würden Sie bei uns für eine stetig steigende Qualität sorgen?
> Wie sichern Sie die Qualität der Arbeitsergebnisse Ihrer Mitarbeiter?
> Wie sichern Sie einen hohen Standard an Prozeß- und Produktqualität im
Unternehmen?
> Wie sichern Sie einen hohen Standard an Servicequalität?
> Kundenorientierung und Qualität – wie bringen Sie das in Einklang?
> Wie wollen Sie konkret Ihr zukünftiges Qualitätsmanagement betreiben?

Natürlich läßt sich im Einstellungsverfahren nicht wirklich feststellen, ob
ein Bewerber qualitätsorientiert ist oder nicht. Im Interview kann man bluffen,
im Assessment-Center läßt es sich so gut wie gar nicht nachweisen.

Sie können Ihre Chancen in dieser Hinsicht steigern, wenn Sie konkrete Referenzen vorzuweisen haben. Sammeln Sie während Ihres Berufslebens Namen
von »vorzeigbaren« Personen, die über Ihre guten Leistungen Auskunft geben
können und wollen.

Grundsätzlich müssen Sie natürlich fit sein in den Methoden und Theorien
zum Thema Qualität. Dazu gibt es ausreichend Fachliteratur. Sie sollten auch die
wichtigsten »Q-Gurus« kennen und eine Bewertung ihrer Systeme äußern können.

6. Kostenbewußtes Denken

Vor allem, wenn Sie bislang im öffentlichen Dienst tätig waren oder frisch von der Uni kommen, wird man Ihr Verständnis für wirtschaftliches und kostenbewußtes Denken untersuchen. Leider kann man das weder durch Psycho-Tests noch in Rollenspielen herausfinden. Bei der Nachbesprechung der Postkorbübung sollten Sie jedoch von sich aus auf Ihre kostensenkenden Strategien und wirtschaftlichen Überlegungen hinweisen.

Rechnen Sie beim Interview mit folgenden Fragen:
> Wo und wie könnte man Ihrer Meinung nach Kosten einsparen?
> Wie führen Sie Ihre Mitarbeiter zu kostenbewußtem Handeln?
> Was ist Ihnen der Anspruch auf Top-Qualität wert?
> Wann und wie haben Sie in Ihrer Berufspraxis deutliche Kostenersparnisse erreichen können? Schildern Sie konkrete Beispiele.
> Wie kontrollieren Sie in Ihrem Bereich den Verbrauch an Mitteln und Zeit?
> Wenn Sie zum Beispiel die Aufgabe bekämen, in Ihrem Bereich die Kosten um 15% zu senken: Wo würden Sie ansetzen? Wie würden Sie die Mitarbeiter einbeziehen?

Lassen Sie auf keinen Fall den Schluß zu, daß Sie Kostensparen gleichsetzen mit Qualitätseinbußen.

7. Umweltbewußtes Denken

In den meisten Unternehmen wird durchaus umweltbewußt gedacht und manchmal sogar gehandelt. Man trennt den Müll, kauft Recyclingpapier und verbietet in den Büros das Rauchen. Überschätzen Sie diese Bemühungen aber auf keinen Fall. Fast immer gehen sie auf Forderungen des Betriebsrats zurück und wurden nur deshalb erfüllt, weil sie nichts oder nur wenig kosten. Außerdem bieten sie eine billige Gelegenheit, dem Betriebsrat mal ein Geschenk zu machen.

Viele Führungskräfte haben dem Umweltschutz gegenüber eine eher herablassende Haltung. Zu Hause ist schließlich auch die Ehefrau für die Öko-Entsorgung von Teebeuteln und Zwiebelschalen und für den Transport von Zeitungen und Weinflaschen zu den Containern zuständig. Das gehört zu den niedrigen Diensten, die der erfolgsorientierte Mann niemals selbst erledigt. Wenn Sie sich im Bewerbungsgespräch entschieden für den Umweltschutz aussprechen oder womöglich fragen, wie es im Unternehmen gehandhabt wird, dann sinken Sie bei den meisten Personalchefs sofort in der Achtung. Als Frau haben Sie sich damit endgültig in die alternative Muttchen-Ecke gestellt.

Lassen Sie erkennen, daß umweltbewußtes Handeln für Sie ein wichtiges Thema ist, wird man Sie dafür wahrscheinlich loben, aber auf keinen Fall einstellen. Man befürchtet, daß Sie sich nach der Probezeit als Grüner outen, der nur darauf aus ist, den Wirtschaftsstandort Deutschland zu vernichten.

Leider herrscht in den Führungsetagen der meisten Unternehmen immer noch eine sehr negative Einstellung zum Umweltschutz. Man propagiert nach außen aus Marketinggründen zwar oft das Gegenteil, innen wird es aber ganz traditionell gesehen: »Gut ist, was Geld bringt. Schlecht ist, was Geld kostet.« Oder man beklagt sich bitter: »Die Franzosen und Tschechen dürfen schließlich auch ihre Abwässer in die Flüsse lassen.«

8. Optimismus

Unabhängig davon, was die von Ihnen angestrebte Position letztlich an Aufgaben und Kontakten beinhalten wird, können Sie sicher sein, daß eine optimistische Ausstrahlung sich bei der Auswahl der Bewerber positiv auswirkt. Niemand will grämliche Menschen um sich haben. Es steht auch zu befürchten, daß pessimistische Mitarbeiter das Betriebsklima vergiften. Man stellt also lieber Leute ein, die vermutlich eine gute Stimmung um sich verbreiten, als solche, die anderen die Laune verderben.

Es wird zwischen der inneren Grundhaltung einerseits und der Ausstrahlung andererseits unterschieden. Eine optimistische Einstellung wird häufig in Psycho-Tests abgefragt. Dabei will man feststellen, ob der Bewerber grundsätzlich von positiven Zukunftserwartungen getragen ist, von seinen Möglichkeiten zur Beeinflussung der Dinge und von der Nettigkeit und Intelligenz seiner Mitmenschen. Pessimisten befürchten ständig Pannen, Katastrophen, miese Tricks und Bosheiten anderer. Sie sehen auch nicht, wie sie selbst etwas an den zu erwartenden Übeln ändern könnten.

Eine optimistische Ausstrahlung zeigt sich natürlich in erster Linie in der Mimik. Wer ständig mit Sorgenfalten und grüblerischem Blick herumläuft, wirkt nicht gerade optimistisch. Das gleiche gilt für Menschen mit kränklicher und blasser Erscheinung. Sie sollten eine gewisse Robustheit und Vitalität ausstrahlen. Selbst wenn Sie innerlich eine optimistischste Stimmung haben, nutzt Ihnen das nichts, wenn Sie mit einem Gesicht herumlaufen, als hätten Sie etwas Unverdauliches gegessen.

Optimismus wird für bestimmte Berufe einfach erwartet. Als Leiter der Revision, der Pathologie oder der Buchhaltung können Sie sich vielleicht noch einen leicht verbitterten Gesichtsausdruck und eine betrübt klingende Stimme leisten. Ihre Mitarbeiter wird das nicht gerade motivieren, aber dem Personalchef mag es bei der Einstellung egal sein. Wenn Sie jedoch Leiter des Vertriebs werden wollen oder sich für die Übernahme einer eigenen Geschäftsstelle beworben haben, dann müssen Sie nach außen optimistisch wirken und innerlich positiv gestimmt sein.

Hat man Ihnen im Bekanntenkreis schon gelegentlich gesagt, daß Sie zu ernst, zu trocken oder zu still wirken? Das kann ein Hinweis auf mangelnde optimistische Ausstrahlung sein. Glauben Sie wirklich, daß Sie die Persönlichkeit sind, die andere – Mitarbeiter, Kollegen, Kunden – mitreißen und begeistern kann?

Schlußwort

Sie haben sich nun mit den wesentlichen Erfolgsfaktoren, Persönlichkeitsmerkmalen oder auch Kernkompetenzen befaßt. Vielleicht fragen Sie sich, wie Sie all diesen Faktoren gerecht werden sollen. Das ist gar nicht möglich. Niemand kann bei jedem der Merkmale zu Spitzenergebnissen kommen. Jeder von uns hat unterschiedliche Schwächen und Stärken. Der eine ist vielleicht besonders teamfähig, kann sich dafür jedoch nicht so gut durchsetzen. Der andere ist mit einem hohen Maß an emotionaler Intelligenz ausgestattet, tut sich aber schwer mit der Priorisierung oder mit dem konzeptionellen Denken.

Wenn man Sie überhaupt zu einem Auswahlverfahren eingeladen hat, dann gehören Sie aufgrund Ihrer Bewerbungsunterlagen und vielleicht aufgrund von Referenzen zur engeren Auswahl. Man geht bei Ihnen bereits von einem hohen Erfolgspotential aus. Allein der Gedanke sollte Sie erfreuen und beruhigen.

Sie erhöhen Ihre Chancen, wenn Sie sich mental auf das Interview und das Assessment-Center vorbereiten. Pauken Sie nicht detaillierte Antworten auf bestimmte Fragen, sondern bereiten Sie sich anhand der formulierten Beispielfragen vor. Malen Sie sich aus, wie Sie sich in Rollenspielen und Gruppenübungen gemäß den hier beschriebenen Erfolgsfaktoren verhalten. Je klarer das Bild von Ihrem eigenen Verhalten ist, desto leichter gelingt es Ihnen, in der Realität das »richtige« Verhalten zu zeigen.

Begreifen Sie das Interview und das Assessment-Center auch für sich selbst als Chance. Lassen Sie sich Feedback geben. Fragen Sie nach den Aufgaben und Übungen, was Sie gut gemacht haben und was weniger überzeugend war.

Stellen Sie sich positiv auf Ihre Gesprächspartner und die Beobachter und Betreuer des Auswahlverfahrens ein. Bedenken Sie bitte, daß Sie mit diesen Personen wahrscheinlich in Zukunft zusammenarbeiten werden, wenn Sie die ausgeschriebene Position erhalten. Bedenken Sie bitte auch, daß Mißtrauen und Abneigung sich unweigerlich im Streß des Interviews oder des Assessment-Centers durch Ihr Verhalten zeigen werden. Man spürt es, wenn Sie innerlich die Gesprächspartner als »Feinde« betrachten, die Sie durch Tricks täuschen wollen. Gehen Sie lieber davon aus, daß Sie beim Auswahlverfahren auf sehr nette Menschen treffen werden. Diese freundliche Einstellung wird sich in Ihrem Verhalten spiegeln.

Sie sollten sich auch bewußt fragen, ob es wirklich für Sie sinnvoll ist, sich einen Job durch Manipulationen in Tests, durch Lügen im Interview oder durch Verstellung in Rollenspielen zu ergattern. Nutzen Sie das Auswahlverfahren als Chance, die für Sie richtige Position zu finden und die falsche zu meiden.

Machen Sie es wie die Profis: Nehmen Sie an Assessment-Centers von Unternehmen teil, die Sie ohnehin nicht interessieren. Das gibt Ihnen die Möglichkeit, sich in dem Verfahren zu üben. Sie werden dann bei Unternehmen, die Ihnen wichtig sind, sehr viel ruhiger und überzeugender auftreten.

Gehen Sie niemals zu einem Auswahlverfahren, ohne sich vorher über das Unternehmen zu erkundigen. Es wäre sehr peinlich für Sie, wenn sich herausstellt, daß Sie zwar dort arbeiten oder sogar führen wollen, aber keine Vorstellung davon haben, wie groß das Unternehmen ist, in welchen Weltmärkten es auftritt, mit welchen Partnern es am Markt kooperiert, wie seine Aktien stehen, welches Leitbild es sich gesetzt hat ...

Versuchen Sie auch, sich über die für die ausgeschriebene Position erforderlichen Erfolgsfaktoren zu informieren. Dann können Sie sich gezielt vorbereiten.

Selbstverständlich sollten Sie auch wissen, wieviel Gehalt und welche Sonderleistungen Sie aushandeln können. Achten Sie bitte darauf, daß Sie bei der Gehaltsverhandlung nicht plötzlich unsicher werden. Das macht keinen guten Eindruck! Halten Sie Blickkontakt und nennen Sie Ihre Erwartungen mit fester Stimme. Sprechen Sie nicht leiser oder gar bittend. Werden Sie auch nicht listig und verschmitzt. Sie sollten sich vorab über vergleichbare Gehälter informiert haben und dann selbstbewußt das einfordern, was Sie wert sind. Ihre Fähigkeit im Hinblick auf Ihre eigene Gehaltsverhandlung läßt sichere Schlüsse darauf zu, wie Sie später mit Kunden und Lieferanten verhandeln werden. Vergessen Sie nicht, daß diejenigen, mit denen Sie sprechen, Ihr Gehalt nicht aus der eigenen Tasche zahlen müssen. Man freut sich nicht über Ihre Bescheidenheit. Man zweifelt eher an Ihrer Souveränität, wenn Sie nicht selbstbewußt über Geld reden können.

So wie heute die Lage am Arbeitsmarkt ist, müssen auch hochqualifizierte Bewerber einige Mißerfolge bei der Jobsuche in Kauf nehmen. Wenn es nicht beim ersten oder zweiten Assessment-Center klappt, sollten Sie zwar immer reflektieren, was Sie in Zukunft besser machen wollen, aber aufgeben sollten Sie auf keinen Fall.

Ich wünsche Ihnen viel Erfolg und natürlich einen Traumjob mit Traumgehalt.

mit Hesse/Schrader-
Bewerbungsratgebern